지중해의 성자
다스칼로스 2

HOMAGE TO THE SUN
by Kyriacos C. Markides
Copyright © Kyriacos C. Markides, 1987
All rights reserved.

Korean translation copyright © 2007 by Inner World Publishing Co.
Translated and published in the Korean language by arrangement with
Marlene Gabriel Agency through Eric Yang Agency, Seoul

이 책의 한국어판 저작권은 에릭 양 에이전시를 통한
Marlene Gabriel Agency와의 독점계약으로 정신세계사가 소유합니다.
저작권법에 의하여 한국 내에서 보호를 받는 저작물이므로
무단 전재와 복제를 금합니다.

지중해의 성자
다스칼로스 2

키리아코스C. 마르키데스 지음/이균형 옮김

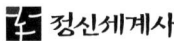

지중해의 성자 다스칼로스 2
ⓒKyriacos C. Markides, 1987

키리아코스 C. 마르키데스 짓고, 이균형 옮긴 것을 정신세계사 정주득이 2007년 12월 30일 고쳐 펴내다. 정신세계사의 등록일자는 1978년 4월 25일(제1-100호), 주소는 03965 서울시 마포구 성산로4길 6 2층, 전화는 02-733-3134(대표 전화), 팩스는 02-733-3144, 홈페이지는 www.mindbook.co.kr, 인터넷 카페는 cafe.naver.com/mindbooky이다.

2025년 7월 1일 펴낸 책(개정판 제14쇄)

ISBN 978-89-357-0295-4 04840
       978-89-357-0293-0 (전3권)

개정판을 내면서

『지중해의 성자 다스칼로스』(전3권)를 드디어 완간하여 애독자들 앞에 내놓게 되어서 무척 기쁩니다. 그 제1권은 1991년에 『스트로볼로스의 마법사』란 제목으로 나왔고 2002년에는 제2권 『사랑의 마법사』가 나왔습니다. (이때 제1권은 〈영혼의 마법사〉로 다시 나왔습니다.) 그러다가 이번에 3권과 함께 전권을 새로운 제목으로 다시 내게 된 것입니다.

이 책이 이처럼 오랜 세월의 우여곡절을 겪게 된 이유는, 이 책을 읽은 독자들은 후속편을 빨리 내달라는 독촉전화를 끈질기게 걸어오며 열띤 반응을 보였지만 이상하게도 판매량은 전혀 그 열기를 따라가지 못해서 저희를 무척이나 망설이게 했기 때문입니다. 사실 이 책에는 '해리 포터'식의 황당무계한 판타지가 아니라 이 시대에 실제로 벌어지고 있는 놀랍고도 흥미로운 이야기들이 무진장 담겨 있는데도 말입니다. 그래서 저희는 '마법사'라는 표현이 서가에서 잠재독자들의 눈길을 지나쳐 가버리게 한 원흉이 아닌가 하고 고심한 끝에 다시 제목을 바꿨습니다.

사실, 실존인물인 이 책의 주인공은 '마법사'라는 누명을 쓴 성자입니다. 그는 진정 위대한 신유가이자 신비가이자 영적 스승이지만 무엇보다도 지혜롭고 깊은 사랑의 행위로써 모든 이웃을 품어 안아 그들의 삶을 바꿔놓는, 드러나지 않은 진정한 성자입니다. 단지 그의 깊고 신비한 세계를 이해하지 못하여 두려워하고 가까이 다가가지 못한 사람들이 그를 '마법사'라고 부른 것일 뿐입니다.

    그리하여 이 책도 이제는 마법사라는 '누명'을 벗고 합당한 이름으로서 당신의 손에 쥐어지게 된 것입니다. 단단히 준비하십시오. 매우 유익하지만 전혀 낯선 세계로의 아찔한 여행이 시작될 테니까요. 참고로, 이 책의 주인공 다스칼로스는 1995년에 세상을 떠났고, 3권의 또 다른 주인공이자 그의 제자인 코스타스가 지금도 키프로스에서 그의 뒤를 이어서 봉사와 가르침을 펴고 있다고 합니다.

편집부 씀

지은이의 말

　이 책은 많은 면에서 『지중해의 성자 다스칼로스 1』의 후속편이라고 할 수 있다. 그러나 전편을 읽어 보지 않은 독자도 이 책을 바로 읽을 수 있다. 물론 전편을 읽어 본 독자들은 이 책이 전편에서 소개되지 않았거나 깊이 들어가지 않았던, 그의 가르침의 새롭고 다른 측면들을 다루고 있음을 발견할 것이다.
　나는 이전의 연구 작업과 동일한 관점과 방법론을 따랐다. 즉, 내 쪽의 이론적 개입이 거의 없이, 다스칼로스가 자신의 세계와 지식을 소개하게 하였다. 내가 자료를 수집하는 데에 사용한 방법은 지속적인 녹음과, 녹음이 불가능한 조건에서는 상세한 기록이었다.
　나는 1978년 여름에 다스칼로스를 처음 만났다. 하지만 이 중요한 자료들은 1983년에서 1985년까지의 여름방학 기간과 1985년에서 1986년의 1년 간 메인 대학교에서 너그럽게 베풀어 준 안식휴가 기간에 수집된 것이다.
　이 책을 완성하는 데에 깊이 도움받은 사람들의 이름을 여기에 열거하자면 너무나 길다. 가장 감사드려야 할 사람은 물론 나에게 자신에 관한 글을 쓸 수 있도록 허락한 다스칼로스일 것이다. 이 스승과, 그의 후계자인 코스타스와 같은 측근의 사람들과 함께 보낸 시간은 내가 이 책을 씀으로써 얻을 학문적 만족을 훨씬 능가하는 가장 고양된 경험이었다.

차 례

개정판을 내면서 5

지은이의 말 7

1. 영혼의 치유사 *The Healer* ·· 11

2. 광인과 신비가 *Madmen and Mystics* ························ 43

3. 세 가지 신체 *Three Bodies* ·· 83

4. 신성한 원반 *Sacred Discs* ·· 109

5. 토리시스와 라사다트 *Thorisis and Rasadat* ············ 135

6. 유체이탈 *Exomatosis* ·· 161

7. 외계의 방문객들 *Visitors* ·················· 189

8. 수호천사 *Guardian Angels* ·················· 219

9. 신비 입문 *The Initiation of the mystic* ·················· 249

10. 올바른 사고 *Right thinking* ·················· 279

11. 꿈과 판타지 *Dreams and Fantasies* ·················· 325

옮긴이의 말 *363*

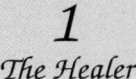

1
The Healer

영혼의 치유사

"우리는 심령이지적 능력을
단지 신비한 현상을 일으키기 위해서
계발하는 데에는 관심이 없습니다.
우리는 그런 능력을 오직 치유의 목적을
위해서만 계발하고자 합니다.
이웃 사람들에게 봉사하기 위해서 말입니다.
그래요. 우리는 그런 능력을 키우는 법을 알고 있어요.
마음을 다스리는 방법을 말입니다."

나는 '스피로스 사티'가 비범한 신통력을 지닌 사람이라는 소문이 매우 확실한 근거가 있다는 사실을 지난 몇 년에 걸쳐 확인할 수 있었다. 처음에 나는 그가 스스로 주장하는 기적적인 치유나 유체이탈, 텔레파시 등의 '초능력'에 대해 조금 의심을 품고 있었다. 신뢰할 만한 사람들의 목격담을 통해 듣기는 했지만 나로서는 그것을 도무지 믿을 수가 없었던 것이다.

나는 세속적이고 합리적인 현대문화의 한 극치인 사회학의 실증주의적 전통에 물들어 있었다. 사회학의 이론적 전제나 방법론으로 보면 스피로스 사티가 이야기하는 것과 같은 '신비한 현상들'은 미신에 찬 구시대의 잔재로서, 나약하고 무분별한 사람들이 지어낸 허황한 이야기나 전설 이상이 아니었다. 나는 애초부터 '신은 죽었고', 종교는 무의식 속의 두려움이 지어내는 과민증의 산물이며, 과학과 정신분석학 등을 통한 인류의 '계몽'과 함께 곧 망각 속에 묻히고 말 환상이라고 배워왔다.

사회는 자신을 지탱해나가기 위해서 신을 만들어 낸다고 나는 배웠고, 또 그렇게 가르쳤다. 그러므로 인간이 신을 숭배한다는 것도 사실은 그 허울 뒤에 숨어 있는 사회에 대한 숭배행위일 뿐이라고 믿었다. 사회과학자로서 우리는 종교란 억압 받는 무지한 백성들을 위한 위안물로서 존재하는 하나의 사회적 현상일 뿐이라는 것을 너무나 당연하게 받아들이도록 배웠다.

그러므로 지식인의 전위에 속하려면 무신론을 선포하지는 않더라도 최소한 불가지론자가 되어서, 신비주의나 영성이나 종교가 지닌 권위를 어렴풋이나마 내비치려는 그 어떤 주장에 대해서도 콧방귀를 뀔 수 있어야만 했다.

과학적 실증주의의 무게에 짓눌려 신의 죽음이 선포되고 나자 이번에는 '인간'이 비슷한 운명에 시달릴 차례가 왔다. 인간의 존재는 뜻대로 통제할 수 없는 '환경조건'이나 기타 사회적 강제요인에 의해 결정된다. 신과 마찬가지로 자유란 상상이 만들어낸 허구, 또 하나의 덧없는 환상에 불과함이 증명되었다. 현대문화의 선구자들은 마음의 묘비명을 소리 높여 노래했다. 프랑스의 유명한 철학자는 '인간은 죽었다'고 선언했다. 20세기의 한가운데서 호모 사피엔스는 사회가 그 위에 제 마음대로 무엇이든 휘갈길 수 있는 빈 종이와 같은 신세가 되어 버렸다.

이 같은 지적인 무장과 나 자신의 애매한 태도를 고스란히 지닌 채로, 나는 그의 제자들이 '다스칼로스'라 부르는 스피로스 사티의 세계로 발을 들여놓았다. 사실 나는 과학적 유물론에 대해 결코 편안한 기분을 느끼지 못했다. 나는 그것을 하나의 비극, 어쩌면 현대의 지성이 치러야만 할 불가피한 대가로 받아들였다. 내 안에는 '신이 없다면 세상은 엉망이 되리라'는 사뭇 근대적인, 이를테면 도스토옙스키적인 관념이 잠든 채 숨어 있었던 것이다.

어쩌면 이러한 불만 때문에 나는 나 자신의 이론적 개입을 최대한 자제하면서 다스칼로스의 신성한 실재관에 더 마음을 열고 귀를 기울였는지도 모른다. 나는 그의 다양한 치유 작업들을 그저 지켜보고, 그의 강연과 대화에 귀를 기울이고, 그의 언어와 이해 범주 속에서 그와 이야기를 나누었다. 나는 말 그대로 참여하는 관찰자가 되었다. 그가 주장하는 심령 능력을 계발시켜 준다는 명상 훈련과 에고를 극복하고 변화시킨다는 체계적 자기 분석을 몸소 실천하는 것을 포함해서 말이다.

다스칼로스는 놀리듯이 우스개로 '의심 많은 도마'라고 부르면서도 나를 있는 그대로 받아주었다. 그는 나의 회의적인 태도를 인정하고, 때로는 오히려 그것을 부추기기도 했다. 그는 이렇게 충고했다. "어떤 것도 그냥 믿지는 말게. 방랑하는, 불타는 의문부호가 되어서 모든 것을 샅샅이 파헤쳐야만 하네. 자기의 중심만은 항상 나침반처럼 지니고 말일세."

다스칼로스의 소문난 능력에 대한 나의 의심은 그가 행하는 일들을 직접 목격할 수 있게 되면서부터 서서히 사라지기 시작했다. 먼저 나는 그가 악마에 빙의되었다는 이스라엘 처녀를 치료하는 광경을 보고 놀랐다. 그녀는 자기네 나라의 정신과 의사와 랍비들을 찾아갔지만 도움을 받지 못하고 한동안 정신병자 수용소에서 지내야 했다. '악마'들은 그녀를 계속 들볶아서 정상적인 기능은커녕 잠도 못 자고 혼자서 지낼 수도 없는 지경에까지 이르게 만들었다. 다스칼로스는 이 처녀가 악마에 빙의된 것이 아니라 두 인간, 즉 구체적으로 말해서 나찌 당원들(함부르크 폭격 때 죽은 부부)에 의해 빙의된 것이라고 진단하고는 카발라의 형식을 빌어서 귀신 쫓는 의식을 치렀다. 그녀는 다스칼로스를 한 번 만나는 동안에 간단히 치료를 받았다. 그녀를 괴롭히던 목소리는 잦아들고 그녀는 다시 정상적인 생활로 돌아갈 수 있었다.

또 한번은 다스칼로스가 척추의 병으로 시달리던 중년의 키프로스 여인을 치료해주었다. 그녀는 이미 몸이 마비되어 있었고 국내외의

---

1 도마Thomas: 예수의 열두 제자 중 가장 의심이 많았던 제자. 예수가 부활하여 제자들 앞에 나타났을 때 그것이 사실인지를 예수의 옆구리에 난 창에 찔린 상처를 만져서 확인했다고 함.(옮긴이 주)

의사들도 더 이상 손을 쓸 도리가 없으니 그대로 사는 수밖에 없다고 말했다고 했다. 다스칼로스는 그녀의 허리를 단지 몇 분 동안 만지고 두드리는 것만으로 그녀를 여섯 달 동안 누워 있던 침대에서 일어나게 했다. 그녀의 척추는 제 위치로 돌아와서 운동까지 할 수 있게 된 것이다.

치료가 끝나고 나서 환자는 자신이 그렇게 기적적으로 나았다는 게 믿어지지 않았다. 그날로 방사선과로 가서 사진을 찍어보았다. 일주일 전에 찍은 사진은 손상된 척추의 모습을 뚜렷이 보여주고 있었다. 그런데 놀랍게도 새로 찍은 사진은 완전히 건강해진, 정상적인 척추를 보여 주었다. 이 일과 그 밖의 많은 사례들을 목격한 뒤로, 나는 다스칼로스가 최면이라고도 할 수 없고, 전통의학이나 심리학 이론으로도 설명되지 않는 비범한 신유(神癒)의 능력을 지니고 있음을 의심할 수 없게 되었다.

다스칼로스는 그 밖에도 다른 신비한 능력들을 통해 나를 서서히 자신의 세계로 끌어들였다. 어느 날 그와 함께 차를 타고 가는 동안 그는 느닷없이 메인 주에 있는 우리 집의 내부 구조를 상세히 묘사하기 시작했다. 그는 마치 지나가는 듯한 말투로 이렇게 말했다. "난 자네의 집이 좋아. 개성이 있거든." 그는 심지어 우스개처럼 우리 침실에도 전화기가 있어야겠다고 말했다. 전화벨이 울릴 때마다 아래층 부엌으로 달려 내려가지 않도록 말이다.

다스칼로스는 최소한 육신으로는 메인 주에 있는 우리 집에 와본 적이 없었다. 더군다나 나는 그에게 우리 집의 내부 구조나 전화기에 관한 어떤 사실도 말한 적이 없었다. 그는 이렇게 일러줬다. "자네가 나를 깊이 생각하고 있을 때마다 나는 자네와 함께 있다네." 그는 유체이탈[2] 상태에서 자신의 '심령이지체'로 메인 주의 우리 집을 몇 번이나 방문했다고 말했다. 그가 우리 집에 대해 그토록 자세히 알고 있는 것은 그런 방법을 통해서라는 것이다.

메인 주로 돌아왔을 때 아내 에밀리의 오른쪽 무릎에 문제가 생겼다. 무릎의 통증이 너무나 심해서, 특히 자동차에 앉아 있을 때는 한시도 무릎을 굽히지 못했다. 어느 날 아침 우리는 다스칼로스의 젊은 제자인 야코보스로부터 온 편지를 받았다. '에밀리는 병원에 가서 무릎 진찰을 받아야 합니다.' 그는 이렇게 재촉했다. 그는 편지에서 그와 다스칼로스가 에밀리의 오른쪽 무릎에서 문제를 발견했다고 주장했다. 야코보스는 자신과 다스칼로스가 에밀리를 낫게 하기 위해 최선을 다하고 있지만 어쨌든 병원에도 가봐야만 하리라고 했다. 에밀리의 무릎 통증은 편지를 받은 지 사흘 후에 사라져 버렸다.

1984년 여름 키프로스에서 장기 휴가를 보내고 있을 때 다스칼로스의 비범한 능력을 목격할 또 다른 기회가 생겼다. 미국 명문 대학의 심리학 교수인 나의 절친한 친구 에머리투스가 키프로스에 사는 그리스인과 터키인 간의 화합을 돕고자 하는 목적으로 '친선 워크샵'을 후원하기 위해 우리를 찾아왔다. 그는 운 나쁘게도 키프로스로 오기 전에 이태리의 알프스 산중에서 산책을 하다가 독일 셰퍼드에게 다리를 심하게 물렸다. 그는 나이가 많아서 상처가 쉬 아물지 않았고 감염될 우려가 있었다. 그런데도 그는 그런 위험성을 깨닫지 못하고 있었다. 이태리의 의사들은 그를 안심시키기만 했다. 그가 다리를 절

---

2 유체이탈: 자신의 몸을 의지로써 벗어나서 심령이지계에서 의식이 깨어 있는 채로 살다가 몸으로 돌아올 수 있는 능력. 여기에는 몸을 벗어난 상태에서 경험한 것을 모두 기억하는 능력도 포함된다. (옮긴이 주)

뚝거리며 키프로스에 도착했을 때 나는 그에게 의사에게 가볼 뿐만 아니라 그것을 다스칼로스에게도 보여 주는 것이 좋겠다고 제안했다. 그는 다스칼로스에 대한 나의 연구 내용에 대해서는 어렴풋하게만 알고 있어서 내가 '그런' 일에 관여함으로써 학문적 경력에 스스로 누를 끼칠 것을 염려하는 뜻을 은근히 내비쳤다. 나는 다스칼로스의 세계에 대한 나의 연구 방식이 그의 신봉자가 되어 그를 옹호하는 입장이 아니라 어디까지나 현상학적 조사에 머물고 있음을 그에게 강조했다. 그는 학문적인 입장에서 이에 수긍했고 나의 연구에 관해 좀더 토론을 나눈 후에는 그 영혼의 치유사, 곧 다스칼로스를 만나보고 싶다는 관심을 표명했다.

우리가 니코시아 근교의 스트로볼로스에 있는 다스칼로스의 집을 찾아갔을 때는 8월초의 어느 수요일 오후였다. 그는 그의 '내부 비밀조직' 회원들과의 모임을 막 끝내고 우리를 맞았다. '스토아', 곧 다스칼로스의 집 뒷켠에 있는 명상과 모임을 위한 방에는 아직도 회원들이 있었다. 그는 흰 수도복을 벗고 방을 나오고 있는 자신의 제자들을 우리에게 소개시켰다. 그들이 떠나고 난 뒤 우리는 커피를 마시며 이야기를 나누기 위해 다스칼로스의 거실로 갔다.

나의 동료는 약간 머뭇거리는 목소리로 말을 꺼냈다. "저는 심리학자입니다. 그러니까 우리는 이런 일에 대해 같은 관심을 가지고 있는 셈이군요." 심리학의 현재 수준에 대해 약간의 이야기를 나눈 끝에 다스칼로스는 전통 심리학에 대한 노골적인 거부감을 나타냈다. 그것은 아직도 '유아적인 단계'를 벗어나지 못했다는 것이다.

"심리학자들과 정신분석학자들이 실패한 이유는, 그들이 자신에 대해서는 탐구하지 않는다는 데에 있어요." 그는 강경한 어조로 말했다. "자기 자신의 내면으로 깊이 들어가야만 합니다. 당신의 연구와 관찰 대상을 타인에게만, 환자들에게만 한정하지 말고 당신 자신의 내면으로 연장시키세요." 다스칼로스는 손님을 향해 함부로 손가락질을 해대며 말했다. 다행히도 내 동료는 열린 의식의 소유자라서 다스칼로스가 자신의 직업에 대해 무례히 내뱉는 말에도 기분이 상하지 않았다. 실제로 그의 반응으로 봐서는 그 자신조차 다스칼로스의 비판에 대해 전적으로 반대하는 입장만은 아닌 것처럼 느껴졌다. 세계적으로 유명한 사회심리학자로서 수십 년 동안 현장에 귀를 기울이며 연구 경험을 쌓아온 그는, 자신이 경력과 명성을 쌓아온 학문 분야를 변호하려고 하기보다는 오히려 다스칼로스의 관점을 경청하는 데에 더 열심이었다.

다스칼로스는 자신이 살고 일하는 세계는 자연의 엄연한 일부라고 설명했다. 그러므로 사람들이 자신의 과학을 '형이상학'이라고 부르는 것은 잘못되었다는 것이다. 그는 형이상학 같은 것은 존재하지 않는다고 주장했다. "모든 것이 물리학입니다. 수소가 눈에 보이지 않는다고 해서 존재하지 않는 것은 아니지요. 우리는 현실을 더 폭넓게 생각합니다. 그것은 감각이 미치는 범위 너머에 있지만 탐구의 목적을 위해서는 매우 구체적인 대상입니다. 그래서 우리는 자신을 진리의 탐구자라고 부릅니다. 오늘날 대부분의 과학자들은 자신을 유물론자로 생각합니다. 하지만 그들은 물질이 진정 무엇인지를 알고나 있을까요? 물질에 대한 그들의 이해는 한정되어 있습니다. 왜냐하면 그들은 단지 거친 물질계의 차원에서만 살고 있기 때문이지요. 우리가 그것을 '거친 물질'의 차원이라고 부르는 것은 우리가 작업하는 저편 세계도 또한 물질세계이기 때문입니다. 공기는 눈에 보이지 않지만 물질입니다. 에테르는 전통과학이 한때 발견하긴 했지만 어리석게도 이내 무시해 버렸지요. 하지만 우리에게는 그것이 전기만큼이나 실제적인 것이라서, 그것을 치료에 이용하고 있습니다." 나는 내 동료에게, 다스칼로스가 언급하고 있는 에테르 에너지란 것이 베르그송이 말한 생기(生氣), 라이히가 말한 오르곤 에너지, 메즈머가 말한 동물자기(動物磁氣), 그리고 힌두교의 프라나(氣)라는 개념들과도 비슷한 것이라고 설명해 주었다.

"알겠네." 나의 동료는 생각에 잠긴 듯 손가락으로 턱을 두드리며 대답했다.

"우리가 자칭 유물론자라는 사람들과 다른 점은 우리의 실험실이 그들의 것보다 더 광활하다는 것입니다." 다스칼로스는 만면에 미소를 지으며 이렇게 말했다.

내 동료가 천천히 대꾸했다. "그렇다면 결국 우리는 인간의 두뇌를 다루고 있으니까 이 또한 물질이라고 하시겠군요."

"잠깐만." 다스칼로스가 끼어들었다. "당신이 두뇌라고 부르는 것은 두개골 속에 들어 있는 거친 물질에 지나지 않습니다. 우리가 마음이라고 부르는 것이 또 존재하지요."

"물론 그렇지요. 그렇다면 당신에게는 그것이 어떻게 다른가요?" 내 동료가 물었다.

"그건 발전기와 전기의 차이와 같습니다. 전기는 모든 곳에 있습니다." 다스칼로스는 팔을 펼치며 말했다. "하지만 발전기는 전기가 존재한다는 것을 우리에게 보여 줄 뿐이지 그 자체가 전기를 만들어 내는 것은 아닙니다."

다스칼로스는 이어서 모든 물질은 다양한 형태로 '진동하는' 마음이라고 설명했다. 마음은 절대자 — 그는 사람들이 신이라고 이해하는 그것을 이렇게 부르기를 좋아했다 — 가 아니라, 드러나지 않은 절대자가 자신을 드러내는 수단이라고 했다. 마음[3]이야말로 우주를 빚어내는 '초질료'이며 생명 없는 물질은 존재하지 않는다는 것이다.

나의 동료가 캐문자 다스칼로스는 전통과학의 연구대상인 거친 물질세계는 마음의 가장 낮은 진동수 차원이라고 설명했다. 우리가 알고 있는 그런 공간이 존재하지 않는 4차원의 존재계인 심령계[4]가 있으며, 시간과 공간을 모두 초월하는 5차원계인 이지계[5]도 있다. 그 너머에는 '원형'과 순수한 형상의 세계인 고차원 이지계[6]가 있다. 인간 이데아(Idea of Man)[7]도 이 원형 중의 하나이다. '성원소(Holy Monad)[8]'로부터 방사되는 빛이 이 원형을 통과하면 인간의 존재가

---

3 마음: 형상 없는 절대자가 자신을 표현하는 수단. 마음은 모든 우주와 모든 존재계가 지어지는 초질료이다. 모든 것이 마음이다.

4 심령계psychic body: 4차원계. 심령계에서는 공간이 초월된다. 심령계에 사는 사람은 먼 거리를 단숨에 이동할 수 있다.

5 이지계noetic world: 5차원계. 이지계에서는 공간뿐만 아니라 시간도 초월된다. 이지계에 사는 인간은 공간뿐만 아니라 시간도 가로질러 순간적으로 이동할 수 있다.

6 고차원 이지계higher noetic world: 이데아와 원형의 세계. 모든 현상적 현실에 근거를 제공하는 원인과 법칙의 세계.

7 인간 이데아idea of man: 절대자 속에 있는 영구적 원형의 하나. 성원소의 방사광이 인간 이데아를 통과할 때 인간의 존재가 비롯된다.

8 성원소聖元素, holy nomad: 절대자를 구성하는 요소. 각각의 성원소는 무수한 광선을 방사하여 그것이 다양한 원형를 통과하면 형체와 현상적 존재를 취하게 된다. 이런 방사광이 인간 이데아를 통과하면 한 인간의 인격이 만들어진다. 동일한 성원소에 속하는 사람들끼리는 서로 특별한 친화력을 느낀다.

비롯된다. 영원한 영혼[9]이 이지체[10]와 심령체[11]를 입고, 마침내 수태되어 태어날 때는 거친 육신을 입고 나온다는 것이다.

다스칼로스는 살아 있는 모든 인간들이 지니고 있는 이 세 가지 신체는 모두가 서로 다른 진동 차원의 '물질적' 신체라고 말했다. "심리학을 포함한 전통과학의 비극은 그것이 거친 물질세계밖에 인식하지 못한다는 것입니다. 인간의 본성과 자아에 관한 모든 과학이론이 이 거칠고 조악한 존재차원에만 국한되어 있어요." 그리고 그는 이런 더 높은 차원에 관한 지식은 자신의 경험에서 온 것이라고 주장했다. 그는 자신이 '보이지 않는 구원자[12]'들과 스승들과 함께 일하는 곳인 이 다른 차원 세계들과 끊임없이 교감하고 있다는 것이다.

다스칼로스는 사람이 죽어도 이 같은 다른 차원계에서, 심령이지체, 즉 느낌과 욕망과 생각의 신체를 지닌 '현재인격[13]'으로서 의식이

---

9 영혼: 지상의 경험에 의해 채색되지 않은 우리의 순수한 부분. 영혼은 인간 이데아를 비롯한, 모든 표현물 너머에 있다. 그것은 태어난 적도 없고 죽지도 않는다. 그것은 절대자와 질적으로 동일한 우리의 부분이다. 영혼은 우리의 신성한 본질이며 영원불변하다.

10 이지체理知體, noetic body: 자아를 의식하는 현재인격을 구성하는 세 가지 신체 중의 하나. 사념의 신체. 이지체는 5차원계인 이지계에서 존재한다. 그 모습은 다른 두 가지 신체와 동일하다. 이지체의 중심은 머리의 차크라이다.

11 심령체psychic body: 자아를 의식하는 현재인격을 구성하는 세 가지 신체 중의 하나. 가슴 차크라에 중심을 가지고 있는 느낌과 감정의 신체. 심령체는 4차원계인 심령계에서 산다. 그 모양은 다른 두 가지 신체, 곧 육체와 이지체와 동일하다.

12 보이지 않는 구원자invisible helper: 심령계와 이지계에 사는 스승들로서 육안에는 보이지 않는다. 또한 거친 물질계에 살면서 유체이탈하여 물질계나 이차원계에 사는 인간들을 도와주는 스승들도 가리킨다.

13 현재인격present personality: 흔히 사람의 인격으로 알려진 그것. 그것은 거친 육체와 심령체, 이지체로 이루어져 있다. 현재인격은 끊임없이 진화해가고 있는 우리 자신의 가

깨어 있는 채 계속 살아간다고 했다. 그러다가 에고가 새로운 이지체, 심령체, 거친 육체[14]로 이루어진 '현재인격'을 지어내어 환생하며, 전생의 모든 경험의 기억은 내면의 자아, 곧 '영구인격[15]'을 통해 새로운 생으로 전달된다는 것이다.

내 동료가 계속 캐묻는 질문에 대한 대답으로서 다스칼로스는, 꼬리를 물고 이어지는 환생의 목적은 '일체성 속의 개체성'의 경험을 얻고, 그것을 꽃피우기 위해서라고 말했다. 에고는 테오시스(Theosis)[16]에 도달할 때까지, 즉 자신이 신, 혹은 절대자의 필수불가결한 일부임을 깨달을 때까지 카르마[17], 곧 인과응보의 법칙을 따라 영적으로 성장해간다. 그러면 그 존재는 '분리의 세계', 곧 거친 물질의 세계로 거듭 내려와야만 하는 존재의 쳇바퀴로부터 해방된다. 다스칼로스는 영원한 벌 같은 것은 없으므로 '죄'란 존재하지 않는다고 강조했다. 경험만이 존재한다는 것이다. 모든 인간의 영혼은 카르마의 법칙을 따라 지식과 지혜를 얻고 성장하여 결국에는 구원받을 것이라고 말이

장 낮은 표현으로서, 영구인격과 하나가 되려는 경향성을 가지고 있다.

14 거친 육체: 자아를 의식하는 현재인격을 구성하는 세 가지 신체 중의 하나. 물질적 신체. 사람의 인격 중에서 3차원계인 거친 물질계에서 사는 부분. 자아의 가장 낮은 표현. 거친 육체의 중심은 태양신경총 차크라이다. (옮긴이 주)

15 영구인격permanent personality: 환생의 경험들이 생에서 생으로 기록되고 전달되는 우리의 부분. 우리의 내면의 자아.

16 테오시스: 자아가 거듭된 환생을 통해 거친 물질의 경험을 겪은 후에 성취하는 진화의 마지막 단계. 신과의 재합일. (옮긴이 주)

17 카르마karma: 업業. 인과응보의 법칙. 한 사람의 행위와 사고와 느낌의 총합으로서, 이것이 그 사람의 앞으로의 존재 상태를 결정짓는다. 사람은 자신의 카르마, 곧 운명의 창조에 전적인 책임을 가지고 있다. 테오시스의 성취는 카르마의 초월을 내포한다.

다. 그는 언젠가 이렇게 말했다. "오늘의 죄인이 내일의 깨달은 스승이 될 것이다." 예수의 탕아의 비유는 우리에게 인류의 운명을 넌지시 알려 주고 있다는 것이다. 곧, 지상에서의 세속적 삶이라는 고난과 시련을 거쳐 사랑하는 아버지의 집으로 돌아가는 운명적 여정을 말이다.

다스칼로스는 이어서 자신의 우주론을 펼쳤다. 그의 말에 의하면 그의 우주론은 '다른 세계의' 스승들로부터 나오는 지식이라고 했다. 다른 세계의 스승들이란 곧 테오시스 상태에서 사는 존재들로서, 그 중 가장 중요한 존재는 요하난, 곧 『요한복음』을 쓴 요한인데, 그가 다스칼로스의 몸을 빌려 인류에게 현실의 본질과 존재의 의미에 대한 가르침을 주고 있다는 것이다.

일흔다섯 살인 나의 동료는 흥미롭게 귀를 기울일 뿐, 다스칼로스의 박식한 우주론에 대해 인상깊다거나, 그렇지 않다거나 하는 어떤 식의 반응도 보이지 않았다. 다스칼로스가 가족 문제를 의논하러 온 방문객을 맞느라고 15분쯤을 쉰 후에 나의 동료는 다시 질문을 이어갔다.

"초심리학에 대해 여쭤 볼 게 있습니다." 그는 목을 몇 번 가다듬은 후에, 다스칼로스가 고개를 끄덕이며 계속하라고 하자 말을 이었다. "이것은 괜히 찔러 보려는 것이 아니라 단지 당신의 견해는 어떤지를 알고 싶어서 드리는 질문입니다."

"말씀하세요." 다스칼로스는 팔짱을 끼면서 미소를 지었다.

"초감각적 지각에 대한 전통적 실험을 예로 들어보겠습니다. 여기 카드가 다섯 장 있습니다." 나의 동료는 우리 앞의 테이블에 놓인 상상 속의 카드를 가리키며 말했다. "한 카드에는 동그라미가 그려져 있고 다른 카드에는 사각형이 그려져 있고 또 다른 카드에는 다른 도형들이 그려져 있습니다. 우리는 무수한 실험을 통해서 어떤 사람들은 내가 손에 들고 있는 카드가 무엇인지를 알아맞힐 수 있다는 것을 알고 있습니다. 그리고 저로서는 어떤 각도에서 보더라도, 그러한 정보전달이 어떻게 일어나는지는 알 도리가 없습니다."

"하지만 우리는 알지요." 다스칼로스가 웃으며 반박했다.

"잠깐, 제 말을 끝까지 들어보세요. 초심리학자들의 말에 의하면 통계적 확률을 능가하는 사람들이 있다고 합니다. 보통 사람들이 다섯 번 시도해서 한 번, 즉 20퍼센트를 맞히는 반면에 이 사람들은 70 내지 80퍼센트를 맞힌다고 합니다. 그렇다면 그것은 우연한 일이 아닙니다." 나의 동료는 흥분된 어조로 말했다. "이것은 초감각적 지각 능력(ESP)이 실제로 존재한다는 것을 보여 줍니다. 이제는 우리도 이러한 사실의 존재를 인정하고 있습니다. 어떤 사람은 그런 능력이 있고 어떤 사람은 없지요. 제가 당신을 볼 때 당신에게서 오는 빛의 파동이 있고, 그런 의미에서 그것은 물질적인 것처럼, 우리는 이제 이 사실을 과학적인 의미에서 물질적인 현상으로 받아들일 수 있게 되었습니다."

"맞아요." 다스칼로스가 고개를 끄덕였다.

"그리고 우리는 또 전파가 벽과 같은 장애물들을 통과할 수 있다는 것을 알고 있습니다."

"그것도 물질이지요." 다스칼로스는 웃으면서 역설적인 말투로 말했다.

"그러니까 이건 모두 물질적인 현상입니다. 하지만 제가 문헌을 통해 아는 한에서는 초심리학자들은 그런 능력을 얻도록 사람을 훈련시킬 수가 없었습니다. 그렇다면 당신의 경험에 비추어, 당신은 사람들에게 이 같은 초심리학적 능력을 갖도록 훈련시킬 수가 있습니까?"

"그보다도 교수님, 저는 당신이 이야기한 그 실험이 아주 어리석은 짓이라고 봅니다. 초심리학 또한 아직 유아적인 단계에 머물러 있습니다. 우리는 심령이지적 능력을 그 자체만을 위해서, 단지 신비한 현상을 일으키기 위해서 계발시키는 데에는 관심이 없습니다. 우리는 그런 능력을 오직 치료의 목적을 위해서만 계발하고자 합니다. 이웃 인간들에게 봉사하기 위해서 말입니다. 하지만, 그래요. 우리는 그런 능력을 키우는 방법을 가지고 있어요. 마음을 다스리는 방법을 배움으로써 말입니다."

"그렇군요, 하지만 그게 무슨 뜻인가요?" 내 동료가 물었다.

"보세요, 아까 말했듯이 초질료인 마음은 모든 곳에 있습니다. 전파라는 것이 존재해서 적당한 부속품을 가지고 수신기, 즉 라디오를 만들어 다이얼만 맞추면 자기가 원하는 어떤 음악이든 뉴스든 들을 수가 있지요. 우리의 목표는 염파(念波)를 수신하는 적절한 수신기가 되는 것입니다."

"그렇군요. 하지만 어떻게 해서 적절한 수신기가 될 수 있냐구요."

"마음을 집중시키는 특정한 명상 수련을 통해서 우리는 사람들에게 이 마음이라는 모양 없는 초질료를 가지고 염체(念體)[18], 혹은 심상을 만들어 내는 방법을 가르칩니다. 우리가 염체라고 부르는 이것은 그 재료인 마음으로써 만들어집니다. 그리고 투시능력이 있는 사람은 그것을 볼 수가 있습니다.

---

18 염체elementals: 사람이 투사하는 모든 느낌이나 생각을 염체라고 한다. 그것은 그것을 투사한 사람과는 독립적으로 자신의 고유한 수명과 형체를 지니고 존재한다. (옮긴이 주)

"보통 사람들은 마음을 다루는 방법을 모릅니다. 대부분의 사람들의 마음은 태아적인 수준에 머물러 있습니다. 사람들은 단 한 순간도 집중하질 못하지요."

"과학자들은 어떻습니까?" 내가 말했다. "그들도 집중할 줄을 모르나요?"

"몰라요. 과학자들조차도 정말로 집중하는 방법을 모릅니다. 내가 말하는 집중은 그 형태가 다릅니다. 이것은 일정한 시간 동안 어떤 잡념도 끼어들지 않는 가운데 하나의 심상에 마음을 모을 수 있는 능력입니다. 이건 하기가 쉽지 않아요. 과학자들도 집중을 하지만 그것은 하나의 초점이나 심상에 마음을 고정하는 집중이 아니라 한 생각에 다른 생각이 꼬리를 물고 이어지는 그런 종류의 집중이지요. 만일 과학자들이 정말로 명상에 들어 마음이 흐트러지지 않고 오롯이 집중할 수 있게 된다면 그들의 창조력은 열 배 이상 늘어날 것입니다. 그들은 내가 '물밀듯이 밀려오는 이해'라고 부르는 것을 경험할 것입니다. 그것은 과학자나 보통 사람들이 이해하려면 여러 해가 걸릴 개념들을 단 한 순간에 이해할 수 있게 되는, 그런 것이라고밖에는 설명을 할 수가 없어요."

"영적인 존재로 성장하지는 않은 채 이런 능력을 얻게 된다면 그것은 자신이나 다른 사람들에게 위험하지 않나요?" 내가 물었다.

"물론이지요. 그래서 우리는 사람들에게 심령이지적 능력을 기르는 법을 가르칠 뿐만 아니라 자기분석을 통해 자신의 에고를 극복하고 잠재의식 속의 파괴적인 생각과 욕망을 통제하는 방법을 가르치는 것입니다."

다스칼로스는 이어서 '일상적' 의식상태에 머물러 있는 보통 사람들은 가최면상태, 곧 기계적인 존재수준에 있는 것이라고 말했다.

"내가 일상적 의식상태라고 부르는 것은 주의가 외부세계의 일에만 묶여 있어서, 자기 내면의 세계에 대해서는 까맣게 모르고 있는 상태를 말합니다." 이처럼 자신의 진정한 자아를 알지 못하는, 자기 성찰이 부족한 상태가 사람들을 외부세계의 노예로 만들 뿐만 아니라 심지어 파괴적인 자기암시에 빠져들게 한다고 다스칼로스는 말했다. "사람들은 자신이 살아 있다고 생각합니다. 하지만 사실은 그렇지 못합니다. 자신을 발견할 때만 그들은 진정으로 살아 있게 될 것입니다. 그리고 사지를 움직이고 몸을 놀려서 덧없는 세사에 매달리는 대신 마음의 신성한 유산을 자유롭게 조절할 때에야 비로소 삶의 달인이 될 수 있을 것입니다." 다스칼로스는 주먹을 쥐어 보이면서 말했다.

"이제 곧 일어나야겠지만……." 내 동료는 다스칼로스의 말을 곰곰이 새겨보다가 말했다. "그 전에 한 가지, 제 동료가 연구한 내용을 이야기해 드리고 싶군요. 그것은 눈물의 화학적 성질에 관한 것입니다. 그는 양파를 썰 때 나오는 눈물처럼 강제에 의해서 나오는 눈물은 슬플 때 흘리는 눈물과는 그 화학적 성분이 다르다는 사실을 발견했습니다. 양파를 썰 때 나오는 눈물에는 독성이 없지만 슬픔의 눈물에는 진짜 독이 들어 있다는 것입니다. 그의 주장에 의하면, 우리 사회에서는 남자들은 슬퍼도 여자들처럼 눈물을 보여서는 안 되게 되어 있는데, 그는 이 독이 위궤양과 관련이 있다고 보고 있습니다. 그래서 남성이 여성보다 위궤양에 걸리는 비율이 높다는 것이지요. 여자들은 자신의 감정을 더 쉽게 표출함으로써 체내의 독을 배출하지만 남자들은 그렇지 못하다는 것입니다. 이것은 아직도 이론에 머물고 있기는 하지만 당신에게 흥미가 있으리라고 생각되어서요."

"당신 동료의 발견에 수긍합니다. 충분히 가능성 있는 얘기지요." 다스칼로스는 이렇게 대꾸하고는 자신의 의견을 개진했다.

"눈물은, 말하자면, 일종의 투명한 피입니다. 그것은 출혈과 비슷한 것입니다. 손가락을 베어서 피가 흐른다고 해봅시다. 흐르는 피의 성분은 당신의 감정적 상태에 따라 다를 것입니다. 스트레스와 노여움에 차 있는 사람의 피와, 고요하고 평온한 사람의 피를 분석해 보면 그 화학적 성분이 뚜렷이 다른 것을 발견할 것입니다. 그것은 당신의 동료가 눈물에서 발견한 것과 비슷하지요. 그리고 이것을 알아두세요. 눈물이나 혈액뿐만 아니라 오줌과 침까지도 포함한 모든 체액 성분의 총합은 그 사람의 정신적 상태에 상응한다는 것입니다. 왜냐구요? 물질은 에테르 에너지의 지배하에 있는데, 이 에너지는 고요하고 평온한 진동상태에 있을 수도 있고 격렬한 진동상태에 있을 수도 있기 때문입니다. 나는 '성질 나쁜' 아이로 소문난 한 소년이 화가 나서 다른 아이를 이빨로 물었는데 물린 아이에게 독이 퍼진 일을 본 적이 있습니다. 화가 치민 상태에서 소년의 침은 완전히 독으로 변해 버린 것입니다. 그가 마음이 가라앉은 후에 침을 조사해 보았을 때는 독성분이 없었습니다. 침의 화학적 성분은 그 사람의 정신적 상태를 반영합니다. 그것은 동물에게도 마찬가지이지요."

"다스칼레, 저는 성수(聖水)에도 비슷한 원리가 적용된다고 생각해요. 제가 알기로는 일부 학자들이 성화된 물의 화학 성분은 보통 물의 성분과 다르다고 주장한다고 합니다." 내가 이렇게 덧붙였다.

"맞아요. 그것이 물질에 미치는 생각의 영향력입니다." 다스칼로스가 말했다. "그것이 우리 인간들이 끊임없이 만들어 내는 염체의 힘입니다."

"당신이 '염체'라고 부르는 그것에 대해 설명해 주실 수 있겠습니까?" 내 동료가 물었다.

"모든 생각과 욕망은 심령적, 이지적 에너지를 지니고 있어서 그것이 주변에 투사됩니다. 일단 이 '염체'들이 밖으로 나오면 그것은 일정한 형체와 고유한 수명을 지니고 존재합니다. 그러므로 염체는 그것을 투사한 사람과 동일한 주파수로 진동하는 다른 사람들에게 힘을 미칠 수 있습니다. 진리의 탐구자들은 자기분석과 적절한 명상수행을 통해 타인을 돕는 자비로운 염체만을 투사해야만 합니다."

다스칼로스는 이어서 사람은 자신이 끊임없이 만들어 내는 염체와 항상 연결되어 있으며, 그것에 책임을 져야 한다고 말했다. 그래서 우리가 외부로 투사하는 모든 종류의 생각과 욕망, 즉 염체들은 이 생에서든 다음 생에서든 결국 우리에게로 돌아오며, 이것이 카르마의 법칙이 작용하는 방식이라는 것이다.

염체에 대해 좀더 이야기를 나눈 후에 나의 동료는 다스칼로스에게 감사를 표하고 떠날 준비를 했다. 하지만 그때 다스칼로스는 다른 생각을 하고 있었다.

그는 미소를 띠며 장난스럽게 말했다. "잠깐, 교수님, 가시기 전에 당신의 다리를 좀 보여 주시겠습니까? 키리아코스가 당신이 다리를 개에게 물렸다고 하던데요."

나의 동료는 붕대를 풀기가 싫은 듯했다. 그는 불안한 반응까지 보였다. 하지만 나와 에밀리가 부추기자 잠시 후에 그는 붕대를 풀었다. 다스칼로스는 옆에 앉아 그의 다리를 자신의 무릎 위에 올려놓게 했다. 그리고는 상처를 건드리지 않은 채 마음을 집중시켜 상처 부위 위로 손을 몇 번 지나보냈다. 그렇게 하는 동안 그는 우리에게 그리스어로, 상처는 괜찮지만 응고된 피가 염려된다고 말했다. 그는 그것이 심장에 문제를 일으킬 가능성을 막기 위해 그것을 '환원시켜야(dematerialize)'겠다고 말했다. 그리고는 나의 동료에게 상처를 다시 싸매게 했다. "어쨌든 상처는 나았고 감염의 우려는 없어요." 하고 그는 선언하듯이 말했다. 그는 손을 내 동료의 머리 위에 든 채 몇 분 동안 에테르 에너지를 '넘치도록' 보냈다.

"기분은 좋지만 약간 어지럽군요." 나의 동료는 다스칼로스에게 치료를 받은 후 이렇게 말했다. "하기는 저는 의사 앞에 앉기만 하면 어지러워진답니다." 그는 어깨를 움츠리며 말했다. 나중에 그는 나에게 다스칼로스가 손을 그의 머리 위에 들고 있을 때 따뜻한 기운이 몸을 지나가는 것을 느꼈지만 그것이 단지 자신의 상상이었는지, 아니면 실제로 다스칼로스에게서 자신의 몸으로 에너지가 전달된 것인지는 잘 모르겠다고 했다.

"나의 에테르 에너지를 당신에게 듬뿍 보냈어요." 다스칼로스가 자신 넘치는 어조로 말했다. "이것이 메즈머리즘[19]을 행하는 사람들이 자기(磁氣)라고 부르는 것입니다. 오늘밤 주무실 때 그것을 느낄 것입니다. 혈액순환도 더 좋아질 것입니다. 엉긴 피가 풀렸거든요. 당신은 이제 괜찮아요. 하지만 한 가지 경고해야겠어요." 다스칼로스는 표정을 고치며 진지하게 말했다. "당신은 간염이 있으니까 술을 마시지 말아야 해요."

나의 동료는 다스칼로스의 경고를 대수롭지 않게 받아들이는 듯했다. 특히 술을 마시지 말라는 말에 대해서는 전혀 귀담아 듣지 않고,

---

19 메즈머리즘mesmerism: 18-19세기 오스트리아의 의사였던 메즈머(Mesmer)가 창안한 최면이론과 기법. (옮긴이 주)

대신 질문을 계속했다.

"당신이 방금 어떤 일을 하셨는지를 설명해 주실 수 있겠습니까? 지금 '물질적'으로 문제가 있거든요. 제 다리에 아직도 흉터가 있는데 당신은 그것이 나았다고 말씀하시니 말입니다."

다스칼로스는 자신에 찬 표정으로 말했다. "설명하지요. 상처는 감염이 되지 않는 한 며칠 안에 저절로 낫습니다. 그런 치유를 일으키는 힘은 무엇일까요? 그것은 몸 안에 있는 어떤 것입니다. 그것을 에테르라고 하든지, 에너지, 혹은 자기, 혹은 신, 혹은 성령이라고 하든지 마음대로 불러도 좋습니다. 하지만 그것은 예컨대 20일 안에 상처를 낫게 만드는 그 무엇입니다. 그렇지 않은가요? 자, 이제 제가 그러한 에너지를 당신에게 200배로 불어넣어서 진동하게 해줄 수 있다면 상처는 훨씬 더 빨리 치유될 수 있겠지요. 이건 순전히 수학적인 문제입니다." 다스칼로스는 흥분된 어조로 말했다. "때로 신유가가 상처를 단 몇 분만에 낫게 할 때 일어나는 일이 바로 이것입니다. 물론 카르마가 허락한다면 말입니다."

"제가 상처를 볼 때는 그 속까지 들여다 봅니다. 그것은 나의 자아가 당신 속에 들어갈 수 있고, 당신의 몸속에 무엇이 있든지 나는 그것을 살펴볼 수 있다는 뜻입니다. 제가 눈을 감았을 때 저는 당신의 다리가 나은 것을 보았습니다. 그것은 내가 상처가 아문 다리의 심상을 만들어 내어 거기에 가져다 놓고, 에테르의 생명력을 불어넣었다는 뜻입니다. 나는 당신의 다리가 다 나았노라는 나의 의지를 행사한 것입니다. 거기에다 거푸집, 즉 다 나은 다리의 심상을 만들어 씌운 것이지요."

"당신이 하신 말씀을 이해하려고 애쓰고 있습니다." 나의 동료가 잠시 후에 말했다. "저는 한 가지만 빼고는 의심이 없습니다. 그것은, 제 삶에서 당신처럼 사물의 이치를 안다고 주장하는, 뭔가 비슷한 사람들을 만난 적이 전에도 있었다는 겁니다. 그는 철학자이자 심리학자면서 의사였습니다. 구체적으로 말하자면 영국인 교수인 윌리엄 맥도걸이지요. 물론 마음에 또 떠오르는 이름으로는 프로이드가 있습니다. 그런데 우리는 단지 몇 시간밖에 함께 있지 않았지만 당신에게서 발견한 다른 점은, 당신은 실재에 대한 총체적인 시각을 갖고 있다는 것입니다. 독일인들은 이것을 표현하는 'Weltaschauung(세계관)'이라는 멋진 말을 가지고 있지요. 당신은 세계를 총체적으로 바라보고 있습니다. 당신은 제 다리의 상처와 같은 사소한 것에서 시작해서는 그 너머의 것인 신 등에 대해 이야기합니다. 그런데 그것이 모두가 짜임새 있는 사상의 한 조각들입니다. 그래서 저는 당신이, 혹은 당신 안에 있는 정신이 이같은 'Weltaschauung'을 지니고 있는 것에 감탄하고 있습니다. 문제는 제가 당신의 세계관을, 혹은 다른 사람의 세계관들을 비교하거나 옳다, 혹은 그르다고 판단할 수 없다는 것입니다. 그저 신의 포도밭에서 일하는 보잘것없는 일꾼인 제가 그것을 어떻게 판단할 수 있을까요?"

다스칼로스는 미소를 짓고는 내 동료의 질문을 잠시 되새겼다. "글쎄, 교수님, 저로서는 당신이 언급한 다른 사람들이 틀렸다고 할 수가 없습니다. 그렇게는 말할 수가 없어요. 하지만 사람들은 자기가 진리라고 부르는 것에다 자신의 이름을 붙여서 내놓지요. 그들의 진리에 대한 개념에는 흔히 자기 자신의 인격과 자아가 뒤섞여 있습니다. 이것은 잘못된 것입니다. 나는 결코 내가 진리를 알고 있다고 주장하지 않습니다. 한계를 지닌 우리 인간들은 오직 상대적인 진리밖에 알지 못한다고 말할 수밖에 없습니다. 우리는 결코 진리를 알 수 없습니다. 우리는 오직 인간의 이해 너머에 있는 절대자의 '이해할 수 있는 부분'만을 알 수 있을 뿐입니다. 그래서 우리는 결론을 내리기보다는 수정을 위해 울타리를 항상 열어두어야만 하는 것입니다. 그러므로 우리는 우리가 발견하고 탐사하는 것에 대해 절대적인 태도를 취할 수가 없습니다. 비록 내가 이야기하고 있는 현실은 우리 앞에 놓인 이 테이블을 손으로 만지는 것보다도 더 실제적이기는 하지만 말입니다." 다스칼로스는 허리를 굽혀 테이블을 두드리며 말을 맺었다.

"당신의 말을 이해는 하겠습니다만," 내 동료는 약간 머뭇거리는 목소리로 천천히 말했다. "다시 말하지만, 우리의 지적인 전통에서는……, 아시다시피 저는 당신을 존경하지만……, 한 마디로 표현해서 '증명'을 하도록 배웠습니다. 비유를 하자면 세 사람의 화학자가 있는데 저마다 다른 이론을 가지고 있다고 가정한다면……."

"하지만 그들은 실험실을 가지고 있는데 어떻게 저마다 다른 이론을 가질 수가 있을까요?" 다스칼로스가 웃으면서 끼어들었다.

"아니에요, 좀더 들어보시지요. 화학의 가장 간단한 예를 들어 봅시다. 두 개의 수소와 한 개의 산소가 있습니다. 그런데 이 화학자는." 나의 동료는 방 한 쪽에 있는 상상 속의 화학자를 가리키면서 말을 이었다. "이 두 가지를 합하면 기체가 생길 거라고 말합니다." 그리고 그는 다른 쪽을 가리키면서 말했다. "이쪽 화학자는 두 원소 사이에는 친화력이 없어서 아무런 일도 일어나지 않을 것이라고 말합니다." 그는 다시 다른 쪽을 가리키며 말했다. "이쪽의 다른 화학자는 두 개의 수소와 한 개의 산소를 합하면 물이 될 것이라고 말합니다. 그리고 그들은 각자 실험실에서 실험을 해봅니다. 물질적인 실험실에서 말입니다." 나의 동료는 다시 방 한쪽을 가리키면서 말했다. "한쪽의 주장은 틀렸습니다. 왜냐하면 기체가 생기지 않았기 때문입니다. 두 번째 화학자도 틀렸습니다. 왜냐하면 어떤 일이 일어났기 때문입니다. 결국 세 번째 화학자가 옳았습니다. 왜냐하면 물이 생겼기 때문입니다. 그의 이론이 증명된 것입니다."

나의 동료는 강조하듯이 말했다. "그래서 제가 몸담아온 학문에서는 당신이나 다른 사람의 말이나 어떤 책을 읽을 때, '증명'이 중요하다고 생각합니다. 그런데 초월적인 현상이 지니고 있는 문제는, 그것을 거의 증명할 수가 없다는 것입니다. 물론 우리가 사는 이 지상의 일들 중에는 매우 중요하면서도 증명이 되지 않는 것들이 많습니다. 제 말은, 저는 지금 키프로스에 있습니다. 왜 여기 있을까요? 왜냐하면 저는 터키인과 그리스인들이 서로 싸우는 것은 끔찍한 일이라고 생각하기 때문입니다. 제가 그들을 화합시킬 수 있는 이론을 가지고 있다면 그 이론을 증명해 볼 수 있겠지요. 지금으로서 제가 궁금해 하는 것은 간단히 말해서 이 '증명'의 문제입니다. 그리고 이것이 어쩌면 저의 마지막 질문이 될 것 같군요. 그리고 진심으로, 정말 공손하게, 겸손한 마음으로 이것을 묻습니다." 나의 동료는 말을 맺고는 뒤로 기대어 다스칼로스의 대답을 기다렸다.

"저는 이 말을 자주 하지만 한 번 더 해야겠군요," 다스칼로스가 대답했다. "내가 하는 말을 단지 내가 그렇게 말하기 때문에 믿지는 말라는 것입니다. 당신도 동참해서 함께 탐구해 봅시다. 이것이 제가 하고 있는 일입니다. 누구라도 그래서는 안 되겠지만 저는 어떤 말이 책에 쓰여져 있기 때문에, 혹은 어떤 스승이 말했기 때문에 무턱대고 그것을 믿지는 않습니다. 그것을 내가 직접 알아보기 전까지는 말입니다." 다스칼로스는 이어서, 자신과 학생들은 '진리의 탐구자'이지 신봉자가 아니며, 자신들은 현실의 본질에 대해서 자유로운 탐구를 하고 있다고 말했다. "우리의 모임에서는 '진리가 너희를 자유케 하리라'는 예수의 가르침을 진지하게 받듭니다."

"다스칼레, 그러나 증명의 문제는 중요합니다." 내가 지적했다. "많은 초개아심리학자[20]들이 이 문제를 깊이 다뤘습니다. 전통과학에서 우리는 특정한 결과를 얻어 내기 위한 절차를 알아냅니다. 그리고는 우리가 관찰한 것이 환상이 아니라 실제임을 증명하기 위해서 우리는 비슷한 연구를 하고 있는 다른 과학자들과 함께 그것을 확인해 봅니다."

"그렇지," 다스칼로스가 고개를 끄덕였다.

"그리고 자신의 감각으로써 그것을 확인해야만 하지요." 내 동료가 끼어들어 강조했다.

"진정한 도인이나 스승이나 신비가들은 이렇게 말하겠지요." 내가 말을 이었다. " '당신이 우리의 관점에서 현실을 경험해 보고 싶다면, 물리학을 이해하기 위해서 물리학 교수 밑에서 오랜 수업을 받듯이, 당신도 고된 수련 과정을 거쳐야 합니다. 내가 알려 주는 이 절차들을 수행하면 이런 결과, 이런 경험을 하게 될 것입니다.' 라고요. 하지만 이런 특별한 수련을 거치지 않은 사람은 그런 결과를 경험하지 못합니다. 오늘날 우리가 실제로 겪고 있는 것처럼, 학문적 전통이

---

20 초개아심리학transpersonal psychology: 심리학의 새로운 분야로서 자아의 정의를 확대시켜 집단적 자아, 환생하는 자아, 초월적 자아 등을 포함시킴으로써 개인의 정신현상을 더욱 총체적으로 바라보는 심리이론 및 치료방법.(옮긴이 주)

서로 다른 사람들이 서로를 이해하지 못해서 애를 먹는 이유도 바로 이 때문이지요. 그러니까 수행하는 신비가의 관점에서 본다면 그들은 비슷한 종류의 결과를 경험하게 하는 특정한 수행 절차를 오랫동안 따름으로써 진리를 합의적으로 증명해낸 셈이지요. 하지만 전통과학과는 달리 신비가들의 방법은 실험실에서 하는 것과 같이 실험적인 것이 아니라 경험적인 것입니다."

"아주 좋아요," 다스칼로스는 나의 설명에 만족스러운 듯이 말했다. "하지만 키리아코, 그런 고된 수행을 하지 않는 사람이라도 스승이 하는 일을 관찰하여 비슷한 결론을 이끌어 낼 수는 있어요. 우리 모임에 의사들이 왜 그렇게 많으리라고 생각하세요? 그들은 치유가 일어나는 것을 보았고 여러 가지 현상들을 목격했기 때문입니다. 앞서도 말했듯이 우리의 방법도 과학적입니다. 하지만 우리의 실험실은 좀더 광활하지요. 우리의 실험실은 우리 자신입니다. 거친 육신도 포함해서 말입니다. 그리고 당신이 키프로스인이건 미국인이건 영국인이건 일본인이건 간에 우리가 자신이라고 부르는 이 실험실에서 동일한 절차와 동일한 방법을 적용하기만 하면 당신은 동일한 상대적 진실에 도달할 것입니다. 그리고 우리는 우리가 발견하는 방법들이 예수나 붓다와 같은 위대한 스승들이 가르쳐 준 방법과 동일한 것임을 발견할 때 매우 기쁘답니다."

나의 동료는 8월말쯤에 키프로스를 떠났다. 석 달 후에 그는 불운하게도 바이러스성 간염에 걸렸다고 전해왔다. 나는 우리가 다스칼로스를 만났을 때의 일에 대해서는 까맣게 잊고 있었다. 그래서 내가 유감을 전하는 답장을 쓸 때는 다스칼로스가 그에게 다가올 문제를 경고했던 사실에 대해서는 전혀 언급하지 않았다. 그 다음 편지에서 동료는 이렇게 썼다. '간염과 관련해서 이제야 털어놓지만, 나는 일부러 지난 편지에서 이것을 자네에게 물어 보지 않았다네. 나는 자네도 나와 같은 기억을 가지고 있었는지를 알고 싶었는데, 이제 보니 자네는 그렇지 않은 것 같군. 내 기억이 맞는지는 모르겠지만 다스칼로스가 나에게 맨 처음 한 말은 내 간에 문제가 있다는 뜻이었던 것으로 생각되네. 자네도 생각나는가? 자넨 그걸 기억하고 있어야 할 이유도 없고 그건 어쩌면 내가 지어 낸 것인지도 모르지만 말일세. 하지만 만약 그가 그렇게 말했다면 그건 대단한 통찰이었어. 의사의 말로는 이 병의 잠복기는 석 달이나 된다더군. 그러니까 그의 말이 맞았을 수도 있다는 거지. 난 처음 그 말을 들었을 때 그의 말을 속으로 비웃었어. 왜냐하면 그건 너무나 얼토당토않은 말처럼 들렸거든.'

나는 마침 그때의 만남을 녹음해 두었었다. 나는 그것을 복사하여 다스칼로스가 내 동료의 간에 대해서 언급한 부분이 나오도록 테이프를 감아서 그에게 보내 주었다. 다스칼로스가 말한 것처럼 그의 간염은 심각한 것은 아니었다.

이듬해 여름, 우리가 키프로스에서 다시 만났을 때 그는 병이 완전히 나아 있었다. 그가 키프로스에 있는 동안 하고 싶었던 일 중의 하나는 이 '영혼의 치유사'를 만나는 것이었다.

다스칼로스를 만나면 늘 그러듯이 우리 셋은 커피를 놓고 마주앉았다. 나의 동료는 자신의 병에 관한 이야기부터 꺼냈다.

"지난해 당신을 만난 이후에 겪었던 일의 결과를 말씀드리고 싶습니다. 당신은 너무나 많은 사람들을 만나기 때문에 기억하지 못하실지 모르겠지만, 작년에 저는 그저 한 인간으로서 당신을 만나보고 싶었고, 그때 여기 키리아코가 당신이 나의 다리를 보살펴 줄 수 있을지도 모른다고 말했었습니다. 다리는 이제 괜찮습니다. 그런데 그때 당신은 또 저의 간이 감염되었다는 뜻의 말을 했었습니다. 그 당시에는 저는 당신의 말을 무시했습니다. 저는 황달도 아니었고 아무런 증세도 없었거든요."

"하지만 나는 그것이 오고 있는 걸 보았습니다." 다스칼로스가 말했다.

"당신이 맞았어요." 나의 동료는 다스칼로스를 가리키며 말했다. "의사들에게 당신이 한 말을 이야기했더니 그들은 당신이 그걸 어떻게 알아냈는지 놀라워하더군요. 의학적으로는 어떤 장비로도 그것을 미리 알아 낼 수가 없다는 것이었습니다. 하지만 당신이 나를 봤을 때는 틀림없이 제 간에 이미 바이러스가 있었습니다. 왜냐하면 의사들이 말하듯이 이 병은 나타나기 전까지 오랜 잠복기간을 가지기 때문이지요."

"맞아요." 다스칼로스가 대꾸했다.

"그리고 당신은 그 잠복기에 간염의 가능성을 알아차린 것이고요."

"나는 그것이 올 줄 알았어요. 그건 가능성이 아니라 일어날 일이었어요." 다스칼로스가 강조하듯이 말했다.

"아무튼 저는 의학적으로는 완전히 나았습니다. 혈액검사를 여러 번 해봤는데 정상이라고 의사들이 말했어요. 간염이 있었을 때는 그들이 술을 마시지 말라, 무엇 무엇도 하지 말라고 했었지요. 하지만 이젠 마음대로 해도 됩니다. 정말 회복된 느낌입니다."

"맞아요. 당신은 완전히 회복되었습니다. 그건 사실이에요." 다스칼로스가 조심스럽게 말했다. "하지만 당신은 몸 안에 바이러스를 갖고 있습니다. 당신은 그 병에 대해 면역을 갖고 있지만 그것을 남에게 옮길 수가 있어요."

"글쎄요, 죄송합니다만 의사들은 그렇게 말하지 않던데요." 나의 동료는 다스칼로스의 불길한 말에 노골적으로 불편한 내색을 보이며 자세를 고쳐 앉았다.

"그들은 그렇게 말하라고 하세요." 다스칼로스는 조롱하는 듯한 어투로 대꾸했다. "말씀드리건대, 당신의 피가 다른 사람의 피와 접촉하면 당신은 그 병을 다른 사람에게 옮길 수가 있습니다."

"보세요. 저는 의사는 아닙니다만 당신이 하는 말은 제가 간염에 걸렸을 당시에 의사들이 늘 하던 말이었습니다. 하지만 이제는 아무런 문제가 없다고 합니다. 말하자면, 저는 누구에게도 병을 전염시키지 않는다는 거죠." 내 동료가 반박했다.

"그들이 그렇게 말했다구요?" 다스칼로스는 의아스런 목소리로 묻고는 목소리를 낮추어서 말을 이었다. "당신은 잠복 상태의 바이러스를 가지고 있습니다. 그것을 가지고 있는 이상 당신은 언제나 보균자입니다. 이것을 명심하세요. 당신이 헌혈을 하게 된다면 의사들은 사전에 혈액검사를 해보고는 그것을 발견할 것입니다. 활동 중이 아니라 잠복 중인 바이러스를 말입니다. 당신의 몸속에 있는 이것은 혈액 속에 일단 들어가면 결코 죽지 않습니다. 당신은 앞으로 이 간염 바이러스에 대해 면역을 지니고 있어서 완전히 해방되었습니다. 하지만 그래도 당신은 혈액을 통해서 다른 사람에게 병을 옮길 수가 있는 것입니다."

"다스칼레, 당신의 말은, 그가 수혈을 통해서만 다른 사람에게 병을 전염시킬 수 있다는 뜻인가요?" 이야기의 뜻을 분명히 하기 위해 내가 나섰다.

"오직 혈액을 통해서만." 다스칼로스가 분명하게 대답했다.

"아, 그래요. 의사들이 저에게 헌혈을 절대로 하지 말라고 했어요." 내 동료는 기억을 더듬으며 흥분해서 말했다.

"바로 그거예요." 다스칼로스가 말했다. "그게 내가 말하려고 했던 거예요."

"예, 맞아요." 내 동료는 다스칼로스의 의학 지식에 깊이 감명 받은 듯이 말했다. 다스칼로스에 대한 신뢰감을 되찾자 동료는 그의 비범한 지식의 원천에 대해 더욱 캐고들었다. 다스칼로스는 미소를 띠면서 질문에 대답했다.

"그것을 어떻게 아느냐는 것은 설명하기가 매우 힘듭니다. 그것은 여러 해 동안 명상과 정신집중법을 수행해야 하는 일입니다. 그것은 모든 인간의 내면에 잠재된 능력이기는 하지만 그것을 계발하는 데는 어쩌면 한 생으로는 부족할 수도 있습니다. 제가 현재 도달한 단계에서는 저는 마치 엑스레이처럼 당신의 몸속에 의식을 집중시킬 수가 있습니다. 사실 저는 종종 엑스레이보다도 더 자세히 사람의 건강 상태를 살펴볼 수 있다고 믿고 있습니다. 허파와 심장과 췌장 등 신체의 모든 장기들이 방사하는 빛의 밝기와 색깔을 통해서 말입니다. 나는 장차 어떤 문제가 생길지도 알아 낼 수 있습니다. 나는 당신의 오라에서 감염된 부위를 발견했습니다." 다스칼로스는 이렇게 주장하고

---

21 에테르 복체複體;etheric-double: 거친 육신, 심령체, 이지체 등 세 가지 신체를 살아 있게 하고 서로 연결되어 있게 해주는 에너지 장. 신체의 입자 하나하나에 상응하는 에테르 복체를 가지고 있다. 치유가 일어나는 것은 에테르의 생명력 때문이다. 우주는 에테르의 에너지로 꽉 차 있다. 그것은 한 사람에게서 다른 사람에게로 전해질 수도 있으며 차크라를 통해 흡수된다. (옮긴이 주)

나서, 질병은 육신상에 나타나기 이전에 그와 동일한 형상의 에테르 복체(複體)[21]에 먼저 그 모습을 드러낸다고 설명했다. 그는, 에테르 복체란 거친 육신이 생명을 유지하게 만드는 에너지 장이며, 이것이 없이는 어떤 생명체도 존재할 수 없다고 했다.

그날 우리와 자리를 함께 했던 에밀리가 나서서 물었다. "다스칼레, 지난 번 사례에 대해서 좀더 구체적으로 말씀해 주실 수 있겠어요? 당신은 다른 여러 가지 병을 진단할 수도 있었을 텐데 하필이면 간염을 진단했어요. 정확히 말해서 무엇을 통해서 제 간에 문제가 있다는 것을 알 수 있었는지 설명해 주실 수 있나요? 그게 색깔이었나요, 무엇이었나요?"

"맞아요. 색깔이었어요. 작년에 교수님의 다친 다리를 살펴볼 때 나는 몸 안에 의식을 집중했어요. 그리고 간 속에서 작은 갈색 점이 담즙을 건드리고 있는 것을 발견했지요. 나는 경험을 통해서 거기에 문제가 발생하리라는 것을 알았어요. 그것이 호주에서 처음 발견된 바이러스라는 것까지도 알 수 있었지요. 바이러스는 저마다 생김새가 다르답니다. 나는 현미경으로 볼 수 없는 것까지도 볼 수 있고, 크게 보이도록 그것을 확대할 수도 있습니다. 그 생김새로부터 나는 그것이 어떤 종류인지를 추정할 수 있지요. 내가 알기로는 과학자들도 이 바이러스에 대해서는 많이 알지 못하고 있습니다. 그렇지 않은가요?"

"그런 것 같습니다." 내 동료는 생각에 잠긴 채로 대꾸했다.

"제가 당신의 몸속에 의식을 집중하면 보이는 것은 내 몸 안에 있습니다. 나는 당신의 모습을 비추는 거울이 되는 것이지요. 거울은 무엇일까요? 순수한 마음입니다. 우리는 명상과 집중 수행을 통해 우리 안에 잠재되어 있는 이런 능력을 계발해 내고 있는 것입니다. 예컨대 당신이 미국에 살고 있는 누군가의 사진을 보여 준다면 나는 그것을 만져 봄으로써 그의 오라와 접촉합니다. 나는 그의 오라와 하나가 됩니다. 나는 내가 집중하는 대상을 내 안에서 봅니다. 나 자신이 내가 접촉하고자 하는 그것을 비추는 거울이 되는 것이지요. 이것은 우리 안에 잠재되어 있습니다. 앞으로 인류는 새로운 하나의 능력으로서 결국 이것을 계발해 낼 것입니다. 이것을 뭐라고 불러야 할까요? 마땅한 이름을 우리는 가지고 있지 않아요. 그렇죠?"

"초감각적 지각능력은 어때요?" 에밀리가 말했다.

"초감각적 지각능력이라." 다스칼로스는 그 말을 되풀이하면서 부정적인 표정을 지어 보였다.

"'감각'이란 말은 육신에 속한 어떤 것을 연상시킵니다. 그 때문에 제가 마땅한 이름이 없다고 말한 겁니다. 이것은 육신의 능력이 아니라 영혼의 능력이기 때문입니다. 우리가 단지 육신일 뿐만 아니라 에고를 지닌 영혼임을 깨닫기 전에는 이런 능력을 계발할 수가 없습니다. 아까 말했듯이 거울은 순수한 마음입니다. 우리는, 의식을 보내는 모든 대상을 비추어 주는 그 거울과 하나가 되는 것입니다."

2
Madmen and Mystics

광인과 신비가

"그렇다면 신비가와 광인들은
통하는 점이 있다는 말씀인가요?"
"물론이야. 하지만 신비가들은 거친 물질계와 심령계를
쉽게 구별할 수 있을 뿐더러, 통제할 수 있다네.
완전한 지배력을 갖고 있는 거지.
반면에 광인들은 어떤 격한 상황에서 그런 지각의
문을 열게 되고, 그 속에서 길을 잃어버리지.
그들은 혼란에 빠져 그 목소리의
노예가 되는 거라네."

내 동료가 미국으로 돌아가고 일주일이 지난 후에 나는 다스칼로스를 만나러 갔다. 그의 집에 도착했을 때는 늦은 오후였다. 그의 젊은 제자인 야코보스도 있었다. 우리가 이야기를 나누고 있을 때 이십대 중반의 남자가 집 안으로 뛰어들어와서는, 자신을 죽이겠다고 위협한다는 상상 속의 적을 향해 신경질적인 비명을 질러 대기 시작했다. 그 위협자들 가운데는 로널드 레이건과 몇몇 세계적인 지도자들, 그리고 미국의 CIA도 있었다.

다스칼로스는 이 뜻하지 않은 방문객이 제풀에 지칠 때까지 조용히, 끈기 있게 듣고만 있었다. 그리고는 그에게 그런 말을 사람들 앞에서 함부로 하다가는 미친 사람 취급을 받을 테니 조심하라고 타일렀다. 그는 예기치 않은 방문객에게 이렇게 말했다. "그 일에 대해서 말하고 싶을 때는 언제든지 나에게로 오게."

청년은 조심하겠다고 약속을 한 후에 번쩍거리는 새 볼보 승용차를 몰고 사라졌다. 다스칼로스는 야코보스에게 당장 성소로 가서 촛불을 켜고 그를 흰빛으로 '감싸'주라고 했다. 지금의 그런 상태에서 사고를 내지 않도록 하기 위해서였다.

"우리는 이 젊은이를 정신병원에서 구출해 내려고 애쓰고 있네." 다스칼로스가 나에게 설명했다. "그는 명석한 수학자인데 다른 면에서는 아주 정상적이야. 하지만 가끔씩 정신이 오락가락해서 언제 일자리를 잃어 버리게 될지 몰라." 이렇게 말한 뒤 다스칼로스는 정신이상의 본질에 대해서 설명을 하기 시작했다.

"미친 사람들 중의 일부, 정신과 의사들이 정신분열증 환자라고 부르는 사람들에게서는 '원한의 낌새'를 볼 수 있는데 이것은 사실은 왜곡된 애정의 한 형태일 수도 있다네. 이런 사람들은 병적인 거짓말쟁이인 것처럼 보이는데, 왜냐하면 그들은 현실과 환상을 구분하지 못하기 때문일세. 야코보스도 알고 있는 한 사례가 있지. 척추를 다쳐서 고생하고 있는 형에게 보살핌을 받고 있는 한 젊은이가 걸핏하면 나를 찾아오곤 한다네. 그는 가라데의 고수였어. 왜 가라데냐고? 그는 어렸을 때부터 공격적인 성격을 드러내고 싶어했거든. 그의 형은 그가 어렸을 때부터 다른 아이들을 때려눕히는 것을 즐겼다고 하더군. 그는 아마도 이런 성격을 전생에서부터 지니고 왔을 거야. 그의 마음속에는 애정과 증오가 뒤범벅되어 있었네. 이런 사람들은 자기가 좋아하는 사람을 모욕하고 싶어하지."

"나는 이 아이를 좀 살펴보기로 했네. 그는 사람들을 때려눕히고는 나에게 와서 그걸 자랑하곤 했다네. 그는 군대에 있을 때 상관을 때렸는데, 우리가 중재에 나서지 않았다면 어떻게 되었을지는 아무도 모른다네."

"그는 몇 번이나 나에게 가르침을 받게 해달라고 했지만 나는 받아들이지 않았지. 그는 우리 모임에 맞지 않았어. 그런데도 자기가 나의 제자이며 내가 그에게 모든 비밀을 가르쳐 주었노라고 떠벌이고 다녔다네. 그러다가 나중에는 그가 나의 비밀을 알까봐 겁나서 내가 제자로 받아들여 주지 않는다는 헛소문을 퍼뜨리고 다녔지. 그는 나에게 애정을 표했지만 나는 관심을 주지 않았어."

"그런데 그가 어떤 짓을 했는지 상상하겠나? 내가 집에 없는 동안에 우리 집에 들어와서는 이층 나의 침실에서 난장판을 벌여놓았다네. 벽에 있던 성모상을 바닥에 던져놓고 나의 책을 온 방 안에 어질러 놓았네. 내가 밤에 소변을 보는 소변기도 엎어놓고 카펫을 뒤집어 침대 위에다 씌워 놓았지. 방안은 엉망이었어. 집에 왔을 때 나는 잠시 야코보스가 나를 놀려주려고 그랬나, 하고 생각했지. 하지만 그의 이야기를 듣고는 범인이 누구였는지를 알게 되었다네. 나중에 나는 내 친구가 선물한 금제 펜을 포함해서 몇 가지 물건이 없어진 것을 발견했다네. 펜 뚜껑이 마치, '내가 가져갔소' 하듯이 내 침대 곁 테이블에 놓여 있더군."

다스칼로스는 열을 내어 언성을 높였다. "그러고는 그는 내가 동성애자이고, 그를 애인으로 삼고 싶어했지만 자기가 거절했노라는 소문을 퍼뜨리고 다녔어. 그가 만일 경찰과 의사들의 손에 맡겨졌더라면 틀림없이 정신병원 신세를 져야 했을 거야. 어느 날 은행에 들어가려다가 그를 발견했네. 내가 그 자리에 서서 바라보자 그는 얼어붙은 듯이 꼼짝하지 못했어. 그는 뭐라고 말을 하고 싶어했지만 말이 나오지 않았다네. 그는 움직일 수가 없었어. 나는 그가 가련해서 그냥 보내 주었네."

"어느 날 그가 나에게로 와서 말했어. '저는 당신을 원해요. 당신도 나를 원하는 것이 틀림없어요.' 내가 말했네. '얘야, 넌 미쳤어. 어서 가봐.'"

"그는 꿈을 꾸었어요." 그 일에 대해 잘 알고 있는 듯한 야코보스가 덧붙였다.

"그는 내가 등장하는 꿈을 몇 번 꾸었지. 그가 아는 사람들과 동성애를 하는 꿈을 말일세. 그는 환상과 착각의 세계에서 살았지."

"하지만 그는 이런 꿈이 현실이라고 믿고 있었어요." 야코보스가 강조했다.

"물론 그랬지." 다스칼로스가 말을 이었다. "그는 내가 하는 말에는 귀를 기울이지 않았어. 나는 그가 너를 미워한다는 것을 알아. 그가 언젠가 너를 공격하더라도 놀랄 일은 아니야."

"야코보스가 그에게 어떻게 했는데요?" 내가 물었다.

"그는 야코보스를 시기해. 내가 이 아이를 도와 주지 않으면 그는 정신병원 신세를 져야 할거야. 나는 나의 방식으로 그를 돕고 있네."

"어떻게요?"

"나는 그가 제정신이 돌아오게 하는 염체를 멀리서 보낸다네. 어느 날 그가 어디서 실컷 두드려 맞고는 우리 집으로 기어와서는 도움을 청했네. 그는 마침 내 곁에 있던 로이조스를 보고는 그가 마치 죄인이나 되듯이 이렇게 추궁했네. '넌 애인을 바꿨어?' 우리는 그의 셔츠를 벗겨줬어. 그는 온몸이 멍 투성이였고 네댓 개의 척추골이 어긋나 있더군. 우리는 그를 바닥에 눕히고 나는 로이조스의 도움을 받아 그를 치료했네. 그것은 오후 네다섯 시 즈음의 일이었어. 나는 그에게 다시는 나타나지 말라고 당부했네. 그는 멀리 떼놓고 작업하는 편이 나았기 때문이지. 그런데 새벽 한 시에 문을 두드리는 소리가 들렸어. 내려가서 문을 열었지. 또 그였다네. 빵을 달라고 했어. '배가 고파요. 어제부터 아무것도 먹지 못했어요.' 그가 말했어. 내가 마지막으로 그를 본 이후로 그는 집엘 들어가지 않았던 거야. 나는 그를 집으로 돌려보내려고 했는데 요한난 성부께서 말리셨네. 이 아이가 문을 두드릴 때 나의 스승께서 이렇게 말하셨네. '화내지 마라. 그를 거칠게 대하지 마라.' 나는 그를 내 집에서 영원히 쫓아내고 싶은 마음이 굴뚝같았는데 말일세."

"당신은 요한난 성부의 목소리를 들으시나요?" 내가 물었다.

"나는 그를 느끼네. 그는 나에게 말하시지. 나는 물론 그의 목소리를 듣지. 아무튼 우리 집엔 빵 반 덩어리와 달걀 세 개, 그리고 베이

컨과 소시지가 있었어. 나는 그것을 요리해서 줬다네. 그는 그것을 다 먹었어. 배가 무척 고팠던 거야. 그는 제 걸음으로 냉장고에 가서 콜라까지 꺼내 마셨다네. 그가 다 먹은 다음에 내가 말했네. '잘 들어, 얘야, 너의 행동은 이해할 수가 없어. 난 말썽을 일으키고 싶지 않아. 난 네가 여기 있는 것이 유쾌하지 않거든. 앞으로 나를 귀찮게 하지 않도록 해.' 그는 떠나기 전에 나의 손을 잡고는 입을 맞추기 시작했어. 그리고는 뭐라고 했는지 아나? '전 당신을 사랑해요.' '난 네가 나를 사랑하지 않았으면 좋겠다. 그리고 조용히 나가.' 내가 대답했어. '당신을 너무나 사랑해요.' 그는 다시 이렇게 말하고는 떠났어. 그가 나에게 뭔가를 느끼고 있기는 하지만, 매우 안 좋은 방향으로 치닫고 있는 거지. 나는 늘 이런 문제를 겪네. 몇몇 사람들이 나를 자기 멋대로 조종하려고 하고, 자꾸만 나의 명성을 깎아 내리려고 애썼지. 이런 사람들은 상대방을 흠모하고 사랑하지만, 다른 사람이 그에게 접근하는 것을 보면 그 관계를 망쳐 놓기 위해 온갖 짓을 다 한다네. 그는 상대방을 모욕하기 위해 온갖 짓을 다 하여 짓밟고는 그를 자기 것으로 만들려고 한다네. 나는 멀쩡하게 보이는 사람들이 그런 짓을 하는 것을 여섯 번이나 보았네. 그들에게 잠시라도 주의를 주지 않으면 그들은 타인의 마음을 빼앗기 위해 뭔가 미친 짓거리를 벌인다네. 이런 자들을 신경증 환자로 불러야 할까, 아니면 정신분열증 환자라고 해야 할까? 특히 터키가 침공한 후로는 이곳에서 정신이 온전한 사람을 찾아보기가 힘들다네."

"어느 정도는 우리도 미쳤지요." 야코보스가 웃으며 말했다.

"물론 우리도 미쳤지. 우리는 모두가 조금은 가학적 내지는 피학적 음란증이거나 정신분열증 환자들이야."

"신경증일 수는 있겠지만 다스칼레, 정신분열증이라니요……?" 내가 웃으며 말했다.

"그게 다를 게 뭐가 있나?" 다스칼로스는 정신의학 용어를 완전히 무시하려는 듯 조롱 섞인 표정으로 대꾸했다.

"글쎄요, 정신분열증 환자는 환청을 듣지요." 내가 짐짓 진지한 표정을 지으며 대답했다.

"하지만 우리도 목소리를 듣는다네." 다스칼로스는 빈정대며 웃음을 터뜨렸다.

나는 다스칼로스가 활동하는 상당 부분이 정신적인 문제를 지닌 사람들을 다루는 일이라는 것을 발견했다. 그리고 내가 거듭 목격한 바로는 그의 성공률은 미국의 가장 훌륭한 정신과 의사들이 부러워할 정도의 수준이었다. 위의 두 가지 일이 정신질환의 본질에 대해 이야기할 기회를 만들어 주었다. 이 주제는 특별히 나의 관심을 끌었다. 나는 메인 대학교에서 정신질환의 사회학에 대해 강의하고 있었고, 나의 연구에 의하면 정신질환(mental illness)이라는 말 자체가 매우 논란의 여지가 많고 애매한 말임이 분명했다. 정신이상, 특히 정신분열증의 본질에 대해서는 전문가들 사이에서도 의견이 거의 일치되지 않았다. 점차 많은 수의 '반정신의학'파들은 정통 정신의학계의 주장과는 달리 정신이상의 근본적인 본질에 대한 지식은 중세 이후로 눈곱만큼도 발전되지 않았으며, 정신의학 용어들은 하층민들을 노예로 부리기 위한 낙인에 지나지 않는다고 역설하고 있다. 물론 다스칼로스도 이 같은 견해에 동조하고 있는 것이 분명했다.

"정신의학자들은 정신질환의 정체에 대해서 아무것도 모른다네."

그는 야코보스와 내가 열심히 귀를 기울이고 있는 가운데 진지한 말투로 이렇게 말을 꺼냈다. 그리고는 이 주제에 대해 자세히 이야기하기 시작했다.

"정신이상이 무엇인지를 이해하기 위해서는 습관이 형성되는 과정을 잘 살펴봐야만 하네. 어떤 일이 사람의 잠재의식에 각인되면 그것은 의식의 표면으로 떠올라서 그것이 자꾸 반복되게끔 부추기는 경향을 띠게 되지. 우리의 관점에서 말하면 그것은, 그가 염체를 투사해 내고, 그것이 결국은 다시 그 근원에게로 되돌아오는 것이라네. 그러면 그것은 그 사람의 에테르 복체로부터 에너지를 빨아들여 더욱 강해진다네. 이런 습관과 망상들은 잠재의식으로서 심령체와 이지체에 각인되지. 이런 염체들의 진동이 매우 강해지면 그것은 두뇌에 손상을 입힐 수도 있다네. 소위 정신질환이나 정신분열증이 가끔 이런 결과를 가져오지. 하지만 일단 이지체의 진동이 가라앉으면 두뇌도 진정되어서 이때만은 미친 사람도 여느 정상들인과 다름없이 행동하고 생각할 수 있게 된다네. 예컨대 정신병원에 가서 관찰해 보면 알 수 있듯이, 매우 심하게 미친 환자들도 잠재의식 속의 혼란이 재발하기 전까지는 마음이 아주 맑고 명료해지는 때가 있다네. 그 사람이 죽어서 우리가 그를 심령계에서 만난다고 가정해 보세. 그가 여전히 미쳐 있을까? 아닐세. 자네는 그 격렬한 진동이 심령이지체를 포함하는 그의 자아의식의 일부인데 어떻게 그럴 수가 있느냐고 묻겠지. 그의 전반적인 인격은 격렬히 진동하지만 그것이 일단 육신과 두뇌라는 감옥을 벗어나면 어떤 병증도 나타내지 않는다네. 격렬한 진동 그 자체는 정신이상을 가져오지 않아. 정신이상이란 육신의 두뇌와 태양신경총이 심령이지체의 내부적 상태를 반영해 내지 못하는, 능력 부족 상태일 뿐일세. 예컨대 때로 어떤 사람은 이런 정신이상의 발작에 들어가기 전에 위에 통증을 느끼고 엎드려서 토하기 시작하는 경우도 있다네. 그가 균형감각을 잃게 만드는 진동은 태양신경총에서부터 시작될 수도 있는 것이라네."

"미친 사람들은 모두가 생리학적으로 뇌에 손상이 있다는 말씀인가요?" 야코보스가 물었다.

"아니야, 꼭 그런 건 아니야. 단지 육신의 두뇌는 이렇게 강한 진동을 매개하기에 부적당하다는 뜻일 뿐이야."

"이런 상태는 모든 정상적인 인간에게 영향을 미칠 수 있겠군요." 내가 덧붙였다.

"물론이지. 걷잡을 수 없는 분노에 사로잡히면 사람들은 누구나 말을 더듬기 시작하네. 그들의 육신의 두뇌는 기능을 멈춰 버려서 이성적인 사고를 할 수가 없게 되는 것일세. 감정에 북받친 사람들이 심장마비나 뇌졸중으로 몸을 망치는 경우가 얼마나 많은가?"

"다스칼레, 많은 정신분열증 환자들이 환청에 시달린다고 말하는데, 그 소리의 정체는 무엇인가요?" 내가 물었다.

"정신분열증 환자들은 심령계로부터 소리를 듣는다네."

"제가 잘 알고 있는 어떤 연구 내용에 의하면 정신분열증 환자들은 두 가지 종류의 목소리가 들린다고 보고했습니다. 즉, 그들을 고문하는 작은 악마와도 같은 사악한 종류의 것과……."

"염체 말이군." 다스칼로스가 끼어들었다.

"…… 그리고 좀더 드물긴 하지만, 치유의 힘을 가진 인자한 목소리를 듣는다고 합니다." 내가 이어서 말했다.

"그래, 그것은 천사의 염체들이지. 정신분열증 환자들은 준비되지 않은 상태에서 자신도 모르게 심령계에 발을 들여놓게 된다네. 신비가들은 명상을 통해 같은 세계로 들어갈 수 있지."

"그렇다면 신비가와 미친 사람은 통하는 점이 있다는 말씀인가요?" 내가 웃으며 말했다.

"물론이야." 다스칼로스가 진지한 표정으로 말했다. "신비가들은 사람의 목소리로 해석되는 진동을 지각할 수 있는 문을 열고 들어간다네. 하지만 그들은 그것에 대해 완전한 지배력을 가지고 있지. 그뿐 아니라 신비가들은 거친 물질계와 심령계를 쉽게 구별할 수 있다네. 그들은 그것을 혼동하지 않기 때문에 두 세계에서 쉽게 운위할 수 있지. 반면에 정신분열증 환자들은 어떤 격한 상황에 의해 갑자기 그런 지각의 문을 열게 되고, 그 속에서 길을 잃어 버리지. 그들은 혼란에 빠져서 이 목소리에 놀아나는 노예가 되는 거라네. 그건 진짜와 같네. 듣는다는 것은 청각신경에 전해지는 진동을 수신하는 것을 뜻하고, 그것이 두뇌로 전달되는 것이지. 이런 자극이 일어날 때 우리는 그것을 '들린다'고 말하는 거라네. '보이는' 것도 마찬가지야. 청각신경에 자극이 일어나게 하기 위해서 반드시 외부의 음원으로부터 진동이 와야만 하는 것은 아닐세. 심령계나 이지계로부터 바로 올 수도 있지."

"그러니까 정신분열증 환자들이 듣는 것은 다른 사람들이 만들어 놓은 심령계의 염체라는 말씀이시군요."

"맞았어."

"그걸 만드는 것은 그들 자신이 아닐까요?"

"때로는 그들 자신이 그 목소리를 만들어 내지. 육체의 두뇌와 에테르 두뇌의 중추가 열리는 순간에는 목소리를 듣게 된다네. 미친 사람들이 듣는 목소리는 진짜야. 자네나 다른 사람들이 그것을 듣지 못한다고 해서 그것이 환청이라는 것은 아닐세. 그런 사람들에게 자신을 동조시켜 보면 자네도 똑같은 소리를 들을 거야. 그것이 들리지 않도록 지각의 문을 닫아 버릴 수도 있네. 심리학자들은 전기충격을 사용하는데, 그것은 실제로는 이 문을 닫아 버리는 것을 의미한다네. 염체가 투사되지만 돌아와서 진동을 각인시키기가 어려워지는 것이지."

나는 다스칼로스에게, 현대의 인간적인 심리학자나 정신과 의사들은 더 이상 전기충격을 사용하지 않는다고 말해줬다. 그는 그런 방법은 잔인한 방법이며 신체에 좋지 않은 부작용을 일으킬 수 있다고 말하고, 그와 같은 방법의 결과는 지각의 문을 닫아 버리는 것임을 거듭 강조했다.

"다스칼레, 당신은 정신분열증 환자들의 문제를 어떻게 해결해 주나요?"

"내가 사용하는 방법 중의 하나는 균형을 잡아줄 반대 성질의 염체를 만들어 주는 것일세. 예컨대 야코보스도 알고 있지만 이런 일이 있었지. 그리스인과 터키인들 사이의 싸움이 일어났을 때 페트로스라는 이름의 이 군인은 최전선에 있으면서 피비린내 나는 죽음을 많이 목격했네. 그의 가장 친했던 친구의 목이 날아가고 또 다른 사람은 갈가리 찢겨서 창자가 쏟아지고 하는 광경을 말이야. 그는 결국 미쳐서 정신병원에 수용되었지. 사방에서 피가 흐르고 죽고 죽이고 하는 광경이 그의 눈앞을 떠나지 않았다네."

"그는 자기가 경험한 것들을 보고 있었던 거죠." 야코보스가 덧붙였다.

"맞았어. 하지만 그는 다른 사람들에게서 텔레파시로 전달된 비슷한 광경들도 심상으로 보고 있었어. 내가 그를 맡았을 때, 나는 정신분석 치료부터 시작했지. 말하자면 그를 괴롭히고 있는 사건들을 의식의 표면에 떠오르게 해서 살펴보고 그와 반대되는 염체를 만들어내었다네."

"좀더 구체적으로 이야기해 줄 수 있겠습니까?"

"나는 그의 잠재의식 속에 있는 피비린내 나는 광경을 보고 나서, 그것이 그가 상상하는 것처럼 비극적인 일이 아니라는 것을 설명해 주었지. 나는 그에게 카르마의 법칙을 이야기해 주고, 적절한 사고와 행위로써 그를 괴롭히는 염체를 근절해야 한다고 가르쳐 주었네. 과거의 경험 속으로 빠져들어서 그 속에서 살 것이 아니라 신경을 미래로 돌려야만 한다는 것을 깨닫게 해주려고 애썼지."

"그러니까 당신이 사용하는 치료법은 그 사람의 삶에 대한 인식에 변화를 주는 것이로군요."

"그것도 중요하지만 꼭 그 방법만 사용하는 것은 아닐세. 예컨대 페트로스는 이 방법을 잘 받아들이지 못했어. 그래서 나는 내 마음속에서 반대되는 성질의 염체를 만들어 내어 그가 잠자는 동안에 그의 마음속에 집어 넣고는 그가 스스로 결정을 내리도록 기다렸지. 그 결정이 외부의 개입에 의한 것이라는 것을 그가 의식하지 못하도록 말이야. 그리고 그가 마음의 중심을 잃도록 만든 과거의 기억이 떠오르지 못하게끔 덮어 버리려고 애썼다네. 이제 남아 있는 기억들은 더 이상 현실적인 힘을 지니지 못하는 꿈과 같은 상태가 되었다고 나는 믿고 있네. 이것이 내가 페트로스에게 해 줄 수 있었던 유일한 일일세. 그렇게라도 하지 않았다면 그를 정신병자 수용소에서 구해 낼 수가 없었을 걸세. 그의 경우에는 그를 괴롭히고 있는 사건들을 망각하게 만들 필요가 있었다네. 하지만 이런 경우에는 치료가 결코 완전하지는 않아. 상처를 치료할 수는 있지만 흉터는 그대로 남아 있는 거지. 페트로스에게는 늘 슬픔이 남아 있을 걸세. 그도 즐거워하고 행복해 할 수는 있지만 그것은 다만 일시적인 상태일 뿐이지. 하지만 결국 이런 예가 오늘날 인류의 4분의 3 정도는 겪고 있는 상태가 아니겠나?" 다스칼로스는 이렇게 결론을 내렸다.

"어쩌면 그보다 훨씬 더 많을지도 모르지요." 내가 웃으며 말했다. 그리고 나는 다스칼로스가 페트로스의 마음속에 심어 줬다는 자비로운 염체가 어떤 종류인지를 설명해 달라고 했다.

"나는 증오와 적의에 찬 염체를 사랑과 평화와 이해의 염체로 바꿔 놓았네. 하지만 이런 염체들의 의미는 적절한 환경이 주어지지 않는 한 이해될 수가 없다네. 그래서 페트로스의 경우엔 나는 생각을 통해 그의 일상생활과 꿈속에서 그를 괴롭히고 있는 것들과 반대되는 사건들을 만들어 주었네. 진리의 탐구자들이 왜 심상을 만들어 내는 연습을 훈련의 일부로서 하고 있다고 생각하는가? 그 목적이 뭐라고 생각하나? 그 이유는 이걸세. 건설적인, 강력한 염체를 만들어 내어 파괴적인 염체와 맞서 싸우도록 하기 위해서란 말일세."

"당신은 환자에게 사랑의 느낌을 느끼도록 해주는 상황을 만들어 낼 수 있다는 말씀인가요?" 내가 물었다.

"나는 사랑의 느낌을 만들어 내지는 않네. 그것은 사람의 내면에 이미 있다네. 나는 단지 그것이 그의 내부에 잠들어 머물러 있지 않고 의식의 표면으로 떠오르게 해 줄 상황을 만들어 낼 뿐이지. 사랑은 그의 내면에 존재한다네. 그것이 그의 본성일세. 내가 할 수 있는 일은 다만 그것을 일깨워 내는 일뿐이야. 나는 심상을 통해서 인자한 염체를 만들어 내고, 그것이 그의 잠재의식 속으로 들어가서 작용하도록 놔두는 걸세."

"솔직히 말해서 이건 제 이해 밖의 일인 걸요."

"설명해 주지. 술주정뱅이가 있다고 하세. 그는 집에 돌아와서 마누라를 두들겨 패고 온갖 말썽을 부리기 시작한다네. 나는 그에게 그가 하고 있는 짓이 잘못된 것임을 이해시키려고 애쓰지. 다시는 그런 짓을 하지 말아야 한다고 말이야. 그는 반응을 보이겠지. 그는 밤에 꿈속에서 내가 나타나 이렇게 충고하는 것을 볼 걸세. '내가 자네 입장이라면 그런 식으로 행동하진 않을 거야. 자네가 한 짓은 이성적이지 못한 행동이었어.' 사람은 원숭이와도 좀 비슷하다네. 그는 좋은 행동이든 나쁜 행동이든 모두 모방하지. 그래서 그는 내가 암시한 것을 받아들이고 그것을 자신의 일부로 만들지만 그것이 외부의 조건이 만들어 낸 것이라는 사실은 깨닫지 못한다네. 이렇게 해서 그를 돕는 거야. 나는 그를 내가 바라는 곳까지 데려와서 그 다음부터는 자신이 스스로 문제를 해결하도록 놔둔다네."

다스칼로스는 때로 미친 사람을 진정시키기 위해서 그를 육신으로부터 빠져나오게 하여 심령계, 즉 아스트랄계에서 치료하기도 한다고 말했다. 그리고는 다시 그를 육신으로 데려다 놓는다는 것이다. 그렇게 하는 데는 여러 가지 방법이 있다고 했지만 일일이 설명해 주지는 않았다.

다스칼로스는 잠시 쉬었다가 다시 말했다. "사람을 돕기 위해서는 사례의 성격에 따라, 그리고 상대방의 성격에 따라서 방법과 기술을 그에 맞게 사용해야 한다네. 그 사람을 자극해서 미치게 만드는 것이 무엇인지를 이해하고 거기에 맞춰 적절한 조치를 취해야 하는 거라네. 자네도 알고 있는 니키포로스의 예를 들어볼까."

니키포로스는 60세의 사업가인데 1974년에 터키가 침공해 왔을 때 하나뿐인 아들이 전투 중에 실종되었다. 다스칼로스는 유달리 니키포로스에게 관심을 기울여서 오랫동안 날마다 그를 찾아가 보곤 했었다. 나는 처음에는 그들이 오랜 친구 사이여서 다스칼로스가 그저 그와 함께 지내기를 즐기는 줄로만 알았다. 니키포로스는 다스칼로스에게 매우 애착을 가지고 있는 듯했다. 하지만 나는 다스칼로스의 방문이 그와 시간을 보내고 싶어서가 아니라 치료를 위한 것이었음을 곧 알게 되었다. 그러나 다스칼로스는 그것이 마치 그저 놀러온 것처럼 보이게끔 했다. 니키포로스는 독설적인 사람이었는데 아들을 잃은 슬픔이 그것을 더 심해지게 했다. 그리고 직접적인 피해자는 그의 아내였다. 다스칼로스는 사뭇 심각한 표정으로 내게 말했는데, 이 일이 그에게 특히 중요한 이유는 고대 이집트 시대의 그의 전생에서 니키포로스의 아내가 그의 어머니였기 때문이라는 것이다. "다른 이유가 아니더라도 나는 그녀의 남편을 도와 줘야 할 빚이 있다네." 그는 나에게 이렇게 털어놓았다.

"니키포로스의 경우엔 그에게 어떻게든 영향을 미치기 위해서는 매우 참을성 있게 그의 수준에 맞춰 주어야 했어. 내가 그와 이야기하는 것을 누군가가 들었다면 놀랐을 거야." 다스칼로스는 니키포로스처럼 상스러운 말씨를 쓰기도 했던 것이다. "미친 사람을 도와주기 위해서는 나도 미친 사람처럼 말하고 행동해야만 할 때가 있다네. 그의 경우에 내가 만일 대단한 스승인 것처럼 그를 심판하면서 내려다보았다면 어떤 성과도 얻지 못했을 걸세."

나는 다스칼로스에게 R. D. 랭의 정신분열증에 관한 이론, 특히 가장 논란을 일으키고 있는 그의 저서 『경험의 정치학』에서 그가 개진한 이론에 대해 혹시 알고 있는지를 물어보았다. 그는 랭에 대해 들어 본 적이 없었지만, 랭은 현실에 발을 딛고 있는 쪽은 정상인들이 아니라 정신분열증 환자들이라고 생각하고 있다고 내가 이야기해주자 그는 머리를 흔들면서 웃기 시작했다.

나는 계속해서, 랭이 미친 사람을 치료하는 방법은, 그들이 정신분열증을 그대로 겪어내고는 더 지혜로워지고 더 균형잡힌 모습으로 빠져 나오도록 놔두는 것이라고 설명해 주었다. 랭에 의하면 정신의학자들은 정신분열증 환자들에게 약물이나 다른 방법으로 그 증세를 멈추게 하려고 애쓰지 말고, 그저 그 분열증세를 겪어 내도록 도와 주는 분위기를 제공해 주기만 하면 된다는 것이다.

"그건 항상 안전한 방법인 것만은 아닐세." 다스칼로스가 진지하게 말했다. "환자가 균형감각을 완전히 잃어 버리게 만들 수도 있다네. 아주 심하게 미친 지경에 이르러서 다시는 돌아오지 못할 수도 있단 말일세. 때로는 그 상태에 머무는 것이 기분 좋은 일일 수도 있거든. 그리고 그것은 환자로 하여금 자신의 책임을 회피하게 만드는 방법이 되어 버릴 수도 있다네."

"제 생각엔 신비적인 관점에서 보면 환자의 차크라[22]가 자신이 그것을 제어할 수 있게 되기도 전에 열려 버릴 수도 있을 것 같습니다."

"맞았어."

"저는 그렇게 생각하지 않아요." 야코보스가 이렇게 제동을 걸고

---

22 차크라chakra: 사람의 에테르 복체에 있는 심령이지적 중추. 한 인격은 자신을 지탱해 가기 위해 이 차크라를 통해 에테르의 생명력을 흡수한다. 신비가는 적절한 명상과 훈련을 통해 차크라를 엶으로써 심령이지적 능력을 얻는다. 투시가에게 차크라는 회전하는 원반처럼 보인다. (옮긴이 주)

나섰다. 야코보스는 다스칼로스가 수준 높은 학생으로 간주하는 사람 중의 하나이지만 그는 자주 반대의사를 내세우기도 했다. "환상을 경험하는 것을 마치 차크라가 열리는 것처럼 말씀하고 계시잖아요."

"하지만 환상이란 게 뭔가?" 다스칼로스가 과장 섞인 표정을 지으며 물었다.

그러자 야코보스가 흥분하면서 참을성 없는 목소리로 말했다. "어떤 미친 수학자는 사람들이 자기를 호모라고 몰아세운다고 주장하지만 무슨 근거로요? 설명해 보세요. 그가 정말로 그런 말을 들었나요? 아무도 그런 말을 하지 않아요." 그가 자신 있게 말을 맺었다.

다스칼로스는 미친 사람의 세계를 환상이라고 보는 것은 잘못이라고 주장했다. "나는 그가 오래전 어린아이였을 때 호모인 어떤 사람이 그를 성적으로 희롱하려고 했던 사실을 알고 있어. 그는 한 번도 호모섹스를 경험한 적이 없지만 잠재적으로 그런 성향을 가졌을 수도 있네. 그가 들었던 것은 그런 일이 일어나지 않도록 그것을 경계하는 그의 내면의 목소리였다네. 이해하겠나? 그건 환상이 아니야."

"다른 누군가가 그에게 그런 생각을 보내고 있다고 생각하는 것은 환상이에요." 야코보스가 우겼다.

"다른 사람을 통해서 그런 생각을 보낸 것은 그였지." 다스칼로스가 설명했다.

"하지만 그런 생각을 보낸 것은 다른 사람이 아니에요." 야코보스가 덧붙였다.

"자네가 어떻게 아나? 그건 두 가지 다일 수도 있네. 다른 사람이 그런 생각을 그에게 보냈을 수도 있고, 아니면 그가 상대방의 오라를 향해 염체를 투사했는데 그것이 반사되어 자신에게 돌아왔을 수도 있는 거지."

나는 어리둥절해서는 나도 모르게 화제를 돌리는 질문을 던졌다.

"다스칼레, 당신은 모든 것이 염체라고 주장하시는 건가요?"

"모든 것이 염체이지." 다스칼로스가 힘주어 대꾸했다.

"그 염체들은 마음의 산물입니까?"

"맞았어. 원인이 없는 것은 존재하지 않듯이 염체가 없이는 아무 것도 존재할 수 없다네. 그렇다면 이 친구는 어디서 이 호모섹스에 관한 염체를 건져 온 것일까? 그 자신이 그것을 주워다가 자신에게로 돌려줬을 수도 있네. 그는 그것을 자신의 과거에서 주웠을 수도 있고 주변에 널려 있는 염체들 중에서 주웠을 수도 있지. 그건 중요하지 않아. 사람이 경험하는 것 중에 그에 상응하는 염체가 존재하지 않는 것은 아무것도 없다네."

다스칼로스가 야코보스가 갖다놓은 사과를 베어먹고 있는 동안 말이 끊긴 가운데 몇 분이 흘렀다. 그러다가 내가 침묵을 깼다.

"다스칼레, 당신은 아주 일찍부터, 그러니까 태어나던 순간부터 심령계에서 의식을 지니고 살고 있었다고 했습니다. 그리고 자라는 동안 이 세상에서는 그런 경험을 공유하고, 당신을 인도해 줄 어떤 사람도 만나지 못했다고 말하셨지요. 솔직히 말해서 저는 당신이 어떻게 정신병원에 가지 않고 정신이 멀쩡한 채 있을 수 있었는지 궁금합니다."

"저편 세계에 나를 인도해 주는 스승이 있었다네. 그들이 나에게 무엇을 할 것인지, 무슨 말을 해야 할지를 알려 주었다네." 다스칼로스는 사과를 또 하나 베어물면서 말을 이었다. "나는 자기중심을 잃게 만드는 사악한 영들의 영향을 받지 않았다네. 당시 내가 저지른 유일한 실수는 나의 경험을 사람들에게 이야기한 것이었지. 어머니는 걱정이 되어 나에게 제발 침묵을 지키라고 애원하셨네. 그러지 않으면 사람들이 나를 정신나간 아이라고 생각할 거라고 하셨어."

"예컨대 나는 내가 태어난 날을 기억하고 있네. 자란 후에 나는 부모님께 내가 태어나던 당시의 상황을 상세하게 이야기했지. 아버지께서는 그 말을 무시하시고는 이렇게 말씀하셨네. '아무튼 넌 태어날 때부터 이상했어.' 나에 대한 아버지의 생각은 변하지 않았어." 다스칼로스는 이렇게 말하면서 웃음을 터뜨렸다. "나는 내가 천장에 떠있는 채 사람들이 말하는 모든 내용을 듣고 이해할 수 있었던 것을 기억하네." 다스칼로스는 천장을 가리키며 말했다. "나는 동시에 저기에도 있고 엄마 뱃속에도 있었던 거야." 그러면서 그는 자신의 배꼽을 가리켰다.

"출산실에서 오고간 대화 내용을 어떻게 기억할 수 있었나요? 말을 알아들을 수 있었단 말인가요?"

"어떻게 알 수 있었겠어? 난 그 전생에 러시아인이었는걸. 하지만 나는 언어의 도움이 없이도 그들의 생각을 바로 느낄 수 있었다네. 생각의 파동에 공명했던 거야. 내가 태어나서 첫 울음을 울었을 때도 나는 여전히 동시에 천장과 신생아의 몸속에 있었다네. 내가 울고 있는 것을 깨닫고는 나는 자신에게 울음을 그치도록 신호를 보냈지. 그러자 아이는 울음을 그쳤다네."

다스칼로스는 오른팔로 내 무릎을 치며 웃음을 터뜨렸다. "미쳤다는 소리를 듣지 않고 누구에게 이런 이야기를 할 수 있겠나?"

"내가 초등학교 삼학년이었을 적에 하루는 숙제를 하지 않고 학교를 갔었네. 나는 산수 숙제를 안 했는데 선생님은 나에게 칠판에 나와서 문제를 풀게 할 것이라고 미리 경고를 하셨어. 난 잔뜩 겁을 먹고 선생님께 이렇게 말했어. '선생님, 어제 저녁에 몸이 불편해서 숙제를 하지 못했습니다.' 선생님은 그래도 칠판으로 나가라고 명령하셨어. 그때 나는 나를 돕는 원조자 중의 하나가 나와 함께 있는 것을 느꼈네. 그것은 도미니코 성부셨지. 그는 내 오른편에 서 계셨네. 그가 부드럽게 말씀하셨다네. '이리 온, 애야. 우리 함께 문제를 풀어보자꾸나.' 나는 교실 앞으로 나가서 분필을 집어들고는 쓰기 시작했네. 도미니코 성부께서는 내 손을 잡고는 그대로 그리게 하셨지. 문제는 단번에 풀려 버렸다네. 선생님은 어리둥절해서 내가 왜 어제 저녁에 공부를 못 했다고 말했는지 이유를 물으셨지. '선생님, 문제를 푼 것은 제가 아니고 보이지 않게 저를 돕는 분 중의 한 분이신 성부 도미니코님이십니다.' 나는 내 오른편의 허공을 가리키면서 이렇게 대답했네. '너의 누구?' 나는 했던 말을 그대로 반복했지. 선생님은 대단히 화가 나셨다네. 내가 학생들 앞에서 선생님을 놀린다고 생각했던 거야. 선생님은 내 귀를 잡고 교장 선생님 앞으로 끌고 갔네. 다행히도 교장 선생님은 신비가이셔서 내 이야기를 듣고는 한쪽으로 데리고 가서는 내가 보고 듣는 것들을 다른 사람들에게 말하지 말라고 이르셨어. 그들은 무지해서 나를 정신병원에 보내 버릴 것이기 때문이라는 것이었지. 쉬는 시간이면 언제든지 교장실로 찾아오라고 하시고는 나에게 쓰고 싶은 것을 뭐든 맘대로 써보라고 종이와 연필을 주셨다네. 그리고는 내가 쓴 글을 주의 깊게 살펴보셨지. 교장 선생님은 나에게 아주 친절하셨어."

다스칼로스는 자신의 일생에 걸쳐서 보이지 않는 구원자들이 문제를 해결하는 것을 도와 준다고 말했다. 그들은 심지어 그가 구 니코시아의 극장인 매직 팰리스에서 피아노 독주를 할 수 있도록 도와주기까지 했다는 것이다. 그 당시 그는 고등학생이었는데, 연주할 차례가 되었을 때 보이지 않는 구원자 중의 한 사람이 그의 손가락을 인도해 주었다. 그날의 연주는 멋진 즉흥 연주였고, 어린 다스칼로스는 청중들의 기립박수를 받았다.

"다른 사람들은 나와 같은 경험을 하지 못하며, 나와 같지 않다는 것을 깨닫는 데는 시간이 좀 걸렸다네. 알겠나? 다른 세계를 접하는 것이 꼭 망상증이나 정신분열증을 일으키는 것은 아니라네."

"미친 사람이란 말을 들어본 적은 없나요?"

"많지."

"거기에 어떻게 반응하셨나요?"

"묵묵부답, 일체 대응하지 않았지. 내가 어릴 적에 하루는 친구들과 어울려 놀다가 혼자서 유칼립투스 나무가 둘러서 있는 한 시냇가 근처의 장소로 이끌려간 적이 있었지. 나는 거기서 자연과 꽃의 정령들과 함께 놀았다네. 나에게는 그들이 마치 작은 소년과 소녀들처럼 보이더군. 한 친구가 나보고 그토록 오랫동안 혼자서 뭘 했냐고 물었어. 나는 '저 아이들하고 놀았어,' 하면서 정령들을 가리켰지. '누구?' 친구들은 이해하질 못했어. 그들은 내가 제정신이 아니라고 생각했다네. 그들은 교장 선생님께 가서 내가 혼자서 중얼거리며 놀더라고 일렀다네."

"내가 성부 도미니코나 요하난과 같은 스승들의 인도를 받을 수 있었던 것은 다행스러운 일이었지. 그들은 감정을 상하거나 상처받지 말며 되받아 치지도 말라고 가르치셨다네. 그리고 나의 경험을 알아듣지 못할 사람들에게 이야기하지 말라고 이르셨네. 내가 만약 사악한 성질을 가졌고, 이 보이지 않는 스승들의 도움을 받지 못했더라면 아주 쉽게 사악한 영과 염체들을 끌어들였을 걸세. 그렇게 됐다면 나는 정말 미쳤을 테지."

"그러니까 파동이 낮아지면 정신병에 걸릴 가능성이 높아진다는 말씀인가요?"

"그렇다네. 악을 끌어들이게 된다네. 예컨대 자네는 도벽(盜癖)이 뭐라고 생각하나? 그것은 '내가 갖는다, 난 그것을 내 것으로 만들고 싶다'라는 염체일세. 도벽을 가진 사람은 자신을 통제하지 못하는 사람일세. 이 염체를 제거하기 위해서 치료자는 이와 반대의 염체를 만들어 내야만 한다네. 말로든 생각으로든 그에게 훔칠 필요가 없다는 것을 암시하는 것이지. '누군가가 자네의 물건을 훔쳐가면 어떻겠나?' 하고 물어 보는 걸세. 예수께서 남의 물건을 탐내지 말라고 하셨을 때, 그는 사실은 도둑의 염체와 반대되는 염체를 만들어 내고 계셨던 거라네."

저녁이 이슥해져서 다스칼로스는 피곤한지 하품을 해댔다. 우리는 이야기를 마치고 다음날 다시 만나기로 했다. 나는 그동안에 우리가 나누었던 대화 내용을 정리해 놓았다. 우리가 다시 만났을 때는 다스칼로스의 가장 뛰어난 제자이자 그 자신도 스승인 코스타스도 자리를 함께 했다.

다스칼로스는 정신병에 대한 정신의학 용어들에 대한 반감을 표현하는 것으로써 말문을 열었다. 그는 정신의학자들이 정신분열증의 원인을 꿰뚫어보지 못하고 다만 그 결과만을 연구하기 때문에 그것의 본질이 무엇인지에 대해 혼란을 겪고 있다고 말했다.

"한번은 영국의 유명한 심리학자에게 『신약성서』에 나오는 마귀 들린 사람들의 병명이 무엇인지를 가르쳐달라고 한 적이 있었지. 그는 '편집적 정신분열증'이라고 대답하더군. '어떤 근거로요?' 하고 내가 다그쳤지."

이어서 다스칼로스는 자신의 관점에서 바라본 정신이상의 다양한 종류를 설명했다.

"첫째로 두뇌의 생리적 결함이나 손상을 겪은 사람들이 있지. 둘째로는 우리가 사악한 염체에 시달리고 있는 것으로 보는 그런 종류의 사람들이 있어. 우리는 이런 염체들이 어떻게 만들어져서 그를 떠나가서는 나중에 다시 그에게로 돌아오는지를 알고 있네. 예수님은 그것을 귀먹은 벙어리 영이라고 불렀네. 정신분열증 환자의 거의 대부분은 이런 염체들에 시달리는 것이고, 드물지만 일부는 악마나 죽은 사람의 영혼에 시달리는 경우라네."

"말이 난 김에 이야기하자면, 죽은 사람의 영혼이 살아 있는 사람의 몸 안에 들어와도 그것이 반드시 정신병으로 이어지는 것은 아니라네."

"왜 그런가요?"

"내가 죽어서 야코보스나 코스타스나 자네에게 들어간다고 생각해 보게. 어떤 일이 일어나리라고 생각하나? 자네는 계속 나를 생각하면서 기분 좋은 이완감을 느낄 걸세. 죽은 범죄자의 영혼이 살아 있는 사람의 몸 안에 들어오면 어떠냐고 묻겠지? 이것이 그 사람의 마음을 혼란시키지 않겠나? 물론 혼란시키지. 하지만 그는 상대방이 같은 주파수로 진동할 때에만 들어올 수 있다네. 그렇지 않으면 들어올 수가 없지. 예컨대 내가 강의를 할 때는 종종 요하난께서 나의 몸을 완전히 차지하신다네. 나는 강의 시간 동안 이 초지성에 나 자신을 맞추고는 커다란 희열을 느낀다네. 악마가 내 안으로 들어올 수 있을까? 결코 못 들어온다네. 자신이 같은 수준에서 진동하지 않는 한은 사악한 영에게 빙의될 걱정은 할 필요가 없단 말일세. 유유상종이지. 이제 이해하겠나? 범죄자의 영혼이 살아 있는 범죄자의 몸 안에 들어올 수도 있지만, 살아 있는 범죄자가 저지르는 짓은 그가 빙의된 상태이건 아니건 상관없이 저지르기 쉬운 그런 짓일 걸세. 죽은 범죄자의 영이 살아 있는 범죄자의 몸 안에 들어와서 그가 죄를 저지르지 못하게 막는 경우도 있다네. 교수형을 당해 죽은 사람의 영이 자신의 경험 때문에 막 범행을 저지르려고 하는 그 사람을 도와 주고 싶었던 거야. 그러니까 이 빙의는 자비로운 빙의인 셈이지. 하지만 소위 정신병적 범죄자의 대부분은 죽은 사람이나 악마에 빙의된 것이 아니라 염체에 의한 것임을 명심하게."

"그런 경우를 당하면 어떻게 해야 할까? 먼저 두뇌나 신경, 혹은 뇌세포의 손상이 있는지를 살펴봐야 하네. 아주 높은 경지에 이른 진리의 탐구자들은 이것이 완전히 회복될 수 있도록 여러 가지 색깔로 조건을 만들어 줄 수가 있다네. 이런 경우가 있었느냐고? 물론 여러 번 있었지. 하지만 그것이 성공할지 말지는 아무도 모른다네. 절망적으로 보이는 경우에도 굉장한 성공을 거두는가 하면, 일견 단순해 보이는 상황에서 아무런 성과를 못 거두기도 한다네. 며칠 전에 자네도 봤던 청년은 정신병자 수용소에 여러 번 수용되었고, 거기서 평생을 보낼 수도 있었지. 그의 경우 그를 괴롭힌 것은 자신이 만들어 낸 염체였어. 언젠가부터 그는 포도 외에는 아무 것도 먹질 않았어. 그는 극도로 쇠약해졌네. 이제 그는 음식도 잘 먹고 보수 좋은 직장에 다니고 있지. 일부 신경세포가 마비되긴 했지만 뇌에는 손상이 없다네. 우리의 방법을 이용해서 그에게 치유의 염체를 보냄으로써 그 손상을 치료할 수가 있었다네."

"정신과 의사들이 신경성이라고 간주하는 경우의 대부분은 그 사람의 인격 속에 누적된 염체들이 뇌나 신경계, 간, 췌장 등을 지배하는 경우고, 특히 성도착 환자의 경우엔 성기를 지배하고 있을 때라네. 이런 경우에 우리는 어떻게 하겠나? 치유가가 투시능력이 있다면 그런 염체들을 보고 그 사람에게서 쫓아낼 수 있겠지. 하지만 이것이 늘 가능한 일일까?"

"제 생각엔 그 사람의 카르마에 달려 있을 것 같습니다." 내가 나서서 대답했다.

"맞았어. 하지만 이것을 명심해야 하네. 때로 그 사람을 괴롭히는 염체를 모두 몰아내 버리면 그것이 그 사람을 죽일 수도 있다는 것을 말이야. 그러니까 아주 조심해야만 한다네. 그것은 현재인격의 혼동을 일으킬 수가 있다네. 현재인격이란 한 사람이 인간 이데아를 통과한 이후로부터 만들어온 모든 염체들의 총화라는 것을 우리는 경험을 통해 알고 있다네. 그러므로 치명적인 염체 이외에는 그 사람의 현재인격을 구성하고 있는 염체를 한꺼번에 뭉텅 제거해서는 안 된다네."

"그런 경우를 겪은 적이 있으신가요?"

"물론이지. 하지만 저 세계의 스승들이 나를 제지했다네. 나는 아주 어릴 때부터 강박적으로 자위행위를 시작한 아테네의 한 청년을 치료한 적이 있었다네. 그의 이름은 코코스였는데, 그는 또 남창의 성향을 가지고 있어서 학교에 다닐 때 다른 아이들에게서 그 짓을 당했다네. 자위행위와 남창의 염체는 그의 인격에 불가결한 일부가 되어 버렸지. 후에 그는 술을 마시기 시작했어. 이것은 다른 종류의 염체였지. 게다가 코코스는 돈이 많아서 LSD를 사서 복용할 수 있었다네. 그리고는 또 도박꾼이 되었지. 그의 인격은 난장판이 되어 버린 걸세. 그의 부모가 그를 데려왔을 적에 나는 도무지 어찌할 바를 모르겠더군. 어떤 염체를 그대로 두고, 또 어떤 염체와 싸워야 할지를 도무지 정할 수가 없었다네. 남창? 아니면 자위행위? 음주벽? 도박? 아니면 마약중독의 염체를 제거해야 할까? 나는 이 일로 아주 많이 고민했다네. 나는 그를 키프로스로 데려온 아버지와 의사에게 솔직히 이야기하기로 결심했네. 나는 왜 코코스에게 동성애의 문제가 있었던 것을 나에게 털어놓지 않았느냐고 그들에게 물어 보았네. 그의 아버지가 대답했지. '부끄러웠습니다. 그런 일을 어떻게 털어놓을 수가 있겠습니까, 다스칼레. 당신은 결국 스스로 알아내셨잖아요.' 나는 이렇게 경고했지. '그를 모든 문제로부터 자유로워지게 만들어놓으면 오히려 그에게 해로울 수가 있어요.' 그의 아버지는 자신이 책임을 질 테니 그렇게만 해 달라고 애원했네. 나는 내키지 않았지만 그의 남창 염체를 풀어내고 음주벽, 마약 중독, 도박 등의 염체도 모두 풀어내어 버렸지. 그는 어떻게 되었을까? 그에게는 아무런 염체도 남아 있지 않았다네!" 다스칼로스는 자신을 비난하듯이 소리 높여 말했다.

"그들이 코코스를 그리스로 데리고 돌아갔을 때 그에게는 아무런 욕망도 남아 있지 않았다네. 심지어 음식을 먹이기 위해 잠을 깨워야 할 정도였지. 그는 식욕도 없었어. 그는 마치 어린아이처럼 똥오줌을 싸면서 거의 잠만 잤어. 그러니 내가 그에게 무슨 득이 되었겠나? 6개월 후에 그들은 그를 데리고 다시 내게 왔어. '경고했었지요?' 하고 내가 말했어. '이제 어떻게 해야 하죠?' 나는 나도 잘 모르겠다고 했지만 하루 종일 잠만 자지는 않도록 깨워 주라고 일렀지. 그리고 그를 다시 사회로 돌아가게 하여 술과 마약만 하지 않는다면 자신을 표현할 기회를 갖게 하라고 충고했어. 그의 아버지가 이렇게 말했네. '장가를 보내야겠어요.' 나는 극구 반대했지. '그를 장가보내기 위해서 어떤 사람을 희생시키려구요?' 그가 결국은 어떻게 되었으리라고 생각하나? 다시 남창으로 돌아갔다네. 다행스럽게도 더 이상 음주나 마약은 하지 않지만. 이제 이해하겠는가? 이것이 오히려 나아."

"그러면 당신이 그에게 남창의 염체를 다시 되돌려 놓았다는 말씀인가요?" 하고 내가 물었다.

"아닐세. 나는 그가 다른 염체를 다시 만들어 내게 한 걸세. 이 염체들의 씨앗은 그의 내부에 남아 있었네. 내가 그 씨앗까지 제거했다면 그는 죽었을 걸세. 씨앗을 남겨 놓았기 때문에 그것이 다시 자란 거야. 나는 잡초만 제거했지. 그러자 씨앗이 다시 자랐다네. 나는 아버지에게 이제부터는 그를 인내심 있게 지켜봐야 한다고 일렀어. 다른 모든 면에서 그는 정상이었다는 사실을 주목하게. 나는 그가 음악에 관심을 갖도록 도왔고, 그는 피아노를 배우기 시작했어. 그는 지적인 청년이었지. 나는 그가 관심을 다른 데로 돌리도록 도와 주었어. 술과 마약과 도박을 하고 몸을 파는 대신 이제 그는 음악을 알게 되었다네. 사회적으로도 차츰 동성애에 대한 인식이 바뀌었고. 이제 그는 좀더 사람을 가려서 하게 되었다네. 자네는 내가 그것마저도 극복하도록 도와 주었느냐고 묻겠지? 나는 할 수가 없어. 그래서도 안 되고. 이건 다음 생까지 기다려야만 할 일이야."

"또 다른 사례가 있네. 한 노부부가 아들 알레코스를 데리고 왔네. 그는 서른다섯 살의 고등학교 교사였지. 매우 지적이고 모든 면에서 정상적인 사람이었네. 그런데 그에게는 결점이 있었어. 그는 '애인'을 가지고 있었는데, 그 '애인'이 누구인 줄 아나? 4호짜리 석유 램프의 유리였다네! 그는 어딜 가든지 그것을 벨벳 상자에 넣어서 팔에 끼고 다녔네. '앉게, 알레코. 자네에게 무슨 일이 있는지 들어보세' 하고 내가 말했네. 그러자 그는 부모님을 집 밖으로 데리고 나가 차 안에 가두어 놓고는 돌아와서 문을 닫고 나서 내게 말했네. '이게 저의 애인이에요. 다스칼레, 이해하시겠어요?' 그는 성욕이 일어날 때마다 그의 '애인' 속에 올리브 오일을 적신 작은 스폰지를 넣고는 자위행위를 하곤 했다네. 사정을 한 후에는 램프를 잘 닦고는 입을 맞춰주고 다시 벨벳 상자 안에다 고이 모셨지."

"그의 부모들은 미칠 지경이었지. 그들은 그를 몰래 감시하다가 그가 늘상 그런 짓을 하고 있는 것을 본 거야." 우리는 웃음을 참느라 힘들었지만 다스칼로스는 엄숙한 표정으로 이야기를 이었다. "알레코스는 이 '정사'를 6년간이나 계속했다네. 그는 이렇게 말했어. '만일 내 애인이 죽는다면 저도 수주일 내로 죽을 거예요.' 내가 물었어. '램프가 어떻게 죽을 수가 있나?' '그게 깨지면요.' 내가 말했어. '알레코, 그건 정신나간 생각이야.'" 다스칼로스는 그와 같은 자기암시는 매우 위험한 것이라고 설명했다.

"죽을 수도 있지요." 코스타스가 맞장구쳤다.

"그는 정말 죽었어." 다스칼로스가 화난 목소리로 말했다. "그의 멍청이 같은 아버지가 램프를 깨버렸다네. 그들이 떠나기 전에 내가 그에게 제발 램프만은 깨버리지 말라고 말렸네. 그는 화가 나서 말했네. '선생님, 우리는 아들을 고쳐달라고 당신에게 데리고 왔는데 지금 무슨 말도 안 되는 소리를 하고 있는 겁니까? 그놈을 고칠 방법을 내가 알아내겠소.' 그는 램프를 깨부수고는 유리조각이 마루에 널린 그대로 놔두었다네. 그리고는 아들에게 소리쳤네. '이제 이 유리와 원 없이 그 짓을 해보시지.' 알레코스는 일주일만에 죽어버렸다네."

"아주 강력한 염체를 만들어놓은 것이 틀림없군요." 코스타스가 중얼거렸다.

다스칼로스가 말을 이었다. "이런 염체가 얼마나 괴물처럼 끔찍할 수 있는지 알겠는가? 그를 죽인 것은 바로 램프와 관련된 염체였단 말일세."

"당신이 할 수 있었던 일은 뭔가요, 다스칼레?" 내가 물었다.

"그들은 내가 충분히 생각할 수 있는 시간조차 주지 않았네." 다스칼로스는 안타까운 듯이 되풀이해서 말했다. "그들은 그가 6년 동안이나 그 문제를 가지고 있었다고 말했어. 나는 어떻게 해야 할지를 생각해 볼 시간이 필요했어. 그 젊은이는 다른 면에서는 완벽할 정도로 건강했어. 그의 못 말리는 아버지가 램프를 깨버리자 그는 혼란에 빠진 거야." 다스칼로스가 말을 마쳤을 때 전화벨이 울렸다. 아테네로부터 걸려온 전화였는데, 누군가가 다스칼로스의 도움을 구하고 있었다. 그는 약 15분 동안 전화기를 들고 충고를 해주었다. 전화를 마치자 그는 우리에게로 돌아와 의자에 기대앉고는 대화를 다시 이었다. 나는 그가 정신병자를 고치는 방법이 환자의 과거 경험에 주목하는 전통적 정신분석법과는 사뭇 다르다는 것을 알았다.

"정신분석을 하면 치료가 된다고 확신할 수 있나? 그것은 잊어버려야만 할 사건을 오히려 떠올려 놓을 수도 있다네. 이것을 생각해 봤나?" 다스칼로스가 물었다.

야코보스가 끼어들었다. "때로는 과거를 캐볼 필요도 있지요."

"맞아. 하지만 매우 조심해야만 하지. 이 방법은 개인의 무의식 속에 깊이 묻혀 있는 파괴적인 염체를 강화시켜 놓을 수가 있다네. 정신분석을 할 때 의사는 종종 자기도 모르게 환자를 가최면상태에 빠뜨려 놓는다네. 전통적인 정신분석을 하건 우리와 같은 방법을 사용하건 간에 이렇게 되는 경우가 대부분이라네. 오랜 기억을 떠올리게 하면서 동시에 환자에게 그 기억을 다루어 낼 방법을 설명해 준다면 그런 경우엔 정신분석이 이로울 수가 있지. 그때 실제로 일어나는 일은, 파괴적인 염체를 표면으로 떠올려 없애고는 이로운 염체를 그 자리에 갖다놓는 것이야. 하지만 치료자는 기록을 하며 듣기만 하면서 환자가 자신의 문제를 이야기하게 해놓고는 갑자기 환자를 그 가최면상태에서 깨어나게 한다면 환자에게 해로울 수가 있다네. 그가 일깨워 놓은 그 괴물이 그를 삼켜 버릴 수가 있단 말일세."

"예컨대, 어떤 술 취한 사람이 매우 심한 죄책감을 느끼게 할 만한 짓을 저질렀다고 생각해 보세. 그런데 그런 사람들은 흔히 자신의 죄책감을 무마하려는 욕심으로 애초에 문제를 일으켰던 것과 동일한 짓을 반복하게 된다는 것을 알게 될 걸세. 이것은 위대한 과학자라도 빠질 수 있는 정신병적 상태이지. 치료자는 반드시 깨어 있어서 그가 죄책감에 빠질 때 기회를 놓치지 말고 그를 괴롭히는 그 염체를 공격할 수 있어야 한다네."

"어떻게요?" 하고 내가 물었다.

"예컨대 그에게 이렇게 말해 줄 수가 있지. '괜찮아요, 일어난 일은 일어난 일이에요. 당신은 술에 취했어요. 실수를 했지만 자기도 모르고 한 일이에요. 그만하기에 다행이지요. 일부러 한 짓은 아니잖아요. 너무 그렇게 죄책감에 빠질 필요 없어요. 누구에게나 일어날 수 있는 일이에요.' 그가 좀더 수긍하는 자세가 되면 그에게 그렇게 행동하게 만든 것은 카르마였다고 말해 줄 수도 있어. 어쩌면 그건 피할 수 없는 일이었을 수도 있지. 아무튼 환자를 대화로 끌어들여야 하고, 그러지 않으면 그 괴물이 그를 삼켜 버릴 수가 있다네. 치료자는 그가 이 염체의 힘을 약화시키도록 도와 줘야만 해. 결국 이것이 우리 신유가들이 날마다 잠자리에 들기 전에 해야만 할 일이라네. 우리는 자기분석을 통해서 우리를 지배하려는 부정적인 염체들을 약화시키도록 애써야만 하지. 진리의 탐구자들은 자신의 생각과 느낌을 끊임없이 파헤쳐 보고 살펴야만 한다네. 이것도 정신분석의 일종이 아닌가? 이것은 사악한 염체와 싸우기 위해서는 꼭 필요한 작업일세. 그것들이 우리의 잠재의식 속에 자리잡지 못하게 하기 위해서는 체계적인 방법으로 이 작업을 해야 한다네."

"다스칼레, 정신분석가들이 이 방법에 대해서 논쟁하려 들지는 않을 테지만 그들은 그것을 염체라고 부르지는 않을 것 같은데요." 내가 대꾸했다.

"그들은 그걸 '강박관념'이라고 부르겠죠." 야코보스가 거들었다.

"뭐라고 부르든 상관없어. 우리에게 중요한 것은 그것이 지닌 힘과, 그것이 어디에 자리잡고 있는가, 어떤 손상을 주고 있는가, 그리고 그것을 어떻게 파괴할 수 있는가 하는 것들일세. 하지만 '염체'라는 말을 씀으로써 우리는 그것을 좀더 구체적으로 파악하고 관찰하기 쉬운 것으로 만들어 놓는 것이지. 이렇게 해서 우리는 그것에 형체와 힘을 부여한다네. 사실 그것은 원래 형체와 힘을 지니고 있지만 말일세. 염체들은 그 형체와 에너지와 힘이 저마다 다르다네. 그것에다 '강박관념'이라고 이름 붙여 놓으면 정신분석가들은 그것을 어떻게 분류하고 연구할까? 술에 취하게 하거나 자위행위를 하게 하거나, 자기자랑을 늘어놓게 하거나 싸움을 일으키게 하거나, 아내를 때리게 충동질하는 등의 강박관념이 있을 수 있겠지. 우리는 이 모두를 강박관념이라는 범주 안에다 집어넣을 수 있어. 하지만 염체로서 이들은 제각기 다르다네. 투시가는 이 염체들이 저마다 형체가 달라서 그것을 다루려면 각기 다른 전략이 필요하다는 것을 안다네. 현대의 정신분석가가 자신의 환자를 괴롭히는 염체의 진정한 본질을 이해하지 못한다면 그것을 어떻게 처치해야 할지를 무슨 수로 알 수 있겠나? 나는 치료가는 동시에 투시가가 되어야만 한다고 믿네. 그래서 무지 속에서 작업할 것이 아니라 원인과 법칙을 이해하여 환자의 무의식 깊숙한 곳을 꿰뚫어 보고 문제를 일으키는 그것을 근절시킬 수 있어야만 한다네. 의사들이 치료에 성공하는 일이 드문 이유도 그것 때문이라네. 이 말도 빼놓을 순 없지. 즉, 전통적 정신과 의사들은 그들이 환자의 과대망상이라고 생각하는 것이 바로 자신의 잠재의식 속에 서서히 각인될 수 있다는 사실을 깨닫지 못하고 있다네. 오늘날 정신이 멀쩡한 정신과 의사가 몇이나 있다고 생각하나? 환자보다 더 많은 문제를 갖고 있는 의사들을 나는 너무나 많이 알고 있다네."

"환자들이 의사에게 오히려 전염되지요." 야코보스가 이렇게 빈정댔다.

"그들이 염체의 성질을 이해하기만 하면 자신을 보호하고 약간의 자기분석과 적당한 명상수행으로 그런 염체를 자신에게서 떼낼 수 있는데 말일세. 아내를 때리고 나서 '일에 지쳐서 그래, 신경이 예민해졌어' 하고 변명을 늘어놓고는 온갖 종류의 진정제를 삼켜대는 정신과 의사들을 나는 알고 있다네."

"나는 정신분석가들은 현실이란 것이 과연 무엇인지를 깨닫도록 특별한 훈련을 받아야만 한다고 믿네. 그리고 그 현실은 형이상학 속에 있다네. 정신과 의사는 상대방을 이해하기 위해서는 투시가 되어야만 하네. 환자들은 자신에게 속삭이는 목소리가 들리고 성가나 온갖 소리들이 들린다고 할걸세. 정신분석가가 투시를 할 줄 모른다면, 그래서 환청이 어떤 것이며 그것을 어떻게 검사해야 할지를 모른다면 환자들을 어떻게 도울 수 있겠나? 자네의 친한 친구가 좋은 예지. 그녀는 늘 환청을 들었다네. 그녀가 자네에게도 그런 이야기를 했는지 모르겠네만."

나는 다스칼로스가 우리 가족과 오랫동안 가까이 지내온 아스파시아에 대해 이야기하는 것임을 깨달았다. 나는 다스칼로스를 만나기 전에 그녀의 불행한 일에 대해 들었다. 그녀는 스물일곱 살 난 아들이 있었는데 이상하게 죽어 버렸다. 그는 키프로스의 육군 장교였는데 1974년에 터키가 침공해 왔을 때에는 전선에서 싸웠다. 터키군이 침공을 멈추고 정전협정이 맺어지자 그는 니코시아로 돌아왔다. 그는 성격이 좋은 사람으로 알려졌지만 또한 무모한 성격으로도 알려져 있었다. 하루는 저녁에 근처의 카페에서 다른 장교들과 어울려 놀다가 그는 자신이 죽음을 두려워하지 않는다는 것을 보여 주려고 했다. 그는 자신의 권총을 꺼내어 러시안 룰렛 게임을 했다. 운명의 총알이 놀란 친구들의 눈앞에서 그를 즉사시켰다.

부모들의 상심은 컸다. 그는 독자였던 것이다. 더군다나 그 죽음의 상황 때문에 그들은 더욱더 깊은 슬픔에 잠겼다. 그는 피비린내 나는 전장에서도 살아남았지만 어리석음의 함정에서 벗어나지 못한 것이다. 그 고통은 너무나도 커서 그의 아버지는 심장이 견디지 못하여

한 달 후에 죽었다. 아스파시아는 이 세상에 홀로 남겨졌고 극도의 고통이 심하게 그녀를 짓눌러왔다. 그녀는 미쳐 버릴 지경에 처해 있었다. 나는 다스칼로스가 아니었으면 그녀는 정신병자가 되어 수용소에서 생을 마쳤을 것이라는 말을 들었다.

"아스파시아는 정신과 의사에게 갔는데 그는 진정제를 처방해 주었다네." 다스칼로스가 이야기를 이었다. "그녀가 결국 나를 찾아왔을 때, 나는 단번에 상황을 깨닫고는 일을 악화시키는 그 약을 더 이상 먹지 말라고 일렀네. 아들과 남편을 잃은 충격의 결과로 그녀가 만들어 낸 염체가 자신이 전혀 준비도 되지 않은 상황에서 차크라를 열리게끔 했던 거라네. 전생에 그녀와 함께 살았던 사람의 영혼이 이 틈을 타서 그녀에게 달라붙었네. 그 영혼이 아스파시아를 놔두고 떠나도록 설득하는 일이 얼마나 힘들었는지 상상하겠나? 그는 그녀를 끈질기게 괴롭혔어. 잠자리에 들 때마다 끊임없이 말을 걸면서 동침을 요구했다네."

"그 영이 떠나도록 어떻게 설득하셨나요?"

"먼저 나는 그를 내 안으로 들여보냈네. 그 자신은 그런 변화를 알아차리지 못했지. 그는 단지 누군가가 아주 가까이서 말을 걸어오는 것을 느낄 뿐이었네. 그는 자신이 아스파시아를 괴롭히고 있다는 사실을 모르고 그저 전생처럼 그녀에게 접근하는 것은 자신의 당연한 권리인 줄로만 알고 있었다네. 나는 그에게 그가 그녀를 미치게 하고 있으니까 그만 그녀를 떠나야 한다고 설명해줬지. 나는 이렇게 말했네. '자네가 옛날의 지나간 권리를 찾고자 한다면 나중에 그것을 다시 발동시킬 기회는 있네.' 이 영혼은 그녀가 아무 남자하고나 잠자리를 같이하도록 충동질하고 있었다네. 그는 그녀의 마음속에서 욕망을 만들어 내었지. 그는 밤이 되면 그녀를 만져서 그녀를 미치게 만들었다네. 그의 궁극적인 목적은 그녀가 그를 지상으로 데려오게 하는 것이었네. 내가 말했지. '이 여자는 자네를 태어나게 할 남자를 갖고 있지 않네. 그러니까 이건 불가능한 얘기야. 자넨 사생아로 태어나고 싶은가? 관두게. 여긴 자네가 올 수 없는 곳이야. 다른 혈족의 영혼을 찾아서 내려오게. 위에서 허락한다면 말일세."

"그가 말했네. '그만 두지 않겠다면요?' 그래서 나는 마지막 카드를 써서 협박을 했지. 내가 그를 쫓아낼 것이고, 그러면 매우 고통스러워질 것이라고 말일세."

"어떻게 쫓아내나요?"

"염체를 만들어 그것을 그의 주위에 붙이고 그를 심령적 감옥 속으로 추방해서 정신을 차릴 때까지 못 나오게 하는 거지. 그러면 그는 고통스러울 거야."

"그것이 일종의 흑마술로 간주될 수 있는 위험은 없나요?"

"이 특별한 경우엔 그렇지 않아. 무고한 사람을 잡아다가 심령감옥에 가두고 고문하는 것만이 흑마술일세. 사람을 죽이려고 하는 범죄자를 잡아서 가두는 것은 흑마술이 아니라네. 다행히도 나는 그가 스스로 그녀를 떠나도록 설득하는 데 성공했어. 그 다음에 나는 그녀의 차크라를 열리게 한 염체를 태워 버렸다네. 그에게 이 같은 상황을 이해시키는 데에는 엄청난 노력이 필요했네. 이제 아스파시아는 건강하다네."

나와 야코보스와 코스타스가 다스칼로스에게 작별인사를 했을 때는 밤이 깊어 있었다. 우리는 사흘 후에 다시 만나서 정신질환에 관한 이야기를 계속하기로 약속했다. 다스칼로스에게는 우리에게 들려

줄 사례들이 끝도 없이 많은 듯했다. 그동안에 나는 아스파시아에게 전화를 걸어 다스칼로스를 만난 경험에 대한 이야기를 들었다. 그녀에게는 전에 겪었던 정신적 혼란의 흔적이 전혀 보이지 않았다. 오히려 나는 그녀가 고요하고 현실에 뿌리박은 지혜와 풍부한 유머를 보여 주는 데에 감명받았다. 그녀는 초등학교밖에 다니지 않은 마흔아홉 살의 재봉사였다. 그녀는 그런 비극을 겪고 다스칼로스를 만난 이후로는 그의 열성적인 제자가 되었고, 특히 심리학 방면의 열렬한 독자가 되었다. 그녀의 서재는 프로이드를 위시한 학자들의 책으로 빼곡했다. 내가 방문했을 때 그녀는 에리히 프롬의 『소유냐 삶이냐?』를 읽고 있었고 이 책에 매혹되어 있다고 말했다. 그녀는 다스칼로스를 찾아가게 된 것은 극도의 고통과, 그 당시엔 회의적이긴 했지만 죽은 남편과 대화하고 싶은 열망 때문이었다고 했다. 그녀가 어떤 지경에 처해 있는지를 알고는 다스칼로스는 도와 주려고 애썼던 것이다.

"내 마음은 절망적인 상태에 있었어. 나는 하염없이 울면서 거리를 걸어다녔어. 다스칼로스는 나와 함께 앉아서 카르마와 심령계에 대해 설명해 주려고 애썼지만 나는 신경질적인 반응을 보였지. 난 그를 이해할 수 없었어." 그러자 그는 그녀에게 아들과 남편을 접촉할 수 있게 해주었다. 다스칼로스는 입신 상태에 들어가서 그녀 앞에서 그들과 대화를 했다. 그 결과로 그녀는 그들이 다른 세계에서 살아 있다는 것을 확신하게 되었다.

"그때부터 나는 그의 강의를 체계적으로 듣기 시작했어. 처음에는 이런 내용들이 전혀 들어오지 않았어. 하지만 서서히 이해하게 되고 나중에는 거친 물질계와 심령계를 구분할 수 있게 되었단다."

"그런 가르침들은 이론적인 것이에요. 다스칼로스가 심령계에 대해서 말하는 내용을 확신하는 이유가 단지 당신이 스스로 마음이 편해지기 위해서 받아들였기 때문이 아니라는 증거를 갖고 계시나요?" 나는 아스파시아의 심리상태가 아주 확고해서 이 질문이 그녀의 정신적 균형감과 안정을 위협하지 않으리라는 것도 알고 있었다.

"다스칼로스의 가르침을 접하고 나서 내 속에는 지식에 대한 갈구가 일어났단다. 나는 책을 탐독하기 시작했지. 그리고 다스칼로스가 시키는 명상수행을 열심히 실천했어. 그래서 내 잠재의식에 혼란을 일으키지 않으면서 스스로 심령 경험을 하기 시작하는 단계까지 나아갈 수 있었단다."

아스파시아는 자신을 사랑하는 사람들의 파동과 맞춤으로써 원한다면 아무 때든지 그들과 교감할 수 있다고 주장했다. 그녀가 지금 읽고 있는 책들은 아들이 권해 준 책이라고 했다. 그녀는 웃으면서 말했다. "초등학교밖에 안 나온 재봉사인 내가 어떻게 프로이드가 뭐 하는 사람인지나 알았겠니?" 그녀는 재봉사 일을 즐겼지만 공부할 시간이 더 많았으면 좋겠다고 했다.

"나는 사랑을 잃는 법은 결코 없다는 것을 경험을 통해서 배웠어. 이 깨달음이 나를 완전히 바꿔놓았단다. 난 자유로워졌어." 그녀는 말했다.

"자유란 당신에게 무엇을 뜻하나요? 아스파시아?"

"난 이제 더 이상 물질에 대해서는 갈구하지 않아. 하지만 물질은 한 가지 목적을 가지고 있기 때문에 그것을 거부하지도 않아. 우리는 이곳에서 경험을 갖기 위해 있고, 우리에게 일어나는 일을 인내심과 지혜로써 받아들여야만 해. 모든 것은 신의 뜻에 의해 움직이고 있단다. 남편과 아들은 이 세상에 와서 그들이 겪어야 할 일들을 겪고는 떠난 거야. 그들의 시간은 다 된 거지. 가야만 했어. 나는 도덕주의자가 되지 않고 심판하지 않고 세상을 있는 그대로 받아들인단다. 난 우리가 서로에게 봉사하고 사랑하기를 배우기 위해 여기에 있다는 것을 알아. 이제 죽음은 더 이상 나에게 문제가 되지 않아. 그건 단지 하나의 변신이고, 내가 사랑하는 사람들로부터 육체적으로 잠시 이별하는 것일 뿐이야."

"난 매우 고통을 겪었지만 지혜로써 보상받았어. 나는 지금 일생의 어느 때보다도 행복해. 이전에는 무지 속에서 살았지만, 이제 난 알아." 아스파시아는 웃음지으며 말했다.

아스파시아는 내가 비극을 겪지 않고도 학문을 통해 구도의 길에 접어들 수 있었다는 것이 얼마나 운 좋은 일인지를 말해 주었다. "내 경우엔 어느 날 갑자기 영혼의 지식 속으로 뛰어들어야 했었지." 그녀는 웃으며 덧붙였다.

다스칼로스에 의하면 그녀는 이미 신유가로서 매우 높은 수준에 도달해 있어서 자신의 학생을 가지도록 해줄 계획이라는 것이다. 그녀는 이미 여가 시간에 다스칼로스가 가르쳐 준 치유의 기법으로 훌륭한 사회봉사자로서 활동하고 있었다. 그녀는 몇 번은 다스칼로스를 돕기도 했다. 그녀는 다스칼로스가 날 때부터 척추가 비뚤어지고 한쪽 다리가 다른 다리보다 1인치 짧은 라르나카에서 온 스물 두 살짜리 처녀를 고칠 때 함께 있었다고 했다. 아스파시아는 말하기를 다스칼로스가 처녀의 척추를 완전히 곧게 펴주었고, 다리 길이도 같게 해주었다는 것이다. 하지만 처녀는 너무나 오랫동안 그 같은 장애를 안고 살아왔기 때문에 처음에는 자신이 나았는지를 믿을 수가 없었다.

다스칼로스는 처녀에게 확신을 심어 주어야 했고, 그런 후에야 처녀는 똑바로 걷기 시작했다.

나는 아스파시아를 여러 번 만났다. 우리는 좋은 친구 사이가 되었다. 사실 내가 야코보스나 코스타스와 가까운 친분을 쌓기도 전인 내 연구의 초기에 다스칼로스를 만나게 된 것은 그녀를 통해서였다.

3
Three Bodies

세 가지 신체

"모든 사람은 세 가지의 신체를 가지고 있다.
3차원계에서는 거친 육신을 가지고 살고,
4차원계에서는 심령체, 즉 감정과 정서의
신체를 가지고 살며, 5차원계에서는 이지체를 가지고 산다.
이지체는 우리로 하여금 구체적, 혹은 추상적인 생각들을
표현할 수 있게 해주는 신체이다. 이 세 가지의 신체가
자아의식을 지닌 현재인격을 형성하고 있다."

내가 다스칼로스의 집에 도착했을 때는 방문객이 와 있었는데, 이들은 심각한 가정문제로 위기를 겪고 있는 듯했다. 다스칼로스의 소개를 받고 나서, 나는 마침 그 자리에 있던 코스타스의 옆에 조심스럽게 앉았다. 가장으로 보이는 중년 남자는 매우 고민에 잠긴 듯한 표정에 금방 울음을 터뜨릴 것만 같았고, 그의 아내와 딸도 마찬가지의 감정적 곤경에 빠져 있었다.

남자가 말했다. "당신은 그를 방해하지 말고 대신에 그를 이해하고 사랑을 보여주라고 하십니다. 그런데 그는 나를 거의 경제파탄 지경에 빠뜨려 놓았고 전 속수무책입니다. 그를 용서해야 할지 말아야 할지에 대해서는 마음속에 심한 갈등이 일어납니다. 저는 용서란 나약함의 일종이 아닐까 하고 종종 의심합니다."

"당신은 자신이 부당한 일을 당했다고 생각하시지요?" 다스칼로스가 말했다.

"저는 정말 부당한 일을 당했지요. 그건 사실이에요." 방문객은 감정을 돋구며 말했다.

"어떤 점에서요?" 다스칼로스가 물었다.

"경찰이 그를 체포했고, 이제 그가 어떻게 될지는 나의 말 한마디에 달려 있지요." 약사이자 다스칼로스 모임의 회원인 방문객이 말했다. 코스타스가 나지막한 소리로 나에게 상황을 설명해 주었다. 그는 몇 달 전에 가게에서 상당한 돈과 약품이 없어진 것을 발견하고는 다스칼로스에게 그 도둑을 찾아달라고 부탁해왔다. 다스칼로스는 있는 그대로, 그 도둑은 다름 아닌 그의 양아들이며, 그는 자기가 훔친 것이 당연히 자기의 것이라 여긴다고 말해 주었다. 그리고 다스칼로스는 그들에게 양아들을 다그치지 말고 다만 정신을 차리게 되리라 믿고 인내와 애정을 보여 주라고 충고했다. 하지만 양아들은 계속 가게에서 돈과 약품을 훔쳐갔다. 그는 마침내 이웃 가게까지 털다가 경찰에 붙잡히게 되었고, 법적으로 그가 감옥에 가는가 안 가는가는 양아버지의 증언에 달려 있게 되었다.

"저는 스스로 물어 봅니다." 남자가 씁쓸한 표정으로 말했다. "내가 그에게 불리한 증언을 해야 할까, 말아야 할까? 사람이 되기 위해서는 벌을 좀 받아야 되지 않을까? 법은 왜 있는가? 그는 이 사회의 상처인가, 아닌가?"

"그는 상처예요. 하지만 그 상처는 그에게 나 있어요." 다스칼로스가 말했다.

"하지만 제가 그와 한 패거리가 되어야 하나요, 아니면 그가 벌받아야 하나요?"

"그것은 벌의 내용에 달려 있습니다. 그것이 그를 파멸시킬 수도 있습니다. 당신에게 어떻게 하라고 말할 수는 없어요. 하지만 내가 당신이라면 어떻게 할지는 말해 줄 수 있어요. 그가 당신에게 해를 끼쳤다고 당신이 그와 싸움을 벌이면 당신은 그가 자신에게 이미 가한 것보다 더 큰 악을 만드는 처지가 될 것입니다. 당신도 알다시피 우리가 하는 모든 행위는 그 속에 상응하는 벌과 상을 담고 있습니다. 양심이 없는 인간은 없습니다. 내가 당신이라면 나는 그에게 개인적으로 이야기하고 포옹하고 입을 맞추면서 내가 그를 사랑하고 있음을 확인시켜 주겠습니다. 그리고는 그의 뺨을 몇 번 때린 다음에 말해 주겠습니다. '이 바보야, 너무 늦기 전에 정신차려라. 넌 너 자신을 파멸시키고 있어.' 나는 그의 가슴속의 순수한 불꽃이 그의 양심을 일깨우게 해주겠습니다. 나라면 경찰에서 증언하지 않겠어요. 그것은 그를 망쳐 놓을 것입니다. 그가 가한 악에 대한 사랑을 그에게 보여주세요. 이것이야말로 그를 올바른 길로 데려올 수 있는 가장 큰 벌입니다."

"하지만 다스칼레." 가족과 함께 온 한 남자가 반문했다. "그는 수백 파운드나 훔쳐갔어요."

"그가 먼지를 한 줌 훔쳤건 한 자루를 훔쳤건 그건 중요하지 않아요." 다스칼로스는 이렇게 자르듯이 말하고는 다시 약사를 향했다.

"한 가지 물어 봅시다. 당신은 양아들을 사랑하나요?"

"사랑했지요."

"그를 사랑하나요?" 다스칼로스가 소리를 높여 다시 물었다.

"사랑해요." 그는 다시 말하며 눈물을 글썽거렸다. "전 그 애가 아주 어릴 때 양자로 받아들였고 친아들처럼 키웠어요. 그런데 이제 나에게 어떻게 하고 있지요? 그는 나를 파멸시키려고 의도적으로 애쓰고 있어요."

"평화를 찾고 싶다면 그를 용서하세요." 다스칼로스는 부드러운 목소리로 그를 타일렀다.

"죽어 버리고 싶어요." 남자는 이렇게 말하며 울음을 터뜨렸다. 아버지와 어머니와 딸이 눈물을 훔치고 있는 동안 침묵 속에 몇 분이 지났다.

"사태가 순리대로 해결되도록 놔두겠어요." 약사가 눈물을 닦고 마음을 진정시킨 후에 결심한 듯이 말했다. "그에게 불리한 증언을 하지 않겠어요." 그리고 그는 다스칼로스에게 감사를 표하고 가족과 친구를 데리고 떠났다.

"용서하지 않으면 마음이 편해질 수가 없을 거야. 괴로운 건 그 자신이지." 그들이 떠난 후에 다스칼로스가 중얼거렸다.
　다스칼로스는 안락의자에 몸을 묻으면서 말했다. "저번에는 내가 알고 있는 한 부부가 자기 아들에 대해 불평을 늘어놓았어. 그들은 아들을 사랑해서 그가 의과대학을 마칠 때까지 온갖 희생을 다했는데 이제 와서는 아들이 자신들이 좋아하지 않는 여자와 결혼하겠다고 우긴다는 거야. 그들이 자랑스럽게 여기던 '의사'에 대한 '자부심'과 '사랑'이 하룻밤에 불손하고 배은망덕한 아들로 바뀌어 버린 거지. 아버지는 아들에 대한 분노와 원망에 찬 나머지 아들이 죽어 버렸으면 좋겠다고까지 하는 거야. '그놈이 죽어서 들것에 실린 채 내 눈앞에 있으면 좋겠어요.' 이렇게 말하는 거야. '입 닥쳐요. 당신 미쳤어요?' 나는 소리쳤네. 그러자 그가 말했어. '하지만 전 그를 사랑했어요.' 내가 다시 소리쳤어. '웃기지 말아요. 당신은 아들을 한 번도 사랑하지 않았어요. 당신이 사랑한 것은 당신 자신이었을 뿐이요. 당신은 그를 거울로 만들어 놓고는 거기에 비치는 당신 자신의 모습에 자만심을 느낀 것뿐이란 말이요.'
　"이젠 그도 할아버지가 되었으니 그들과 화해할 수 있기를 바라지. 나에겐 사랑이란 주는 것을 뜻하네." 그가 말을 이었다. "받는 것이 아니란 말일세. 사랑하는 사람은 자신의 모든 것을 준다네. 이것이 내가 이해하는 사랑이네. 누가 이렇게 물을 수도 있겠지. '그렇다면 우리가 사는 이 세상에 진정한 사랑은 어디에 있나요?' 그건 서서히 커갈 걸세. 지금 우리는 혼란의 시기에 있어." 다스칼로스는 말을 마치고 코스타스가 좀 전에 갖다 놓은 물을 마셨다.
　"키리아코." 다스칼로스는 물컵을 내려놓으면서 내게 말했다.
　"우리와 함께 라르나카로 가겠나?"

"거기서 뭘 하실 건데요?"

"라르나카에서 우리들의 모임이 있네."

우리가 그 해안도시로 출발했을 때는 늦은 오후였다. 하늘은 짙은 회색 구름으로 덮여 있었고 니코시아 교외에 들어서기도 전에 억수같은 비가 오더니 벼락과 천둥이 쳤다. 다스칼로스는 바깥에서 벌어지고 있는 난리에는 아랑곳하지도 않고 이 지역의 정치상황과 만성적인 위기에 대해 벌이던 토론을 활기차게 이어갔다. 다스칼로스는 우리에게 언제나 시공간적 현실은 궁극적으로 가치 없는 것임을 마음에 심어 주기를 마다하지 않았지만, 정작 그 자신은 세사에 초연하기만 한 신비가는 결코 아니었다. 어쩌면 이같이 보통 사람들처럼 세속으로, 그리고 때로는 심지어 시시콜콜해 빠진 일상사로 '내려오는' 그의 성향 때문에 주변 사람들이 그에게 좀더 친근하게 다가갈 수 있는지도 모른다. 한번은 반 농담조로, 나는 그의 국내외 정세에 관한 해박함보다는 형이상학적 세계에 관한 지식과 이해에 더 감명받고 있노라고 일러준 적도 있다. 다스칼로스는 나의 무례에는 아랑곳없다는 듯이 이 풍자에 순진한 웃음을 터뜨렸다.

나는 다스칼로스가 일부러 완벽한 스승이라는 신화의 허구성을 폭로하기 위해 자신을 일상의 약점을 지닌 나약한 보통사람처럼 보이려고 한다는 기이한 느낌을 자주 느꼈다. 그는 다른 신비 전통들, 특히 아무런 노력 없이 즉석에서 깨달음을 준다고 약속하는 그런 집단들의 개인숭배적 성향에 대해 반감을 표시한 일이 있었다.

니코시아 교외를 지나서 라르나카로 향하는 도로로 접어들자 비가 그쳤다. 구름이 걷히면서 무지개가 나타나 마치 장엄한 천국의 장식물처럼 수평선을 장식했다. 11월초라서 키프로스의 농촌은 길고 가문 여름을 지나보낸 뒤 소생하고 있었다. 나는 여러 해 동안 키프로스의 가을을 구경하지 못했기 때문에 이 광경은 오래 잊고 있었던 세계에 대한 추억을 자극하는 향수를 가득 채워 주었다.

우리는 북쪽에서 내려온 난민들이 북적대는 그리스인들의 마을을 몇 개 지나쳤다. 라르나카로 향하는 도로는 그리스계 키프로스인들이 지배하는 남부와 점령지인 북부 사이를 경계짓는 '그린 라인'과 나란히 이어져 있었다. 지나치는 마을들의 초입에는 외국인 방문자들에게 호소하려는 것이 분명한, 영어로 된 항의성 현수막들이 걸려 있었다. '우리는 고향으로 돌아가고 싶다' '키프로스에 정의를' '자국에서 난민생활이라니' 등등. 또 림피아 마을에서는 믿지 못할 광경이 벌어지고 있었다. 마을을 내려다보고 있는 높은 산 위에는 선지자 엘리아에게 봉헌된 작은 교회가 있었다. 이 교회 종탑 바로 옆에는 터키의 국기가 도전적으로 펄럭이고 있었다. 그 아래쪽에는 모래주머니로 쌓은 벙커가 있어서 터키 군인이 아래쪽의 그리스인 마을을 내려다보며 감시하고 있었다. 마을과 터키군의 요새 사이에는 유엔 감시초소가 있고, 더 아래쪽에는 그리스계 키프로스 상비군의 진지가 있었다. 이 묘한 광경은 이 섬에서 유지되고 있는 불안한 평화를 끊임없이, 음울하게 상기시켜 주는 상징이었다. 그린 라인 근처에 사는 많은 난민들에게는 일요일이면 가까운 산 위에 올라가서 망원경으로 분리선 북쪽에 있는 이제는 돌아갈 수 없는 곳이 된 마을을 바라보는 것이 일종의 자학적인 습관이 되어 버렸다.

여섯 시가 되어서 우리는 테아노의 고풍스런 집에 도착했다. 그 집은 야자수가 늘어선 산책로가 있는 부두를 바라보고 있었다. 생기 있고 사랑스러운 60대 여자인 테아노는 다스칼로스의 내부 서클의 회원이었다. 포옹과 입맞춤을 나눈 후에 우리는 그녀의 거실로 들어섰다. 거실은 다스칼로스의 제자이자 시인이었던 작고한 남편의 시가 벽에 가득 걸려 있었다. 오래된 피아노 위의 벽에는 다스칼로스가 그린 그림 석 장이 걸려 있었다. 하나는 선인장을, 하나는 시클라멘(서양 식물), 하나는 폭발하는 화산을 그린 그림이었다.

테아노는 평소와 같이 레몬주스와 커피, 그리고 특별히 만든 온갖 종류의 케이크를 내왔다.

다스칼로스의 제자들이 하나 둘 도착하여 둘러앉아 다스칼로스의 유머러스한 이야기를 들으면서 과자를 먹었다. 일곱 시 반이 되니 서른 명의 사람이 모였다. 연령대는 스물두 살에서 일흔까지였다.

우리는 강의를 듣기 위해 더 큰 방으로 자리를 옮겼다. 코스타스가 흰 초에 불을 붙이고 작은 곽 속에다 예배용 향을 피운 후 다스칼로스의 오른쪽에 섰다. 그의 왼쪽에는 야코보스가 서있었다. 다스칼로스는 눈을 감고 머리를 약간 숙인 채 양 손바닥을 위로 향했다. 다스칼로스가 '하늘에 계신 우리 아버지'로 시작되는 주기도문을 외는 동안 우리는 둘러선 채 머리를 약간 숙였다.

모두들 자리에 앉기를 기다려 다스칼로스가 입을 열었다. "오늘밤은 사람의 에테르 복체와 세 가지 신체의 성질에 관해서 우리가 지금까지 공부해온 내용들을 복습하겠습니다. 이 주제에 관해서 질문이 있으면 물어볼 기회를 드리겠습니다."

다스칼로스는 이렇게 가르쳤다. 모든 인간은 동시에 세 가지 존재 차원 속에서 산다. 즉, 거친 물질계와 심령계와 이지계가 그것이다. 이 모두가 물질우주이지만 서로 다른 '진동' 수준에 있다. 거친 물질계, 소위 3차원 세계가 가장 낮은 수준의 세계이다. 이곳은 우리가 시간과 공간, 곧 그가 즐겨 부르는 '시공간적' 조건을 경험하는 세계이다. 심령계, 즉 종종 4차원 세계라 불리는 곳 역시 물질우주이지만 좀더 높은 수준의 진동을 한다. 공간은 해체되고 사람은 순간적으로 광활한 거리를 이동할 수 있다. 심령계를 지배하는 법칙은 3차원계, 곧 거친 물질계를 지배하는 법칙과는 다르다. 이지계, 곧 5차원계도 역시 물질우주이지만 다른 법칙들에 의해 지배된다. 이 5차원계에서는 시간과 공간이 모두 극복된다. 진동은 더 높은 수준이어서 다른 두 세계에서보다 더 자유롭게 움직이고 활동할 수 있다. 여기에서는 자아의식을 가지고 지구의 넓은 지역뿐만 아니라 시간을 가로질러 순간적으로 여행할 수 있다.

모든 사람은 이 세 가지 세계에 상응하는 세 가지의 신체를 가지고 있다. 3차원계에서는 거친 육신을 가지고 살고, 4차원계에서는 심령체, 즉 감정과 정서의 신체를 가지고 살며, 5차원계에서는 이지체를 가지고 산다. 이 이지체는 우리로 하여금 구체적, 혹은 추상적인 생각들을 표현할 수 있게 해주는 신체이다. 이지체는 고차원 이지체와 저차원 이지체로 나뉘어져 있다. 이 세 가지의 신체가 자아의식을 지닌 현재인격을 형성하고 있다.

나아가서 다스칼로스는 거친 물질우주 속에는 심령차원과 이지차원의 상응물이 없는 것이 존재하지 않는다고 주장했다. 지구 또한 하나의 살아 있는 존재이다. 어떤 물체도, 원자도 실제로 '죽어 있지' 않다. 하지만 광물과 동식물계에서는 심령계와 이지계의 상응물이 거친 물체와 독립적으로 기능할 수 있는 심령체나 이지체로 발달되지 않는다. 동물은 자아의식이 없다. 오직 인간만이 영원한 존재이다.

다스칼로스는 이렇게 강조했다. "인간의 의식은 어떤 바보들이 주장하는 것처럼 동물이나 광물로부터 발달해 온 것이 아닙니다. 하지만 인간의 신체는 광물이나 동식물과도 연결되어 있습니다. 왜냐하면 육신을 지탱하기 위해서는 우리는 먹어야 하기 때문이지요. 하지만 동물과 식물은 우리의 내면의 자아, 곧 영구인격과는 아무런 상관도 없습니다. 인간은 인간 이데아를 통과해서 완전하고 영원한 존재로서 내려와서는, 자신을 표현할 그림자를 만들어 냈습니다. 그 그림자 중의 하나가 현재인격입니다."

다스칼로스는 심령체(psychic body)는 사람이나 영혼의 프시케(psyche; 정신)와 동일한 것은 아니라고 분명히 말했다. 프시케는 모든 현상계 너머에 있으며 영원하다. 심령체는 이지체나 거친 육체와 마찬가지로 결국은 죽는다. 자아의식을 지닌 영혼은 환생할 때마다 새로운 이지체, 심령체, 육체를 가지고 자신을 현상화시킨다. 이 세 가지 신체는 자아의식을 지닌 영혼이 한 생에서 다른 생으로 자신을 나타낼 때 걸치는 옷이다.

현재인격을 형성하는 세 가지 신체들은 각자 독립적으로 존재할 수 있다. 하지만 육체는 항상 그 속에 다른 두 가지 신체를 가지고 있다. 마찬가지로 심령체는 늘 그 안에 이지체를 가지고 있다. 하지만 이지체는 따로 존재할 수 있으며, 자아의식을 지닌 영혼을 표현하는 완전한 도구가 될 수 있다.

인격은 거친 육체를 버리고 심령체, 즉 감정과 느낌을 표현하는 몸을 가지고 완전한 의식을 지닌 채 심령계에서 살 수 있다. 마찬가지로 먼저 거친 육체를 버리고 다음에 심령체를 버리고 이지체만을 지닌 채 완전한 의식을 지니고 살 수도 있다. 사람이 죽을 때 그는 심령이지체를 지닌 채 떠나서 심령계에서, 거친 물질계에서 살 때와 마찬가지 방식으로 살게 된다. 그런데 대부분의 사람들은 죽을 때 이러한 변화를 인식하지 못한다고 다스칼로스는 말했다.

"자아의식을 지닌 현재인격이 자신의 자아의식을 지닌 영혼과 교감하고 있는 상태에 다다른 높은 경지의 신비가는 이 세 가지 신체를 지배할 수 있습니다. 이런 신비가는 이지체만을 가지고 이지계에서 살 수 있으며, 의지로써 심령체를 만들어 심령계 속으로 물현(物顯)할 수도 있습니다. 그리고 그는 또 의지로써 거친 육체를 만들어 거친 물질계에 사는 사람들의 눈에 보이도록 나타날 수도 있습니다. 그러므로 그런 신비가들은 거친 육신과 심령체를 버린 후에도 이 두 세계와 끊임없이 접촉할 수가 있는 것입니다. 예컨대 이런 신비가들은 사람들 앞에 물현하여 나타나 그들과 이야기하고 악수를 하고 그들을 도와 줄 수 있습니다. 그는 전장에 나타나서 다친 군인을 구해 줄 수 있고 출혈을 막아 줄 수도 있습니다. 높은 경지의 신비가들은 이런 일을 해내기 위해 거친 육신을 영원히 버릴 필요가 없다는 점을 명심하십시오. 그가 거친 육신으로서 살건, 심령체로서 살건, 아니면 이지체로서 살건 간에 그는 이 모든 신체를 지배하여 의지로써 세 가지 세계에서 각각에 상응하는 신체를 사용하여 자신을 드러낼 수 있습니다."

"다스칼레, 고차원 이지체와 저차원 이지체의 차이는 무엇이죠?" 하고 누군가가 물었다.

"저차원 이지체는 형상을 지니고 있습니다. 저차원 이지체를 가지고 여행을 할 수 있으며, 그것은 거친 물질계에서 지니고 있는 것과 정확히 동일한 생김새를 갖고 있습니다. 저차원 이지체는 다른 성질을 지니고 다른 차원에 존재하지만 그 형상은 거친 육체나 심령체와 동일합니다. 한편 고차원 이지체는 형상이 없습니다. 그것은 고차원 이지계에 존재합니다. 고차원 이지체는 법칙과 원인을 관장합니다. 고차원 이지체란 낮은 차원계에 형상과 이미지를 응결시키는 파동들의 조합입니다. 그것은 추상적이며, 이 추상적인 것이야말로 진짜입니다. 우리가 구체적이라고 여기는 것은 단지 현상적인 차원에서 그러할 뿐입니다."

"그러니까 우리가 고차원 이지체로서만 존재한다면 그쪽이 다른 신체로서 존재할 때보다 더 실재에 가까이 있는 것이로군요." 누군가가 말했다.

"맞아요. 우리는 자신의 모습을 왜곡시키는 세 가지의 거울을 갖고 있는 셈입니다. 즉, 거친 물질, 심령적 물질, 이지적 물질의 거울 말입니다. 우리는 자신의 그림자를 보고 자기라고 생각하지요. 우리는 거울을 보고 웃으면서 거울에 비친 모습을 자신이라고 생각하는 것입니다. 하지만 우리의 진정한 자아는 이와는 다른 어떤 것입니다. 우리가 자기 자신을 발견하고 나면 이 거울이 깨진다고 해도 더 이상 신경 쓰지 않게 될 것입니다."

"자아의식을 지닌 현재인격을 형성하고 있는 이 세 가지 신체는 각각의 상응하는 에테르 복체를 통해서 서로 연결되어 있습니다. 이 각각의 신체들을 그것이 살아 있도록 생명을 주는 에테르가 둘러싸고 침투해 있습니다. 우리는 이것을 에테르 복체라고 부르는데, 그 이유는 그것이 거친 육체와 동일하고 그것과 하나이지만 다른 조직을 이루고 있기 때문입니다. 몸과 에테르 복체의 관계는 배터리와 그 속에 든 전기 사이의 관계와도 같습니다. 몸을 살아 있게 유지시켜 주는 것은 에테르 복체입니다. 에테르 복체가 몸으로부터 떨어져 나가면 몸은 해체되기 시작합니다. 세 가지 다른 신체들과 그 각각에 상응하는 에테르 복체들 사이의 관계도 마찬가지입니다. 세 가지 신체들이 서로 연결되어 영향을 주고받는 것은 바로 이 에테르 복체를 통해서입니다."

"인체가 생명을 유지하려면 음식과 물과 산소만 필요한 것이 아니라 생명을 주는 에테르도 필요합니다. 이 생명의 에테르는 에테르 복체의 중추들을 통해서 몸 안으로 흡수되고 흐릅니다. 인도인들은 이것을 '프라나'라고 하고, 그 원천 중의 하나는 태양입니다. 이 에테르, 곧 프라나는 태양이 솟아오르는 낮에는 대기 중에 퍼져 있으며 해가 질 때는 밀도가 낮아집니다. 이 때문에 환자들이 밤에 상태가 나빠지는 것입니다. 해가 지고 나면 몸에 흡수되는 프라나가 줄어들기 때문이지요. 하지만 심호흡을 하면 어느 때든지 이 생명력을 흡수할 수 있습니다."

"그리고 우주공간을 통해 오는 고차원의 에테르도 있습니다. 이것에는 밤도 장애물이 되지 않으며, 물체나 천체도 장애물이 되지 않습니다. 우리는 이 에너지를 적절한 명상수행을 통해서 이용하고 그것을 에테르 복체에 저장하여 치유의 용도로 마음대로 이용할 수 있습니다." 다스칼로스는 생명의 유지에 필요한 에테르는 네 가지의 기본적인 성질, 혹은 기능을 갖고 있다고 말했다. 즉, 운동, 감각, 복제와 창조가 그것이다. 그의 말에 따르면 에테르 복체의 모든 세포와 원자들은 동시에 작용하는 이 네 가지 성질을 모두 지니고 있다.

"이 중 에테르의 창조적 성질이 가장 중요하며, 그것은 성령[23]과 그리스도 로고스[24]에게 직접적인 지배를 받습니다. 이 성질을 마음대로 다룰 수 있는 아주 높은 경지의 신비가는 말 그대로 세포를 물현하고 환원시킬 수 있어서 악성 종양을 제거하거나 짧은 다리를 길게 만드는 것과 같은 기적적인 치료를 행할 수 있습니다. 에테르 생명력의 이 창조적 성질이 신체의 형성과 유지를 가능하게 하는 것입니다. 다른 기능들과 협력하여 그렇게 할 수 있는 것이지요. 예컨대 생명은 운동하는 성질이 없이는 존재할 수 없습니다. 움직임, 즉 혈액의 순환, 심장의 맥박, 허파의 움직임, 사지의 놀림, 신진대사 등등이 없이는 생명이 유지될 수가 없습니다. 내가 가르쳐 줄 다양한 연습들을 통해서 여러분은 에테르의 운동하는 성질을 다스리는 법을 배울 것입니다. 이 기능을 지배함으로써 여러분은 또한 자신의 자율신경계를 지배할 수 있게 될 것입니다."

"에테르의 기능은 감각의 경험, 느낌과 기분의 존재를 가능하게 하는 것입니다. 에테르는 신경계 속을 마치 전선 속의 전기처럼 흐릅니다. 자극이 살갗으로부터 두뇌의 중추로 전달되는 것은 이런 방식을 통해서입니다."

"에테르의 복제하는 성질은 우리로 하여금 형상을 만들 수 있게 합니다. 이 성질 때문에 생각 자체가 가능하며 텔레파시나 염력, 유체이탈 등도 가능하게 되는 것입니다. 그렇다면 이렇게 물어 볼 수 있겠지요. 한 인격이 거친 육체로부터 에테르 복체를 분리시켜서 그것

---

23 성령holy spirit: 절대자의 권능을 표현하는 비인격적 초의식. 우주의 창조를 가능하게 한다. 절대자의 역동적 부분.

24 로고스logos: 자아의식과 자유의지가 존재할 수 있게 하는 절대자의 부분. 인간은 영원한 존재로서 로고스적인 동시에 성령적이다. 동물은 성령적일 뿐이다. 그리스도의 로고스인 예수는 절대자의 로고스적 본성을 가장 완벽하게 표현한 화신이다. 인간이 영적으로 진보해갈수록 그의 로고스적 부분은 더욱 우세해진다.

을 독립적인 신체로 사용할 수도 있을까요? 결코 그럴 수 없습니다. 그것은 거친 육체의 필수불가결한 일부입니다. 거친 육체로부터 에테르 복체가 일단 분리되면 죽음이라는 현상이 일어나고 육체는 해체되기 시작합니다. 사람은 죽으면 심령이지체를 지닌 채 심령계에서 계속 살아갑니다. 거친 육체의 에테르 복체는 필요가 없게 되어 해체되는 것입니다." 다스칼로스는 잠시 말을 멈추고 청중의 질문을 기다리는 듯했다.

아무도 질문하지 않는 것을 보고 내가 나서서 질문했다. "다스칼레, 거친 육체의 에테르 복체도 육체와 마찬가지로 노화하나요?"

"아닙니다. 에테르 에너지에는 젊고 늙고가 없습니다. 거친 육체가 그 속에서 성장하는 거푸집인 에테르 복체는 그 자체가 변화를 겪지만 그것은 노화과정이 아닙니다. 예컨대 태아의 에테르 복체는 성인의 에테르 복체와 동일하지 않지요. 마찬가지로 젊은 사람의 에테르 복체도 노인의 것과 같지 않습니다. 하지만 거듭 말하건대, 에테르 복체의 변화는 노화과정과 같은 것이 아닙니다. 예컨대 노인의 에테르 복체에서 주름을 발견할 수는 없습니다. 비록 그의 육체는 온통 주름투성이일지라도 말입니다. 하지만 에테르 복체가 몸에 대해 수행하는 기능이나 에테르 복체의 모양 등에는 변화가 나타납니다. 아이의 에테르 복체의 기능과 모양은 성인의 것과는 다릅니다. 에테르 복체는 그 속에서 거친 육체가 지어지는, 끊임없이 변화하는 거푸집이며, 존재의 순환을 완성시키는 법칙을 따릅니다.

"이 사실을 덧붙여야겠습니다. 즉, 거친 육체의 에테르 복체는 모든 인간들에게 상대적으로 비슷하지만 심령체와 이지체의 에테르 복체는 저마다 매우 다르다는 점을 말입니다. 모든 사람은 성격과 인격이 저마다 독특합니다. 그리고 개인의 인격을 형성하는 것은 심령체와 이지체입니다. 그래서 심령질과 이지질의 구성 상태가 사람에 따라서 극적으로 다른 것입니다."

그리고 다스칼로스는 내가 귀에 못이 박히도록 들은 내용을 반복했다. 현재인격은 자아의식을 가진 존재가 물질로 내려와 환생의 쳇바퀴를 돌기 시작한 그 순간부터 쌓아온 모든 경험과 만들어온 모든 염체들의 총화라는 것이다.

그러고 나서 다스칼로스는 에테르의 존재에 대한 자신의 이론적 공식을 구체화하기 위해서 좀 기이한 시범을 보여 주었다. 다스칼로스의 부탁으로 테아노가 옆방으로 가서 3인치짜리 바늘을 가져왔다. 다스칼로스는 자리에서 일어나서 왼쪽 셔츠 소매를 걷었다.

"약을 쓰지 않고 생각으로 에테르의 감각적 성질을 제거함으로써 몸의 일부를 마취시키는 것이 가능합니다. 심지어는 통증이 전혀 두뇌에 전달되지 않는 가운데 수술을 받을 수도 있습니다." 그는 이렇게 말했다. 그는 깊은 집중상태에서 오른손을 왼팔 위로 천천히 몇 번 지나보냈다. 그 다음에 그는 오른손으로 바늘을 집어서 입 앞으로 가져가서는 '소독'하기 위해서 몇 번 강하게 입김을 불었다. 그리고는 야코보스에게 자신의 왼팔의 살갗을 집게 하였다. 빠른 손놀림으로 그는 마치 가죽에 바느질을 하듯이 튀어나온 살갗에 바늘을 꽂아 바늘 끝이 반대쪽으로 관통하게 하였다. 다스칼로스의 얼굴에서는 고통의 표정을 읽을 수가 없었다. 그는 일분쯤 바늘을 그대로 꽂아 놓은 상태에서 모두가 그것을 살펴볼 수 있게 했다. 그러고 나서 그는 바늘을 뽑은 뒤 부드럽고 빠르게 팔을 비볐다. 팔에는 핏자국이나 바늘자국이 남아 있지 않았다. 그리고 그는 자원자를 모았다. 야코보스가 먼저 나섰고 청중 중에서 몇 명이 더 자원했다. 다스칼로스는 그들에게 이 과정을 반복해서 같은 결과를 보여 주었다. 아무도 고통을 표현하지 않았고, 팔에는 아무런 흔적도 남지 않았다. 나는 용기를 내어 다스칼로스에게 내게도 해달라고 부탁했다. 다른 이유는 없더라도 참여하는 관찰자로서의 역할을 충실히 하기 위해서는 직접 해봐야만 할 것으로 느껴졌기 때문이다. 물론 다스칼로스의 기이한 능력을 지금까지 충분히 보아왔기 때문에 최소한 심각한 일은 일어나지 않으리라는 신뢰감은 갖고 있었다. 실험 후 다른 사람들과 마찬가지로 나도 어떤 종류의 통증도 느끼지 않았고, 피부에 아무런 흔적도 남지 않았다.

"에테르의 감각적 성질을 제거하지 않는 한 여러분은 통증을 느끼고 피가 흐를 것입니다. 누가 해보겠습니까?" 다스칼로스가 잠시 말을 멈춘 후에 이렇게 물어 보았다. 아무도 나서지 않았다. 나는 바늘을 살펴보고 그것으로 살갖을 건드려 보았다. 나는 다스칼로스의 '마법'으로 먼저 준비하지 않고서는 혼자서 그것을 해볼 엄두가 나지 않았다.

다스칼로스는 제자들에게, 에테르의 다양한 성질을 지배하게 하는 명상연습을 규칙적으로 한다면 그들도 언젠가는 이러한 묘기를 쉽게 보여 줄 수 있으리라고 확언했다. 그러한 통제력을 얻으면 지금은 '기적적'으로 보이는 그런 신비로운 치유력을 그들도 행할 수 있으리라는 것이었다.

그런 다음 다스칼로스는 코스타스에게 에테르 복체의 법칙과 성질을 경험적으로 보여 주는 또 하나의 실험을 행하도록 했다. 다스칼로스는 자신의 에테르 생명력을 지배하게 된 진리의 탐구자는 '투사 — 집중을 통해 상대방이 아무리 멀리 떨어져 있건 상관없이 그에게 에너지를 보내어 느낄 수 있게 하는 일 — 를 할 수 있다고 말했다.

코스타스는 옆에 앉은 사람의 앞에 섰다. 그는 서른 살 된 여자에게 "눈을 감으세요. 그리고 내가 당신에게 무엇을 하고 있는지를 추측해 보세요. 눈을 뜨지 말고요, 알았죠?" 하고 말했다.

"좋아요." 그녀는 이렇게 대답한 뒤 허리를 바로 펴고 눈을 감고 손을 무릎 위에 얹었다. 코스타스는 허리를 구부려 오른손을 그녀의 오른팔에서 몇 인치 거리를 두고 천천히 지나보냈다. 그는 깊은 집중 상태에 들어간 듯했고 힘을 줄 때 손바닥이 약간 떨렸다. 코스타스는 여자의 팔이나 옷깃에 손이 닿지 않도록 조심했다.

"제가 지금 당신에게 어떻게 하고 있지요?" 코스타스는 손을 그녀의 팔을 따라 몇 번 아래위로 지나보낸 후에 이렇게 물어보았다. 여자는 따뜻한 에너지가 오른팔 아래위로 움직이고 있는 것을 느낀다고 정확히 대답했다.

"다음." 코스타스는 여자의 눈을 뜨게 하고는 옆자리로 옮겨갔다. 이제는 나를 포함해서 모든 사람들이 이 실험에 참여했다. 코스타스는 손바닥을 때로는 상대방의 오른팔 위로, 때로는 왼팔 위로 지나보냈다. 그것은 불규칙한 순서였다. 그러므로 상대방은 코스타스가 이번에는 어느 쪽에 에너지를 보낼지를 예측할 수가 없었다.

나는 다른 사람들과 마찬가지로 이 실험을 유심히 관찰하면서 몇 번이나 정확한 답이 나오는지를 세어보았다. 정확히 대답한 사람들은 자신의 느낌을 동일하게 묘사했다. 즉, 따뜻한 느낌이 팔 아래위로 움직인다는 것이었다. 통계학적인 관점에서 보면 실험은 매우 인상적이었다. 참석했던 서른두 명의 사람들 중에서 스물여섯 명이 한 번만에 정확하게 대답했다. 의심할 만한 이유도 없지만, '속임수'가 없었다면 정답의 높은 적중률은 의미심장하며, 순전히 우연으로 그렇게 될 가능성은 없다는 것을 알 수 있었다. 코스타스는 다스칼로스가 이끄는 내부 조직에서 대단한 신망을 얻고 있는 훌륭한 치유사였다.

에테르 에너지의 치유적 성질에 관한 다스칼로스의 가르침을 나에게 확증시켜 준 예가 〈뉴욕 타임즈〉(1985년 3월 26일자)의 과학면을 훑어보고 있을 때 발견되었다. 즉 의학자들의 연구에 의하면 엄밀한 실험 조건에서 행해진 전통적인 '안수' 요법이 플라시보 효과를 능가하는 치료 결과를 보였다는 것이다. 플라시보 효과란 환자가, 치료가 효험이 있으리라고 믿는 것만으로 나아지는 효과를 말한다. 이 연구와 다른 연구들이 밝힌 바에 의하면 안수치료는 치료자의 손이 환자의 몸에 직접적으로 닿지도 않고, 심지어는 환자가 그것이 어떤 효과를 가져올지에 대해서 전혀 무지하더라도 효험을 나타내었다는 것이다. 학자들에 의하면 이 치료법의 열쇠는 치료자가 환자에게 정신을 '집중'하는 능력에 달려 있다고 한다. 하지만 연구자들은 그것이 '왜' 가능한 것인지에 대해서는 해명하지 못했다.

코스타스가 실험을 마치자 다스칼로스는 이어서 에테르 생명력의 감각적, 운동적, 복제적 기능을 다루는 연습법을 가르치도록 했다.

코스타스는 우리에게 가능한 한 편안하게 앉아서 눈을 감고 몸의 모든 근육을 충분히 이완시킨 후 깊고 편하게 심호흡을 시작하게 하였다.

"이제 여러분은 양쪽 발바닥의 감각을 느낌으로써 에테르 생명력의 감각 기능에 대해 연습을 시작할 것입니다. 오직 발바닥만입니다." 코스타스는 천천히 최면적인 음성으로 이렇게 말하면서 지시를 반복했다. "단지 발바닥의 감각에만 집중 하세요. 몸의 다른 어떤 부위도 여러분의 주의를 빼앗지 않습니다. 여러분은 자신의 발바닥에 있습니다. 발바닥의 부드러운 진동을 느낍니다. 오직 발바닥에서만요." 잠시 멈춘 후에 그는 다시 예의 느리고 최면적인 목소리로 지시를 이어나갔다.

"이제는 운동 기능입니다. 천천히 발목으로 올라가십시오. 에테르의 감각 기능으로써 이제는 발바닥에서 발목에 이르는 신체 부위를 느낍니다." 30초 가량 쉬었다가 코스타스는 다시 말을 이었다.

"다시 운동 기능입니다. 천천히 발목으로부터 무릎으로 올라가십시오. 이제 여러분은 발바닥으로부터 무릎에 이르는 다리의 감각을 느낍니다. 다른 신체 부위는 여러분의 주의를 끌지 않습니다. 여러분은 에테르의 감각 기능을 발바닥에서 무릎까지에 적용하고 있습니다. 다시 운동 기능입니다. 천천히 허벅지로 올라가서 다리가 골반과 만나는 지점까지 가십시오. 에테르의 감각 기능을 통해서 발바닥에서 골반에 이르는 두 다리를 느끼십시오. 다른 신체 부위는 신경쓰지 말고 오직 두 다리만을 느끼십시오."

"이제는 에테르 생명력의 복제 기능을 사용합니다. 두 다리가 백색의 광채로 둘러싸여 있는 모습을 마음속에 그리십시오. 오직 백색의 광채만이 발바닥으로부터 골반까지의 두 다리를 감싸고 있습니다. 사념으로써 여러분의 다리는 오직 건강만이 지배한다는 강한 염원을 세우십시오."

우리가 눈을 감고 있는 가운데 30초 가량 멈추었다가 코스타스는 다시 지시를 이어나갔다. "에테르 생명력의 운동 기능을 통해 사타구니로부터 하복부를 거쳐서 가슴까지 올라가십시오. 에테르의 감각 기능을 가슴까지 사용하십시오. 사타구니 아래쪽에 대한 감각 기능을 거두어 버리지 않도록 주의하세요. 여러분은 발바닥에서 가슴까지의 몸을 느끼고 있습니다. 그 부위에 마음을 집중시키십시오."

1분쯤 후에 코스타스가 말을 이었다. "이제 복제 기능을 사용합니다. 하복부의 안과 밖을 청백색의 빛이 성운 형태로 둘러싸고 있다고 상상해보세요. 하복부의 안팎을 둘러싼 청백색의 빛입니다. 이제 사념으로써 여러분의 거친 육체적 존재 안에 완전한 건강만이 자리잡는다는 염원을 세우십시오."

"다시 운동 기능으로 돌아옵니다." 코스타스는 1분쯤 쉬었다가 다시 말을 이었다. "가슴까지 올라가십시오. 에테르의 감각 기능으로써 가슴 전체 부위를 느껴보고, 복제 기능으로 가슴 부위 전체를 안팎으로 감싸는 성운 형태의 백장밋빛 광채를 심상화하십시오." 30초쯤 쉬었다가 코스타스는 다시 말했다. "사념으로써 자신의 심령체에 완전한 건강이 자리잡는다는 염원을 세우십시오. 평화로운 고요가 당신의 자아를 의식하는 현재인격 속에 충만하기를 빕니다."

"다시 에테르의 운동 기능으로 돌아갑니다." 코스타스가 1분쯤 후에 다시 말했다. "어깨까지 올라갔다가 천천히 팔을 통해서 내려오십시오. 두 손의 손바닥과 손가락까지 내려오십시오. 에테르 생명력의 감각 기능으로써 이제 두 어깨로부터 두 손바닥과 손가락까지를 느끼십시오. 이제 복제 기능을 사용해서 두 손이 백색 광채로 감싸여 있는 것을 심상화하십시오. 두 다리에도 마찬가지로 하십시오. 당신의 두 팔과 다리는 이제 진동하는 백색의 광채로 감싸여 있습니다. 두 손에 완전한 건강이 자리잡도록 염원하십시오. 이 두 손이 당신의 이웃들의 고통을 치유해 주는 매개체가 되기를 염원하십시오."

1분 후 코스타스가 다시 말했다. "다시 운동 기능입니다. 여러분의 갑상선으로 올라가십시오. 에테르의 복제 기능으로써 목 부위가 밝은 오렌지색 광채로 감싸여 있는 모습을 심상화하십시오. 당신의 목 부위를 밝은 오렌지 빛의 성운이 감싸고 있습니다. 다시 완전한 건강이 당신의 거친 물질적 존재 속에 자리잡도록 염원하십시오."

　30초 후에 그가 다시 말했다. "에테르의 운동 기능으로 돌아갑니다. 머릿속으로 천천히 들어가기 시작하십시오. 감각 기능으로써 머리를 느끼십시오. 이제 복제 기능으로써 머리 안팎을 밝은 황금빛 광채로 감싸고 있는 황금빛 성운을 심상화하십시오. 당신의 이지체에 완전한 건강이 자리잡도록 염원하십시오. 사고라는 신의 선물을 올바로 사용하도록, 올바른 사고를 하도록 염원하십시오."

　코스타스는 몇 초 후에 말을 이었다. "이제 당신은 자신의 물질적 존재의 모든 세포와 입자 내부에 있습니다. 밝은 황금빛이 당신의 머리를 감싸고, 밝은 장밋빛 광채가 가슴을 감싸며, 밝은 청색의 광채가 하복부를 감싸며 두 팔과 다리는 백색의 광채가 감싸고 있습니다. 이제 자신이 달걀 모양의 진동하는 백색광으로 온통 감싸여 있는 모습을 심상화하십시오. 당신은 이 광채의 한가운데에 있습니다. 주목하십시오. 이것은 단단한 것이 아닙니다. 이것은 온통 하얀빛이며, 당신은 그 속에 있습니다. 이 달걀 모양의 광채가 당신의 현재인격을 외부의 위협으로부터, 당신을 다치게 하려는 그 어떤 것으로부터도 당신을 보호해 주기를 염원하십시오. 이 광채가 당신의 현재인격 속에 잠복해 있는 모든 나쁜 것들을 중화시켜 녹여 주리라고 염원하십시오. 그것을 중화시켜야지 그것이 온 곳으로 돌려보내서는 안 됩니다. 이 점을 주의하십시오. 그리고 완전한 건강이 자아를 의식하는 현재인격 속에 자리잡기를 염원하십시오."

"이제 마쳤습니다." 코스타스가 이렇게 말을 맺자 우리는 눈을 뜨고 명상에서 빠져나와 기지개를 켰다. 나는 시계를 보았다. 연습을 다 마치는 데 30분 정도가 걸렸다. 다스칼로스는 코스타스에게 고마움을 표하고 나서, 우리에게 다음 한 달간 이 연습을 계속해야 한다고 말했다. "이것은 에테르 에너지의 네 가지 성질 중에서 세 가지를 습득하는 훈련입니다. 이것은 또 우리의 세 가지 신체가 건강을 유지하도록 해줍니다."

다스칼로스의 제자들이 거의 다 돌아간 후에 테아노와, 라르나카에서 온 또 한 사람의 학생은 그를 환영하는 작은 잔치를 준비했다. 시외에 사는 사람들인 야코보스와 코스타스, 니코시아에서 온 내부 서클의 회원과 내가 함께 자리했다. 한 달에 한 번씩 열리는 라르나카의 모임 후에는 저녁식사와 함께 다스칼로스의 좀더 비공식적인, 언제나 풍성한 유머로 가득한 가벼운 분위기의 가르침이 즉석에서 이어지는 이런 자리가 으레 마련되곤 했다.

우리가 식사를 다 마치기도 전에 밖에서 자동차 멈추는 소리와 함께 문으로 향해 걸어오는 빠른 걸음소리가 들렸다. 그것은 다스칼로스의 니코시아 모임의 한 회원인 리사였다. 그녀는 매우 흥분해 있었다. 리사는 또한 다스칼로스와 가까이 지내는 집안의 사람이었고 절친한 친구였다. 나는 다스칼로스를 통해서 그녀를 꽤 잘 알고 있었다. 우리는 함께 커피를 마시면서 그녀의 십대 딸에 대한 이야기에서부터 테오시스의 성취에 이르기까지 온갖 주제에 대해 잡담을 나눴다. 리사는 레오나르도 다 빈치의 그림에 나오는 모나리자와 놀랍도록 닮아서 우리는 우스개로 자주 그녀를 '라 지오콘다'(모나리자의 실제모델)라고 불렀다. "'모나리자'라고? 저 애는 '데모나 리자'[25]를 더 닮았어." 다스칼로스가 어느 날 웃으며 놀리듯이 이렇게 말했다. 리사를 특히 좋아했던 다스칼로스가 그녀의 발랄하고 꿰뚫는 듯한 지성을 가리켜 말한 것이었다.

그녀는 무거운 한숨을 내쉬며 말했다. "다스칼레, 제 아들이 여동생을 때렸어요. 무슨 조치를 취하지 않으면 또 어떤 일이 일어날지 모르겠어요." 그녀는 신경질적으로 지갑에서 아들과 딸의 사진을 꺼내 보이면서 일어난 일을 이야기했다. 키프로스 군의 장교인 아들은 그의 휘장을 잃어버렸는데, 그것은 여동생이 사촌에게 줘버린 것으로 드러났다. 그래서 그것을 찾을 수가 없었다. 그는 화가 나서 여동생을 때렸다. 그는 군법과 뒤따를 모욕이 두려웠던 것이다. 리사는 집안에서 일어난 이 불상사에 매우 흥분해 있었다. 그녀는 사진을 야코보스와 코스타스에게 먼저 보여 주었고, 이제는 다스칼로스에게 들고 온 것이다. 그들은 다른 방으로 가서는 둘이서 뭐라고 속삭였다. 이 사연은 우리에게 사실 우스꽝스럽게 들렸다. 그녀의 아들이 휘장을 잃었다는 사실이 그토록 큰 문제를 일으킬 만한 일로 느껴지지 않았기 때문이다. 그 때문에 니코시아로부터 그 먼 길을 달려오는 것은 전혀 불필요하고 어울리지 않는 호들갑으로 생각되었다. 리사의 말로는 그가 바로 그날 밤에 근무를 들어가야만 할 뻔했다는 것이다. 그녀의 아들은 헌병이었는데 착용할 휘장이 없었던 것이다. 그리스계

---

25 데모나: 고딕식 건축물에서 낙숫물받이로 만드는 괴물상 중의 하나. 괴수 골리앗의 애인. 다스칼로스는 모나 리자를 패러디한 데모나 리자의 흉측한 그림을 빗대서 놀리는 것임 (옮긴이 주)

키프로스 헌병대의 규율은 매우 엄해서 그녀의 가족이 그처럼 초조해 하게끔 만든 것이다.

다스칼로스와 나머지 사람들이 리사를 진정시키느라 한 시간쯤이 지난 후에 전화벨이 울렸다. 그것은 그녀의 남편이었다. 그도 다스칼로스의 제자이자 의사였다. 그는 휘장을 찾았으며 모든 것이 다 잘 됐다고 알려 주었다. 리사는 안도의 한숨을 쉬었다. 그녀가 니코시아로 떠나려고 할 때 나는 그녀에게 아들의 휘장을 찾은 것이 다스칼로스 덕분이라고 생각하는지 조용히 물어보았다. 그녀는 손을 치켜들면서 말했다. "신만이 아실 테죠." 리사는 다스칼로스의 능력에 대해 의심하지 않았다. 그녀는 나름대로 다스칼로스를 몇 해 동안 면밀히 살펴왔다. 그녀는 전에 다스칼로스가 자기 눈앞에서 행한 기이한 능력에 대한 이야기를 여러 가지 들려주었다.

다스칼로스는 치유가로서의 명성에 더해서 투시가이자 영적 스승으로 이름나 있었다. 그는 잃어버린 물건을 찾아내는 능력을 보인 적도 있었다. 한 여인은 자신의 아들의 묘터를 터키 침공 때 잃어버렸다가 다스칼로스의 도움으로 다시 찾았다고 했다.

우리가 니코시아로 출발한 것은 열한 시 좀 지나서였다. 코스타스는 리마솔로 차를 몰아 갔고 다스칼로스와 야코보스, 그리고 나는 니코시아에서 온 또 다른 한 친구의 볼보 승용차를 타고 니코시아를 향했다. 이 시간에는 차량 통행이 거의 없었다. 우리는 라디오에서 흘러나오는 모짜르트의 음악을 들으면서 아무 말도 없이 갔다. 보름달과 길가의 사이프러스 가로수와 음악이 어울려서 이 길을 추억에 남는 편안한 경험으로 만들어 주었다. 깊은 영적 공부를 한 저녁을 마무리하기에는 어울리는 풍경이었다.

4
Sacred Discs

신성한 원반

"다스칼로스는 인체의 에테르 복체는
회전하는 원반처럼 보이는 몇 개의 에너지 중추를
가지고 있다고 가르쳤다. 인체가 우주로부터
에테르 생명력을 흡수하는 것이 바로 이 중추,
힌두교 신비가들이 말하는
소위 '차크라'를 통해서라는 것이다.
이 차크라를 '여는' 것이 모든 신비가들의 목표이며
투시 능력이나 기타의 심령이지적 능력을
계발하기 위한 선행조건이라고 그는 강조했다."

나와 에밀리가 다스칼로스의 집을 방문했을 때 그는 슬픈 표정이었다. 그와 40년 이상을 가까이 지낸 친구이자 제자인 테오파니스가 와서 다스칼로스의 한탄에 귀를 기울이고 있었다.

"세상이 온통 혼란 투성이야." 우리가 무슨 일이냐고 묻자 다스칼로스는 이렇게 입을 열었다. 그는 자신의 딸만큼이나 가까운 한 제자가 이혼을 하려 한다고 말해 주었다. 더욱 고통스러운 것은 그녀의 남편도 다스칼로스와 매우 가까운 사이이자 내부 조직의 회원이라는 사실이었다. 다스칼로스는 중간에서 힘을 썼지만 그들의 의견 차이를 줄여 줄 수가 없었다. 그들의 깊은 카르마가 허락하려 들지 않았다는 것이다.

이 문제에다 겹쳐서 다스칼로스는 지역의 한 신부가 지난 일요일의 설교에서 다스칼로스를 통렬히 비난하는 말을 했다는 소식을 들었다. 신부는 신도들에게 다스칼로스는 '악마의 도구'이므로 그를 피하라고 종용했다는 것이다. 그것은 다스칼로스가 끊임없이 부딪히고 있는 문제였다. 다만 고위 성직자들과의 친분이 그를 추방만은 면할 수 있게 해주고 있었다.

"처음에는 그 늙은 바보를 고소할까 생각했지만 마음을 고쳐먹었지." 다스칼로스는 과장된 시늉을 해가며 말했다. "대신 그 신부가 자신이 무슨 짓을 하고 있는지조차 모르고 있다는 것을 깨우쳐 주는 편지를 써보냈지. 그보다 높은 지위의 성직자 중 몇 사람이 내 모임의 회원이라는 사실도 말했어."

입이 무거운 테오파니스가 다스칼로스의 어깨를 토닥거리며 차분하게 말했다. "자네가 흥분할 이유가 없네."

"하지만 사람들이 그런 비열한 루머를 퍼뜨리는데 어떻게 흥분하지 않을 수가 있겠나?"

"다스칼레." 내가 덧붙였다. "테오파니스의 말씀이 맞아요. 일부 무지한 사람들이 당신을 그렇게 말하는 것에 신경 쓸 필요가 없잖아요. 당신은 그 모든 루머로부터 초탈해 있지 않나요?"

"오, 키리아코." 다스칼로스는 항변하는 듯한 목소리로 대답했다. "내가 이러는 것은 다른 사람들이 나에 대해 하는 말 때문이 아니라네. 난 사람들이 나에 대해 이러쿵저러쿵하는 데에는 관심이 없다네. 하지만 그런 말도 안 되는 소리를 퍼뜨리면 나에게 도움을 받으러 오려던 사람들이 꺼리게 된단 말일세."

우리는 다스칼로스에게 그를 통해서 오는 가르침이 그런 좀스러운 일로 인해 가로막히지는 않을 거라고 안심시켜 주었다. 다스칼로스는 마음을 곧 진정시켜 몇 분 후에는 다시 끝없는 화제와 유머러스한 일화들을 토해낼 준비가 된 원기왕성한 자아로 되돌아왔다.

그날 아침에는 그의 도움을 구해 찾아오는 방문객이 없었으므로 다스칼로스는 그가 지역의 교회와 겪어온 끝없는 불화를 자세히 이야기해 주었다. 다스칼로스를 처음 만났던 당시인 몇 해 전에 나는 그리스의 몇몇 신학자들의 부추김을 받은 주교들이 그를 루시퍼의 사도로 매도하여 파문하려고 했다는 이야기를 들었었다. 다스칼로스와 가까운 사이였던 작고한 마카리오스 대주교는 당시 오랫동안 섬을 떠나 있었다. 주교들에게는 그것이 '마법사'를 제거할 좋은 기회였다.

물론 그 일화의 기억은 더 이상 다스칼로스에게는 고통스럽지 않았다. 사실 그 일을 떠올릴 때마다 떠들썩한 웃음이 터져 나왔다. 그리고 다스칼로스는 자신이 처한 상황의 성격과는 상관없이 웃음과 코믹한 기분 전환의 기회를 결코 놓치지 않는 그런 사람이었다. 바로 그런 면이 그의 카리스마적인 성격과 치유가로서의 그의 명성에 매력을 한층 더해 주었다.

나와 에밀리가 함께 커피를 네 잔 차려오자 다스칼로스가 입을 열었다. "알렉산드리아의 총대주교가 그들이 꾸민 음모를 전해듣고는 나를 달래는 편지를 보내왔다네. 그는 이렇게 썼더군. '그들은 자네를 파문할 권리가 없어. 그들의 행위는 키프로스 교회에 누를 끼칠 수 있네.'"

다스칼로스는 커피를 마시면서 말했다. "총대주교가 나를 이용해서 키프로스 교회에 대한 지배권을 장악하려는 심산을 가지고 있었다는 것은 분명하다네. 그것은 총대주교가 수백 년 동안 이루지 못했던 일이지."

5세기초에 안티오크의 총대주교는 안티오크 교회의 사도와의 관계에 관한 교묘하고 중대한 신학적 논쟁에 기대어 자기들이 키프로스에 대한 주권을 갖도록 인정해달라고 요구했다. 키프로스의 주교와 성직자들은 키프로스 교회를 장악하려는 총대주교의 시도에 대해 맹렬히 저항했다. 그들의 노력은 실패할 것이 뻔했다. 왜냐하면 총대주교는 당시 비잔티움의 황제였던 제노의 친구였기 때문이다. 하지만 때맞추어 일어난 '기적'이 키프로스의 교회를 구해 주었다. 당시 키프로스의 대주교였던 안테미오스가 마태복음의 빠진 부분이 숨겨져 있는 장소를 계시받았던 것이다. 그는 계시 속에서 복음서를 쓴 마가가 그것을 키프로스 교회의 창립자인 성 바나바스의 가슴 위에다 놓아두는 모습을 보았다. 그는 기원 1세기에 키프로스에서 묻혔다.

키프로스의 한 대표단이 콘스탄티노플로 가서 이 마태의 복음을 황제에게 선물했다. 이제 안티오크 측의 주장은 기반이 허물어졌다. 왜냐하면 이제 키프로스 교회도 사도에 의해 창립된 교회임을 입증할 수 있게 되었기 때문이다. 선물에 놀란 황제는 키프로스 교회에 완전한 독립권과 비잔틴 황제만이 누리던, 누구에게도 주어진 적이 없는 특권을 부여했다. 즉, 키프로스의 대주교는 꼭대기에 보석이 장식된 십자가가 달린 금과 은으로 된 홀을 가지고 다니게 되었다. 게다가 그는 자주색 망토를 걸치고, 붉은 잉크로 서명을 하게 되었다. 그로부터 15세기가 지난 지금에도 키프로스의 대주교는 이러한 특권을 누리면서 이 섬의 사회적 정치적 생활에 깊고도 중요한 영향을 미치고 있는 것이다.

"나는 그 편지를 파포스의 주교인 젠나디오스에게 보여 주었다네." 다스칼로스가 말을 이었다. "그는 두려움에 사로잡혀서 이렇게 말했네. '무릎을 꿇고 하나님께 기도하세. 우리를 용서해 달라고 말일세.' 나는 이렇게 말했지. '자네나 무릎을 꿇고 빌게. 난 하나님이 두렵지 않아. 난 하나님을 사랑한다네.'"

"그 편지가 당신을 파문에서 구해 줬나요?" 내가 물었다.

"그렇진 않아. 대주교 마카리오스가 그의 주교들이 자신이 없는 사이에 무슨 짓을 벌이고 있는지를 알고는 당장 그것을 멈추도록 명령했네."

그러고는 다스칼로스는 사실 대주교도 그의 강의를 테이프로 듣고 명상 훈련을 통해 심령이지적 능력을 계발하기 시작했다고 말했다. 하지만 대주교는 아쉽게도 그 능력을 오용했다고 한다. 예컨대 그는 다른 주교들에게 뽐내기 위해서 연회장에서 접시가 '혼자서 춤추게' 했다는 것이다. 나는 키프로스 공화국의 초대 대통령을 지낸 마카리오스에 대한 다스칼로스의 이야기에 잔뜩 호기심이 끌렸다. 나는 주교들이 그를 성직에서 쫓아내려고 하기 직전에(나중에 그들은 오랜 내부 위기를 겪은 후에 마카리오스에 의해 오히려 파면되었다) 그들 중 하나인 안티모스가 마카리오스가 지닌 마법적 힘을 고소하는 짧은 글을 썼는데 그 중에는 춤추는 접시 이야기도 들어 있다는 사실을 알고 있었다. 마카리오스는 인도를 방문했을 때 한 요기로부터 이 사악한 기술을 배웠다는 것이다. 나는 마카리오스가 1977년에 치명적인 심장마비로 죽기 한 달 전 그를 인터뷰했던 외국인 친구를 만났다. 그와 이야기하던 중에 마카리오스가 신비적 가르침에 관해 관심이 많았다는 사실을 우연히 확인할 수 있었다. 이 기자는 마카리오스가 정치적인 논의에는 전혀 관심이 없었다고 말했다. 대신 그는 주로 영적인 의문에 관심이 쏠려 있어서 이 기자에게 다스칼로스의 가르침과 약간 유사한 '장미십자회'라는 영적 집단의 가르침을 상기하게 했다는 것이다.

"그가 개입하지 않았더라면 우리 모임은 오래전에 끝장났을 거야." 다스칼로스는 이렇게 말했다. 대다수의 성직자들이 다스칼로스를 공격했으며 그들은 다스칼로스의 권위를 떨어뜨리기 위해 오랫동안 애써왔다. 실제로 한 성직자는 한 청년에게 돈을 주어 커피 하우스를 다니면서 다스칼로스가 동성애자라는 소문을 퍼뜨리게 했다. 하루는 다스칼로스가 몇 명의 제자들과 함께 한 커피 하우스에 있는데 그 청년이 들어와서는 자기가 '스트로볼로스의 마법사'와 함께 색정의 탐험을 했다고 떠들어 대기 시작했다. 다스칼로스의 제자들은 이 청년에게 커피 하우스에 있는 사람들 중에 누가 다스칼로스인지를 찾아내 보라고 했다. 그는 다스칼로스를 만난 적이 없기 때문에 그를 찾아내지 못했다. 그러자 제자들은 청년의 멱살을 잡고 누가 그런 비열한 소문을 퍼뜨리도록 사주했는지를 붇게 했다.

"그러고 나서 나의 제자들은 그 성직자를 찾아갔지. 그는 부끄러워하지도 않고 주저 없이 그 청년을 보내어 헛소문을 퍼뜨리게 한 것이 자기였노라고 말했다네. 그는 이렇게 말했어. '나는 어떤 수단을 동원해서라도 너희 스승과 싸울 거야.' 그러고는 그는 우리 집에 찾아와서 내 면전에서 똑같은 소리를 할 정도로 뻔뻔하고 대담했어. '우리가 중세에만 살았어도 내가 널 염소처럼 구워 버렸을 거다.' 그는 이렇게 위협했다네. 그러고는 또 이러는 거야. '우리 수도자들은 석탄과 같다. 불이 붙으면 우리는 타고 불이 꺼지면 우리는 더러워진다.' '난 나를 보호해 줄 쇠창이 달린 특수한 신발을 신어야겠군.' 하고 내가 대꾸했지."

"그를 해칠 생각이었단 말인가요?"

"물론 아니야. 그가 날 평화롭게 내버려 두도록 약간 겁을 주고 싶었던 것뿐일세."

그러고 나서 다스칼로스는 자신과 마카리오스 대주교와의 관계를 이야기하기 시작했다. 1974년의 참상 이후에 그는 마카리오스에게 그 재난의 가장 무거운 책임을 질타하는 메시지를 녹음 테이프에 담아 보냈다.

"'당신이 이기심을 버리고 정치적 반대자들에 대해 좀더 이해심을 보였다면 당신에 대한 공격도 없었을 테고 섬이 침공받는 일도 없었을 거요.' 나는 이렇게 말했지. 테오파니스는 그 테이프를 보내는 것을 꺼려 했어. 그는 그것이 너무 비판적이고 모욕적이라고 생각했던 거야. 그러나 나는 당장 보내야 한다고 고집했지."

"테오파니스는 그 테이프를 마카리오스에게 전하면서 사과했어.

'당신은 아무런 말도 할 필요가 없어요.' 대주교는 테이프를 들으면서 이렇게 대답했어. '지금 말하고 있는 것은 나의 양심입니다.'"

"그는 죽자마자 나를 찾아왔네. 나는 거실에서 사위와 테오파니스와 함께 있었는데 그가 성소 안에 와 있다는 걸 느꼈어. 나는 두 사람을 데리고 제단으로 갔지. 마카리오스는 제단 앞에 무릎을 꿇고 기도를 올리고 있었어. 그는 에테르체 상태로 왔고 아직 심령계로 올라가지 않았던 거야. 그는 몸을 돌려 몇 초 동안 나를 바라보았네. 그가 말했지. '사피로, 나에게 흰 수도복을 입혀 주겠나? 우리의 검은 수도복은 많은 티끌을 감출 수 있다네. 자네의 흰 수도복을 입으면 파리 한 마리도 잘 보이겠지.'"

"나는 곧장 의식을 치러 줬지. 나는 사위에게 대주교의 역할을 하게 하고 흰 수도복을 입혔어. 그 순간 대주교의 영혼이 사위를 빙의했지. 마치 내 앞에 마카리오스가 서 있는 것과 같았어. 그의 얼굴 모양까지도 변하기 시작해서 대주교의 얼굴을 놀랍게 닮아갔다네." 다스칼로스는 잠시 말을 멈추었다가 마카리오스는 정치적 한계가 있었지만 위대한 영혼이었다고 거듭해서 말했다. 다스칼로스는 내가 작고한 대주교의 경력에 대해 매우 비판적이라는 사실을 알고 있었기 때문에 나에게 이 점을 몇 번이나 강조했다.

"그래서 당신은 그의 사진을 벽에다 걸어놓고 계시는 건가요?" 내가 웃으면서 비아냥거리는 투로 말했다.

"그가 나에게 자기를 잊어버리지 말도록 걸어놓아 달라고 부탁했다네." 그가 웃음을 터뜨리면서 말했다.

"그가 만일 당신을 파문에서 건져 줄 수 없었거나 그럴 의사가 없었다면 당신은 알렉산드리아 총대주교의 도움을 받아들일 생각이었나요?"

"어떤 상황에서도 나는 키프로스 교회의 자율권을 위태롭게 하지 않았을 걸세. 내가 어떻게 그럴 수 있겠나? 나도 한때 그 중심인물 중의 한 사람이었는데 말일세."

"뭐라구요? 당신이 키프로스 교회의 중심인물이었다구요?" 다스칼로스는 자신이 전생에 스피리돈이라는 이름의 키프로스 성직자였다고 무덤덤하게 말했다.

"성 스피리돈 말인가요?" 나는 다스칼로스의 말을 진지하게 받아들여야 할지 몰라서 놀라운 목소리로 외쳤다. 그러나 나는 곧 그가 농담을 하고 있는 것이 아니라는 것을 깨달았다. 그는 이 섬사람들이 높이 존경하는 그리스 정교의 성자가 바로 자신이었다는 말을 아무렇지도 않은 듯 진지하게 이야기했다.

"자넨 그가 성자였다고 생각하나?" 다스칼로스가 장난기 어린 표정으로 물었다. "믿을지 모르겠지만 그는 그런 사람이 아니었네. 그는 흑마술을 부리다가 톡톡히 그 빚을 갚아야 했지. 내가 스피리돈으로 태어났던 것은 사실상 영적인 타락이었다네."

"어떻게요?" 나처럼 그의 말을 믿지 못한 에밀리가 물었.

"서기 325년 니케아에서 열린 종교회의에서 각 교회의 교부들은 교회 형성 초기에 교회를 괴롭히던 신학적 논쟁을 해결하기 위한 회의를 소집했다네. 그 논쟁이란 그리스도가 신성을 획득한 인간이었다는 편과 신이었다고 주장하는 편 사이의 다툼이었지. 반대편의 지도자였던 아리우스는 예수를 붓다와 같은 위대한 스승으로 보아야 한다고 가르쳤던 도시 출신의 교육을 잘 받은 논리정연한 신학자였어. 당시 아리우스는 지지자를 많이 가지고 있었기 때문에 논쟁에 이겨 교회에 새로운 교리를 확립할 수 있는 절호의 기회였다네. 키프로스 대부분의 성직자들은 아리우스의 추종자였네. 스피리돈이었던 나는 이 교리에 반대하여 그리스도의 신성한 주권을 주장했지. 그리스도는 로고스의 현현, 곧 신의 화신이라고 말일세. 나로서는 달리 주장한다는 것은 신성모독 행위였다네."

"파포스(키프로스 남서부의 도시)의 통치자와 이 섬의 대부분의 높은 성직자들은 아리우스의 추종자였네. 그들은 내가 니케아의 회의에 참석하지 못하게끔 키프로스 섬을 떠나지 못하도록 금지하는 포고령을 통과시켰네. 어떤 배도 나를 태우지 못하게 된 거야."

"나는 글을 몰랐지만 능력이 있었어. 나는 가운을 땅바닥에 깔고는 그 위에 앉았네. 그리고는 공중에 떠서 부두에 있는 한 배에 닿았다네. 나는 선원에게 말했지. '자, 나는 여기 있어. 배 안이 아니라네. 나를 태워주게.'"

"당신이 어떻게 했다구요?" 내가 물었다.

"공중부양 말일세, 키리아코. 그게 뭐가 그렇게 놀라운가?" 다스칼로스는 손바닥을 펴보이면서 이제는 문외한이나 의심할 그런 얘기에 놀라서는 안 된다는 듯이 인내심 없는 표정을 꾸며 냈다.

"선원들은 그러한 나를 보고는 겁에 질려서 태워 주지 않을 수가 없었네. 그렇게 해서 나는 키프로스를 빠져나가 가장 중대한 니케아 종교회의에 참석했지. 나는 떠나기 전에 황금관을 팔아 버리고 흰 수도복을 입고 머리에는 짠 바구니를 얹었다네. 나는 또 내가 직접 다듬고 장식한 나무지팡이를 짚고 갔지."

"니케아 회의에 참석하는 다른 교회 지도자들은 왕의 옷을 입고 시종을 대동하고 손잡이에 두 마리의 뱀이 조각되어 있는 은 지팡이를 짚고 왔다네. 하지만 나에게는 은으로 만든 뱀이 필요하지 않았네. 나는 살아 있는 뱀을 다스리는 자였거든. 귀족적 배경을 가진 아리우스는 나를 '냄새나는 농사꾼'이라고 불렀네. 그가 옳았어. 나는 그와는 달리 교육받지 못했고, 성직자이면서도 양치기였기 때문에 양가죽 냄새를 풍기고 있었지."

"나는 내가 논쟁에서 이길 수 없으리라는 것을 알고 있었어. 아리우스는 웅변 능력은 대단했지만 신학 교리에서는 틀린 점이 많았어. 나는 그의 논조의 오류를 말로써가 아니라 나의 능력을 통해 보여 줌으로써 사람들을 확신시켜야만 했다네. 나는 사람들이 보는 앞에서 벽돌을 손에 움켜쥐어 그것을 불로, 물로, 흙으로 바꾸어 놓았네. 아리우스는 이렇게 응수했지. '석공만이 벽돌에 관심이 있지.' 그때 나는 끔찍한 저주를 퍼부었다네. '만일 신께서 지금 나의 말을 들으시고, 그대가 진리를 배반하고 있다면 그대의 창자가 흘러내리리라.' 그 즉시 아리우스는 아랫배에 극도의 통증을 느끼며 꼬부라져서는 쓰러져 죽어 버렸다네. 그래, 난 대단한 성자였지." 다스칼로스는 이렇게 말하며 웃었다. "이젠 그런 짓은 결코 하지 않을 것이네." 그는 힘주어 덧붙였다.

"내가 키프로스로 돌아오자 통치자와 모든 주교를 포함한 아리우스의 추종자들은 나를 체포하도록 했지. 그들이 나를 옥으로 끌고 갈 때 나를 광적으로 지지하던 많은 사람들이 거기에 있었다네. 나는 통치자와 주교들을 가리키며 혼잣말로 이렇게 말했네. '그들은 어깨 위에 머리를 올리고 다닐 자격도 없는 자들이야.' 그런데 그것은 내가 마치 그 광신도들에게 그렇게 행동하게끔 부추긴 셈이 되어 버렸다네. 내가 혼잣말로 한 것을 그들은 말 그대로 받아들이고는 통치자와 주교들을 모두 죽여 버렸다네. 그래서 나는 주교들을 새로 지명했고 그렇게 살아갔네. 하지만 나는 아리우스에게 한 짓 때문에 모진 빚을 갚아야만 했어."

"어떻게요?" 내가 신중하게 물었다.

"나는 딸 에렌을 잃었지. 그 애는 이번 생에서 나의 큰딸로 환생했네. 카르마의 법칙을 범할 때마다 우리는 그것을 갚아야만 한다네." 다스칼로스는 천천히 말했다.

"스피리돈이었던 나는 트레메도우시아 마을에서 예배를 집전했다네. 농사일을 해야 하는 성가대원들이 늘 예배시간에 맞추어 나오기를 기대하기가 힘들었기 때문에 나는 함께 노래할 천사들을 만들었다네. 나는 예배 시간을 지켜야만 한다고 고집했지. 천사들의 찬송가는 다른 사람들의 귀에도 자주 들렸어. 이런 현상은 오늘날도 강신(降神), 환청 등으로 나타나지." 그리고 나서 다스칼로스는 오늘날도 교회에서 부르고 있는 이 키프로스의 성자를 찬양하는 스피리돈 찬송가를 비잔틴 시대의 그리스어로 읊었다.

내가 반은 농담조로 이렇게 말했다. "당신의 주장대로 스피리돈이 성자가 아니었다면 사람들이 그의 도움을 비느라고 촛불을 켜고 기도할 때 그들은 완전히 속고 있는 것이로군요. 그들은 실제로는 지금은 스피리돈으로서 존재하지 않는, 한때 사술을 부렸던 사람에게 기도를 올리고 있는 셈인가요?"

"스피리돈이 정말 성자였는지 아니었는지는 중요하지 않다네. 신봉자들은 그들 자신이 사념과 감정으로써 지어낸 스피리돈의 염체에다 기도를 드리는 것이지. 그리고 자비로운 결과를 얻는다네. 자아를 의식하는 스피리돈은 더 이상 존재하지 않네. 그는 이제 성스러운 마법사라네. 하지만 스피리돈의 그림자는 우주의 기억 속에 늘 남아 있어서 그를 예배하는 사람들에 의해 되살아나 치유적 속성을 띨 수 있는 것이지."

"스피리돈으로 태어났을 때가 정교회와 관계를 가진 유일한 삶이었나요?" 잠시 후에 내가 물었다.

"아닐세. 더 있었네."

"그걸 무척 알고 싶군요."

다스칼로스는 처음에는 그 주제를 더 이야기하는 것을 꺼려 하는 것 같았지만 내가 더 캐묻자 드디어 자신의 전생 중에 초기 교회의 신비가이자 신플라톤주의 철학자인 오리겐이었던 적도 있다고 털어놓았다. 교부들은 오리겐이 이단적 가르침을 편다고 비방했다. 그의 교리는 윤회론과 모든 인간이 끝내는 구원을 받으리라는 가르침을 포함하고 있었다.

"오리겐이었던 나는 지적인 사람이었고 정통 기독교를 지키기 위해 싸웠지. 물론 이 정통이란 말이 신부들이 가르치는 세속적인 교리를 의미하지는 않네. 모든 위대한 종교들과 궁극적으로 동일한 기독교의 정수를 의미하는 걸세. 이제 내가 왜 이토록 정통 기독교에 애착을 가지고 있는지를 알겠나?"

"그건 알겠지만 이해할 수 없는 일이 있어요. 오리겐이었던 당신은 왜 성기를 잘랐나요?" 나는 진지한 태도를 지키려고 애쓰면서 이렇게 대꾸했다.

내가 이렇게 묻자 다스칼로스는 머리를 흔들면서 웃었다. 역사가들의 말에 의하면 오리겐이 성기를 자른 이유는 알려지지 않았다고 한다. 제시된 믿을 만한 설명에 의하면 오리겐은 극도의 금욕주의 때문에, 즉 육신의 유혹을 피하기 위해 그런 말 못할 행위를 했다고 한다. 초기 기독교를 전공한 동료 역사학자 한 사람은 나와 대화하던 중에, 오리겐과 같이 진보한 사상가가 과연 그런 실없는 짓을 했을지는 의문이라고 말한 적이 있다.

"물론 오리겐이 한 짓은 몰지각한 일이지만 그가 그렇게 해야 했던 이유는 역사가들의 설명과는 달라. 당시의 교회는 그의 가르침을 땅에 떨어뜨리기 위해 그가 여자를 유혹하는 사람이라는 헛소문을 퍼뜨렸다네. 그래서 오리겐은 그 가르침을 수호하기 위해서 성기를 잘랐던 것일세. 오리겐의 인격에 문제가 있었다고 말할 수는 있지만 그의 가르침은 진실이었다네."

다스칼로스는 자신이 전생에 오리겐이었다는 사실을 믿어 의심하지 않았다. 내가 그를 오랫동안 알고 지내지 않았더라면 그를 허황한 환상에 사로잡혀 있는 미친 사람으로 치부했기 십상이었을 것이다. 그로서는 전생의 기억을 가지고 있는 것은 너무나 자연스러운 일이었다. 사람이 어떤 초의식적 자아인식 상태에 도달하면 '지구 행성 극장'에서 자신이 맡았던 다양한 '역할'들을 아주 자세히 기억해낼 수 있다는 것이다. 다스칼로스는 자신의 전생에 관한 이야기를 결코 드러내서 이야기하지 않았다. 그는 이런 종류의 이야기가 사람을 '스캔들'에 휩쓸리게 한다는 것을 잘 알고 있었다. 그는 오직 가장 가까운 주변 사람들에게만 전생에 관한 이야기를 털어놓았다.

우리가 다스칼로스의 집을 나왔을 때는 정오가 가까워가고 있었다. 그는 오후 늦게 니코시아에서 모임이 있을 예정이며 나도 참석하게 되어 있다고 일러주었다. 나는 이 모임 계획을 알고 있으며 물론 참석할 것이라고 말했다.

다스칼로스가 주장하는 성 스피리돈과 그 밖의 전생 이야기들은 언제나 나를 당혹스럽게 만들었고, 그것은 기이하게 반전되는 사건들을 통해 나 자신의 경험 속으로 얽혀 들어왔다. 그 중 한가지 사건이 몇 달 후 오르노의 메인 대학교에서 이 키프로스의 성자의 생애를 연구하고 있는 중에 일어났다.

나는 사무실에서 조사 자료들을 정리하고 있었다. 나는 다스칼로스가 내 앞에서 읊었던 스피리돈에게 바쳐진 비잔틴의 찬송을 번역하는 데 애를 먹고 있었다. 나는 결국 포기를 하고 키프로스 사회 연구센터에 있는 내 친구에게 편지를 써서 교회의 공식 번역문을 찾아달라고 부탁하기로 했다. 그리고는 글쓰는 일을 잠시 접어두고 신문을 읽으러 도서관으로 걸어갔다. 나는 그리스계 미국 주간지로서 키프로스의 뉴스를 정기적으로 실어내는 〈헬레닉 크로니클(Hellenic Chronicle)〉지의 더미 중에서 맨 위에 있는 신문을 집어들었다.

나는 특히 키프로스 분쟁을 해결하기 위한 지루하고도 결실 없는 대화에 어떤 진전이 있었는지를 살펴보는 일에 열심이었다. 습관적으로 일면과 사설만을 들여다보곤 했다. 지방 뉴스가 실린 다른 면들은 대부분 무시했다. 하지만 그날은 무심히 신문을 뒤적이다가 성 스피리돈에 관한 전면 기사를 발견하고 눈을 멈추었다. 심장이 빨리 뛰기 시작하는 것을 느꼈다. 식은땀이 척추를 타고 흘러내렸다. 나는 잠시 현기증을 느끼다가 손이 가볍게 떨리는 것을 발견하고, 안락의자에 앉아 기사를 읽어 내려갔다. 그리스의 신학자인 필자는 스피리돈을 '기독교 통합운동의 선구자'로 칭송했다. 기사의 대부분은 서기 325년의 니케아 종교회의에 관한 내용이었고 그것은 다스칼로스가 나에게 이야기했던 내용과 거의 동일했다.

'성 스피리돈은 문맹이었음에도 불구하고 종교회의에 큰 영향을 주었다. 또한 교회법에 정통하고 그 지역에 대단한 영향력을 행사하던 이단자 아리우스를 대면했을 때 스피리돈의 신앙심은 그를 압도하였고, 아리우스와 추종자들의 이단적 가르침은 그 악마적 음모의 진면목을 드러내어 버렸다. 성 스피리돈은 벽돌을 한 장 손에 들고는 그 자리에 모인 각지의 대표들에게 벽돌을 구성하고 있는 원소가 무엇이냐고 물었다. 그들은 그것은 흙, 물, 그리고 불이라고 대답했다. 기록되기로는 그 순간 성 스피리돈이 벽돌을 쥐어짜자 물이 바닥으로 뚝뚝 떨어지고 손에서 불꽃이 오르며 손바닥에는 흙이 남아 있었다고 한다. 이 기적이 성 삼위일체의 실체를 의심하는 사람들에 대한 그의 대답이었다.'

기사의 마지막 부분에는 성 스피리돈의 날에 교회에서 부르는 찬송의 교회 공식 번역문이 다스칼로스가 그리스어로 나에게 읊어준 그대로 실려 있었다.

우리 아버지, 당신께서 스피리돈께 성령을 내리사,
최초의 종교회의에서 승리자이자 기적을 일으키는 자이신
당신 자신을 보이셨나이다.
그로써 당신은 무덤에서 죽은 자에게 말씀하시고
뱀을 황금으로 바꿔놓으셨으며,
거룩한 주, 당신은 성스러운 기도로써
천사들이 당신을 돕게 하셨나이다.
당신의 영광을 빛나게 하신 그에게 영광을,

당신에게 왕관을 씌우신 그에게 영광을
당신의 역사로써 우리 모두를 치유하게 하신 그에게 영광을.

나는 놀라서 입을 다물지 못했다. 나는 내 이성의 이해를 넘어선 어떤 보이지 않는 힘에 의해, 내가 원하던 정보가 있는 바로 그곳으로 이끌려온 것만 같은 기이한 느낌 속에 잠시 휩싸여 있었다.

내가 다스칼로스를 알게 되고 나서부터 삶 속에서 일어나기 시작한 이 같은 이상한 우연의 일치는 그것이 처음이 아니었다. 이런 사건들을 유심히 관찰하기 시작한 이후로 나는 '우연'이라는 말 자체를 다시 인식하게 되었다. 정말 정직하게 말해서 나는 다스칼로스와 그의 가까운 측근들이 스스로 주장하듯이 우리의 현실에 비해 아무리 낯설고 동떨어져 보일지라도 결코 비현실적이지 않은 그 현실의 세계 안에서 정말 의식적으로 사는지에 대해서는 마음속에 의문을 떠올리지 않을 수가 없었다. 융은 우연이란 존재하지 않는다고 말했다. 그리고 이와 관련해서 그는 그 유명한 '동시성(synchronicity)'의 명제를 개진했고, 그것은 아더 쾨슬러와 몇몇 유명 '양자' 물리학자 등의 동시대인들에 의해 더욱 깊이 연구되었다. 우주에서 그 어떤 것도 우연히 일어나는 일이 아니라는 것은 인류의 위대한 현자들이 설파해온 가르침이다.

그날 오후 모임에서 다스칼로스는 짧은 기도를 마친 다음 질문이 있으면 하라고 했다. 내가 맨 먼저 질문을 하려던 찰나에 50세의 사업가로서 그리스어를 유창하게 하는 한 아르메니아인이 나서서 '신성한 원반'의 성질과 기능에 대해 설명해 달라고 했다.

다스칼로스는 인체의 에테르 복체는 회전하는 원반처럼 보이는 몇 개의 에너지 중추를 가지고 있다고 가르쳤었다. 인체가 우주로부터 에테르 생명력을 흡수하는 것이 바로 이 중추, 힌두교 신비가들이 말하는 소위 '차크라'를 통해서라는 것이다. 이 차크라를 '여는' 것이 모든 신비가들의 목표이며 투시능력이나 기타의 심령이지적 능력을 계발하기 위한 선행조건이라고 말했다.

다스칼로스는 천천히 말을 꺼냈다. "에테르 복체의 두 가지 가장 중요한 중추는 두 개의 뇌엽과 소뇌 사이 두뇌의 중심부에 서로 이웃해서 위치해 있습니다. 두뇌 속의 상응 중추와 연결된 신성한 원반은 머리 위 17센티쯤에 있으며 시계 방향으로 회전하고 있습니다. 이것이 모든 원반들의 정상적인 움직임입니다. 하지만 때로는 그 사람의 정신적, 감정적 상태에 따라서 이 원반이 반대 방향으로 돌기도 합니다. 이것은 그 사람의 사고나 생활 방식이 변덕스러울 때 일어납니다. 이런 사람들은 사고 능력이 결핍되어 있어서 분노나 증오와 같은 폭력적인 심령파동에 잘 휩쓸립니다. 사람이 이러한 감정에 휩쓸릴 때는 사고하는 능력이 사실상 존재하지 않게 됩니다. 이런 상황에서는 머리 위의 신성한 원반은 시계 반대 방향으로 돌게 됩니다. 그 사람의 마음이 진정되고 다시 이성적인 사고를 시작하면 원반도 원래의 정상적인 회전 방향으로 회복됩니다. 차크라가 늘 시계 반대 방향으로 도는 사람들도 있습니다. 이런 사람들은 가슴 속에서 선의라고는 찾아볼 수가 없는 사람으로서, 이들은 끊임없는 증오와 공격과 사악함으로 가득 차있습니다."

"사람이 태어나는 그 순간부터 모든 신성한 원반은 움직이기 시작합니다. 그것이 움직이는 양상은 원반이 이어져 있는 중추의 성숙도에 상응됩니다. 갓난아이들은 이 원반이 작은 동전처럼 보입니다. 그것의 움직임은 매우 느리며 그가 성장함에 따라 속도가 빨라집니다."

"다스칼레." 내가 끼어들어서 물었다. "모든 원반이 갓 태어날 때에는 같은 속도로 움직이나요?"

"아닙니다. 에테르 복체의 중추 중에 가장 먼저 움직이기 시작하는 것은 태양신경총의 원반입니다. 사실 이 원반은 태아가 자궁 속에서 자라는 동안에 움직이기 시작합니다. 태아는 어떻게 영양을 공급받는다고 생각합니까? 나중에 배꼽이 되는 탯줄을 통해서 받지 않나요? 태양신경총의 원반이 발견되는 곳은 바로 이 배꼽 부위입니다."

"사실 태아에게서는 이 동일한 중추에서 두 개의 신성한 원반이 나와 있는 것을 관찰할 수 있습니다. 2실링짜리 동전만한 크기의 것은 태아의 태양신경총 부위인 아랫배 속에 있습니다. 그리고 또 하나의 원반은 탯줄이 배꼽과 만나는 바로 그 부위의 바깥쪽에 있습니다. 태아가 태어나서 탯줄이 끊어지면 원반은 아랫배 속으로 들어가서 안에 있던 원반으로 흡수됩니다. 투시가는 이 모든 것을 관찰할 수 있습니다. 외부의 원반이 태양신경총 원반 속으로 들어가는 순간부터 갓난아이는 독립적인 존재가 되는 것입니다. 하지만 외부의 원반이 태양신경총의 원반에 의해 완전히 흡수되는 데에는 약간의 시간이 걸립니다. 그래서 갓난아이는 일정 기간 동안은 산모와 텔레파시로써 연결되어 있는 것입니다. 예컨대 의사들은 갓난아이가 통증을 느낄 때 산모도 동시에 통증을 느낀다는 것을 발견합니다. 그런 후에는 대개 갓난아이는 진정되고, 통증은 엄마에게로 텔레파시를 통해 옮아가는 것입니다."

"가슴에 있는 원반도 태양신경총에 있는 원반이 움직이기 시작할 때 함께 움직입니다. 그것은 태아가 아직 자궁 속에 있을 때부터 회전하기 시작하지요. 이 두 개의 원반, 즉 태양신경총과 심장 부위의 원반은 우리에게 생명이라는 현상을 제공해 주는 역할을 합니다. 태어난 이후에 심장에 있는 신성한 원반은 허파의 운동에 에너지를 공급해 주는 역할도 합니다."

"심장과 태양신경총의 신성한 원반은 자아를 의식하는 현재인격과는 완전히 별개입니다. 이들은 전지한 성령의 직접적인 지배를 받습니다. 성령은 이 두 개의 원반을 움직이게 하여 육신이 기능할 수 있게 합니다."

"머리에 있는 두 개의 원반은 인격의 발달을 맡고 있어서 우리로 하여금 자아를 의식하는 능력을 가질 수 있게 합니다. 두 눈 사이 코가 끝나는 지점에 있는 신성한 원반은 많은 꽃잎을 가진, 회전하는 꽃처럼 보입니다. 한편 머리 위의 원반은 무수한 꽃잎을 가진 온통 흰색의 연꽃처럼 보입니다. 이 원반은 태어날 때부터 비교적 크기가 큽니다. 먼저 움직이고 기능하기 시작하는 원반은 두 눈 사이의 원반입니다. 그것은 갓난아이가 눈의 초점을 맞추어 사물을 볼 수 있게 될 때 움직이기 시작합니다. 아기가 더욱 또렷이 사물을 보기 시작할수록 원반도 더욱 빠르게, 조화롭게 회전합니다."

"다스칼레, 눈앞의 신성한 원반이 정상적으로 움직이지 않는 경우도 있나요?" 내가 물었다.

"물론이지요. 사물에 초점을 맞추려고 해도 맞추어지지 않는 경우엔 원반이 반대 방향으로 움직이기도 합니다."

"머리 위의 원반은 보통 언제부터 움직이기 시작하나요?" 내가 계속해서 질문했다.

"그것은 태어날 때부터 아주 느리게 움직이기 시작해서 아이가 마음을 집중하고 생각하는 것을 배워감에 따라 점점 빨라집니다. 머리의 원반은 성령이 지배하는 심장이나 태양신경총의 원반과는 달리, 인격의 발달에 따라서 움직임이 변화해갑니다. 즉, 가슴과 아랫배의 원반은 성령이 지배하기 때문에 자아를 의식하는 인격은 이들의 움직임에 직접적인 역할을 하지 않습니다."

"그런데 머리 위의 원반이 한 번도 정상적이고 조화롭게 운동하지 않는 가운데 일평생을 사는 사람도 있을 수 있습니다. 이것은 그 사람이 지상의 물질적인 존재 차원에 너무나 깊이 빠져 있을 경우에 일어나는 현상입니다. 나는 이 원반이 거의 움직이지 않는 많은 사람들을 보았습니다. '거의' 움직이지 않는다고 한 것은, 사실은 영적인 발달 정도와는 상관없이 모든 사람에게 이 원반은 최소한 아주 조금씩은 늘 움직이고 있기 때문입니다. 하지만 이런 세속적인 사람들에게는 이 원반은 위축된 채 남아 있습니다. 그것은 그가 세상에 태어날 때와 똑같은 크기를 그대로 유지하고 있습니다."

"이 신성한 원반의 발달은 그 사람의 자아의식, 그의 사고방식, 이 지질을 다루는 방식 등에 의해 좌우됩니다. 그 사람이 생각의 힘을 올바로 사용하면 그것이 커지고 조화롭게 움직이기 시작합니다."

"그가 자신의 몸을 의식적으로 떠나는 방법을 터득하면 원반은 정상적인 시계 방향으로 매우 빠르게 돌아갑니다. 그리고 연꽃잎은 완전히 열려서 모든 색깔이 찬란히 드러납니다."

"머리 위의 원반은 집중하는 명상법을 적절히 수행함으로써 개발될 수 있습니다. 하지만 그것을 일부러 의식적으로 개발시키려고 하지 않았는데 저절로 개발되는 수도 있습니다. 때로는 이것이 더 바람직한 방법일 수 있습니다. 그런 것이 존재한다는 사실조차 모르고,

그것을 열고 개발시키려고 일부러 애쓰지도 않고 다만 인격과 이성과 관찰력과 자기규율로써 이 원반을 발달시킨 사람들이 있습니다. 이와 반대로 동양의 책들을 통해 이 에테르 복체의 중추들에 대해서 배운 진리의 탐구자들도 있습니다. 그들은 수행을 통해서 이 원반이 움직이게 하고 열리게 할 수 있습니다. 하지만 그들이 자신의 인격도 함께 성숙시키지 않는다면 크게 이루지 못할 것입니다. 사실 미숙한 상태에서 원반이 열리게 하면 자신의 현재인격에 손상을 입힐 수 있습니다. 이 원반을 발달시키는 가장 안전한 방법은 자기분석과 이성과 올바른 생활을 통한 것입니다. 진리의 탐구자가 명상과 자기분석을 적절히 조화시켜 실천한다면 그 결과는 대단할 것입니다."

"중추가 서로 인접해 있는 머리의 두 원반은 서로 영향을 미치며 연결되어 있다는 점을 주목하십시오. 이 원반이 나오는 중추들은 서로 맞닿아 있습니다. 실제로는 이들은 두뇌 속의 동일한 중추에서 나옵니다. 예를 들까요. 본다는 것은 눈앞의 원반을 통해서 가능해집니다. 내가 '본다'고 말할 때 그것은 보통의 시력으로써 보는 것뿐만 아니라 투시력을 통해 보는 것까지도 포함합니다. 자, 우리가 어떤 것에 대해 생각하지 않고 '보는' 것이 가능합니까? 불가능하지요. 그러므로 이 두 원반은 두뇌 속의 동일한 중추를 통해 서로 연결되어 있는 것입니다."

"눈앞의 원반은 거울과도 같습니다. 보통 사람에게는 이 거울이 에테르의 안개로 가려져 있어서 상을 제대로 비추어 주지 못합니다. 보통 사람은 태어날 때부터 이러합니다. 대부분의 사람들에게 이 거울은 결코 깨끗해지지 않습니다. 그들은 자신의 주의를 어떻게 집중시키는지를 배우려고 하지 않습니다. 그러므로 이 원반이 제대로 기능을 다하게 만드는 방법은 마음을 집중시키는 힘을 기르는 것입니다. 즉, 마음속에 이미지를 하나 떠올리고 그것을 일정 시간 동안 흐트러뜨림 없이 그대로 유지시키는 방법입니다. 마음을 집중시키는 이 연습을 하면 이 원반의 표면이 맑아져서 이미지를 제대로 비춰 낼 것입니다.

이 중추를 올바로 사용하는 것은 그의 자아를 의식하는 현재인격이 얼마나 성숙한가에 달려 있습니다. 이 거울이 발달하고 깨끗해지면 그것은 외부로부터 오는 이미지뿐만 아니라 원반의 중추, 곧 내면으로부터 오는 이미지까지도 비추어 내기 시작할 것입니다. 투시가 가능해지기 시작하는 것이 바로 이 시점인 것입니다. 투시 상태에서는 평소의 시력은 일시적으로 회수되고 내부로부터의 집중이 시작됩니다. 그러면 투시가는 마치 텔레비전 카메라처럼 지구상 모든 곳, 혹은 심령계의 어떤 곳에서건 이미지를 받아들이게 됩니다. 이 단계에서 비로소 '실재'라는 것이 무엇인지를 이해할 수 있는 위치에 서게 됩니다.

시력과 투시력이 지식과 이해로 변할 때 우리는 머리 위의 원반이 조화롭게 움직이고 열리는 것을 발견할 수 있습니다. 그리하여 계속 발전해가면 황홀경의 상태에 들어서게 되는데, 이때는 눈앞의 원반은 거의 아무런 역할도 하지 않게 됩니다. 모든 것을 지배하는 것은 머리 위의 원반입니다. 황홀경 속에서는 신성과, 그리고 더 높은 세계와 합일되고 일종의 투시를 경험합니다. 그런 상태에서 어떤 신비가는 신성과 영원한 빛을 보고는 눈앞의 원반이 어떤 역할을 한다고 생각합니다. 하지만 그렇지 않습니다. 황홀경에 빠져 있는 사람을 지켜보는 다른 투시가의 눈에는 머리 위의 원반은 빠르고 아름답게 움직이지만 눈앞의 원반은 느려지는 것이 보입니다."

"왜 그렇게 되나요?" 누군가가 물었다.

"중추로부터 나오는 모든 에너지는 위로 올라가고, 이것은 신성한 불이 각성될 때 일어납니다. 그리고 그것은 척추를 통해 위로 치솟습니다. 그것은 두뇌의 중추에 이른 후에 머리 위의 연꽃을 향해 나아갑니다. 그와 동시에 눈앞의 원반이 갖고 있는 잉여 에너지를 흡수해 가지요. 여분의 에너지는 황홀경이 오기 전, 아주 강렬한 집중으로부터 나오는 것입니다. 황홀경 상태는 단지 짧은 시간밖에 지속되지 않으며 영구인격과 어울려 합일된 자아를 의식하는 현재인격이 높은 세계에 의식을 집중했을 동안에만 경험됩니다. 나중에 배우겠지만 머릿속의 이 중추들은 다른 기능들을 가지고 있습니다."

나는 다스칼로스에게 '신성한 불'이 무엇을 의미하는지 가르쳐달라고 했다. 나는 그가 이것을 언급하는 것을 처음 들었다. 그는 말했다. "그것은 인도인들이 쿤달리니라고 부르는 것입니다."

"우리는 때로 그것을 신성한 뱀이라고도 부릅니다. 왜냐하면 그것은 뱀처럼 보이기 때문이지요. 그것의 꼬리는 척추의 기저부에 있는 천골의 신성한 중추에 닿아 있습니다. 신성한 불은 마치 뱀처럼 척추를 일곱 번 휘감으면서 올라가는데 그 빛이 생식기에 에너지를 공급하고, 또 어느 정도는 골수를 통해 신체의 모든 장기에 활력을 공급합니다."

다스칼로스는 이 신성한 뱀은 불과 열을 상징하는 검붉은색이라고 말했다. 천골 중추에는 성령과 다른 존재들, 즉 신성한 법칙들이 지키는 거대한 에너지가 자리잡고 있다. 정교에서는 이 신성한 불을 불의 스승인 대천사 미카엘의 '회전하는 화염의 검'으로써 상징한다.

다스칼로스는 쿤달리니를 지배하여 이 뱀을 '움직이게' 되면 일상적인 의식을 지닌 보통 사람들에게는 기적적이고 비범하게 보이는 일들을 해낼 수 있게 된다고 했다. 그는 헤라클레스가 뱀을 죽이는 신화는 바로 이 위대한 진리를 은밀히 상징하는 것이라고 말했다.

다스칼로스는 강의를 끝내면서 제자들에게 명상 수행을 체계적으로 실천하도록 당부했다. "앞으로 몇 달 동안은 이렇게 연습하시기 바랍니다. 먼저 흰 테이블 보를 덮은 테이블 앞에 앉으세요. 눈을 감은 채로 오른팔을 테이블 위에 얹으세요. 오른팔을 어깨에서 손바닥과 손가락까지 느끼십시오. 손바닥을 위로 향한 채 팔을 테이블 위에 편안히 놓으십시오. 자연스럽게 팔을 느끼면서 육신의 팔에 침투하는 온통 흰색의 팔을 심상으로 그리십시오. 육신의 팔을 천천히 올려서 손바닥이 어깨에 닿게 하세요. 다시 천천히 손을 테이블 위로 내려놓으세요. 손바닥은 위로 향하게 하세요. 계속해서 팔을 느끼고 육신의 팔 속에 침투해 있는 흰색의 팔을 심상화하십시오. 이 움직임을 다섯 번 반복하세요. 그런 다음에 육신의 팔을 테이블 위에 그대로 둔 채 사념으로써 천천히, 천천히 흰색의 팔을 빼내어 이 에테르의 손바닥이 어깨에 닿게 하세요. 다시 천천히 에테르의 팔을 내려서 육신의 팔 속으로 돌려놓으세요. 이것을 다섯 번 반복하세요. 이렇게 하는 동안 에테르의 팔에 의식을 집중해야 하며, 그것이 마치 육신의 팔인 것처럼 느껴야만 합니다. 이것을 날마다 10분 동안 연습하세요."

"잠자기 직전에 5분 동안 자기분석을 하는 것도 잊지 마세요. 이것은 여러분의 영적 성장을 위해서 중요한 일입니다. 그날의 일 한 가지를 기억 속에서 떠올리세요. 그것을 아주 자세히 재생시키면서 자신의 기분과 생각과 행동을 면밀히 살피세요. 자신의 현재인격에 대해 변호하거나 사과하고 나서지 않도록 하십시오. 또 자학적으로 자신의 행동을 심판하지 마세요. 이 일을 초연히, 객관적으로 공평무사하게 살펴보아야만 합니다. 기억에서 떠올린 그 일을 둘러싼 사건들을 돌아보면서 자신의 행동과 상대방의 행동을 비평가적 입장에서 자세히 살펴보고 결론을 내려보십시오. 이 연습은 자신의 에고가 행사하는 힘을 이해하는 데에 도움이 될 것입니다. 우리 자신에게서 에고의 모든 때를 지워내지 않으면 우리는 삶의 달인이 될 수 없으며, 그 상태에서 심령이지적 능력만을 길러서는 안 됩니다. 가장 사랑하는 그분의 사랑이 여러분과, 여러분의 가정과, 그리고 온 세상에 함께 하시기를."

5
Thorisis and Rasadat

토리시스와 라사다트

"순간 마치 그가 내 머릿속에 만트라를
심어서 메아리치게 한 것처럼
그의 말이 마음속에서 계속 맴돌았다.
'중요한 것은 어떻게 사느냐지 어떻게 죽느냐가 아니라네.'
그 짧은 순간에 나의 일생이 눈앞을 스쳐 지나가면서
내 온 존재의 가치를 다시 되돌아보게 했다."

나는 오후 일찍 스트로볼로스로 갔다. 테오파니스와 야코보스가 다스칼로스와 이야기를 나누며 커피를 마시고 있었다. 어린 마리오스는 할아버지의 정원에서 잡은 달팽이를 가지고 밖에서 놀고 있었다.

내가 자리에 합류한 지 몇 분 후에 한 젊은 여자가 문을 두드리며 다스칼로스의 도움을 청했다. 그녀 형부의 뇌 속에 종양이 있는데, 의사들은 회복 가능성에 대해 회의적이라는 것이다. 그녀의 어머니는 형부를 다스칼로스에게 데리고 오는 것을 극렬히 반대한다고 했다. 어머니는 열렬한 종교인이라서 '스트로볼로스의 마법사'를 매우 미심쩍게 생각하고 있다는 것이다. 이 젊은 여자는 다스칼로스의 명성을 친구로부터 들었지만 그녀의 어머니는 '사탄이 천사의 옷을 입고 있다'고 말리면서 대신 자신의 수호 성자인 성 넥타리오스의 초상 앞에 촛불을 켜놓았다고 했다.

"나에 대한 어머니의 생각을 바꿔놓으려고 애쓰지는 마세요." 다스칼로스는 뭔가 좀 서글픈 어조로 말했다. "그녀의 마음은 이미 굳어 있어요. 그녀의 머릿속에 누가 그런 생각을 심어놓았는지 나는 알고 있어요." 다스칼로스는 성 넥타리오스 재단의 이사인 한 신학자 출신의 신부가 그를 모함하는 소문을 퍼뜨렸다고 말했다. "하지만 그는 나를 만날 때마다 아주 상냥하게, '오, 사랑하는 스피로, 안녕하신가?' 하고 인사를 하지요. 사람들의 속마음을 읽는다는 것은 때로는 별로 유쾌하지 못한 일이랍니다."

다스칼로스는 환자의 사진을 손에 쥐고 잠시 눈을 감았다. "유감이지만 그는 가망이 없어요. 그가 6개월 이상 살 수 있을지 의문이에요. 하지만 우리가 할 수 있는 만큼은 해봐야지요. 그 외엔 신의 뜻이랍니다. 그런데 당신의 어머니는 사위를 사랑하나요?"

"예, 아주 사랑해요." 처녀가 말했다.

"그렇다면 잘 됐어요. 이번 경우에는 다른 사람들이 모르게 멀리서 작업하는 편이 낫겠어요."

다스칼로스는 사진을 테오파니스와 야코보스에게 보여 주었고, 그들도 다스칼로스와 같은 진단을 내렸다. 다스칼로스는 마리오스를 집 안으로 불렀다.

"어서 온, 우리 귀염둥이. 사진에서 무엇이 보이는지 말해 줄 수 있겠니?"

마리오스는 사진을 손에 쥐고 진지하게, 마치 그것을 모든 방향에서 보려는 듯이 뒷면까지 뒤집어서 살폈다. 하지만 아무런 말도 하지 않았다.

"무엇이 보이는지 말해 주렴." 다스칼로스가 진지하게 물었다. 마리오스는 대답 대신 한숨을 쉬고는 사진을 테이블 위에 내려놓았다.

"저게 바로 대답입니다." 다스칼로스가 천천히 말했다.

"애야." 다스칼로스는 손자에게 말했다. "나와 함께 이 사람을 도와 주지 않겠니?" 아이는 고개를 끄덕이고는 말도 없이 다시 달팽이와 놀러 밖으로 나갔다.

다스칼로스는 몇 번인가 나에게 자기 손자는 전생에 폴란드의 주교이자 위대한 신비가였으며, 크면 다른 사람들과 함께 이 모임을 이끌어갈 것이라고 말했다. 실제로 나는 마리오스가 할아버지의 도움을 받아 아테네에서 온 한 여자의 목에서 종양을 제거해 냈다는 말을 들은 적이 있다. 그녀는 그리스로 돌아가 자기 주치의에게 가서 키프로스의 한 소년이 자신을 고쳐 주었노라고 말했고, 놀란 의사들은 사실을 확인하기 위해 다스칼로스에게 전화를 걸기 시작했다고 한다. "자연의 법칙은 아이러니컬하다네." 다스칼로스는 손자를 가리키면서 이렇게 말했다. "자신을 제대로 표현하기 위해서 신체가 성숙할 때까지 기다려야만 하는 위대한 스승이 여기 있단 말일세."

"이 사진이 필요하지 않았으면 좋겠네요." 다스칼로스가 처녀를 향해 말했다. "나중에 이것을 태워야겠거든요."

"왜 태워야 하지요?" 내가 물었다.

"암 세포가 타버리도록 사진을 불 위로 지나보내야 한다네." 다스칼로스는 이렇게 말하면서 나에게 그 사진을 가지고 가서 성소의 예수 상 앞에다 놓아두라고 부탁했다.

내가 성소에서 돌아오자 손님은 가고 없었다. 다스칼로스는 요즈음 암이 키프로스와 세계 각지에서 유행하듯이 퍼지고 있다고 말했다.

"이제는 많은 어린아이들이 암에 걸리는 것이 발견된다네." 그가 덧붙였다.

"우리가 환경을 오염시킬수록 더 많은 사람들이 암에 걸리겠지요." 내가 나서서 이렇게 말했다.

"단지 그것만으로 설명할 수는 없다네." 다스칼로스는 나의 사회학적인 해석이 그리 마땅치 않다는 듯이 대꾸했다.

"하지만 다스칼레." 내가 고집을 부렸다. "예컨대 미국의 뉴저지 지역은 암 발생률이 미국에서도 가장 높은 곳의 하나입니다. 그리고 가장 오염이 심한 곳이기도 하지요. 그렇다면 암의 근본적인 원인이 환경 때문이라고 하지 못할 이유가 뭡니까?"

다스칼로스는 내 의견에 반박하며 이렇게 말했다. "암에 걸리는 이유는 바로 카르마 때문이라네. 보게, 20세기는 많은 사람이 피를 흘린 시대였어. 세계대전이 두 번이나 일어났지. 이 잔학 행위에 개입했던 많은 사람들이 자신의 빚을 청산하기 위해 환생하기 시작하고 있다네. 오염된 곳에 태어나서 암에 걸리는 것은 그저 일어나는 현상이 아니라네. 한 그룹의 사람들이 같은 비행기를 타고는 사고를 만나 집단 사망하는 것도 마찬가지지. 이해하겠나?"

다스칼로스는 갑자기 몸을 돌려 늘 그렇듯이 조용히 듣고만 있던 테오파니스를 향하면서 말했다. "간밤에 이상한 꿈을 꾸었네."

"거대한 초록색 뱀이 나의 오른팔을 삼키려 하고 있었어. 내 팔이 온통 그놈의 뱃속으로 사라지고 있을 때 내가 이렇게 말했지. '이 어리석은 짐승아, 내가 팔을 비틀면 너의 이빨이 다 빠져 버릴 것을 모르느냐? 자, 내 팔을 놔다오.' 내가 뱀에게 다그칠수록 그놈의 이빨은 내 살을 더욱 파고들었어. 그런데 내가 갑자기 팔을 비틀자 뱀은 이빨이 몽땅 빠지면서 땅바닥에 떨어졌네."

다스칼로스는 장난기를 띠며 웃고 있는 젊은 제자를 가리키면서 말을 이었다. "야코보스가 곁에 있다가 나에게 도끼로 뱀의 머리를 잘라 버리라고 재촉했어. 뱀은 다시 이빨이 자라나 같은 짓을 되풀이할 거라면서 말일세. 내가 말했지. '그럴 순 없어. 가엾은 뱀을 죽일 수는 없지.' 뱀은 이빨이 다시 자라나서 나의 팔을 다시 삼키기 시작했네. '넌 아직도 뉘우치지 못했군, 안 그래?' 내가 뱀에게 말했네. 이렇게 말해도 뱀은 물러서지 않고 버텼네. 야코보스가 말했지. '제가 뭐랬어요? 그 못된 놈을 죽여야 한다구요.' 나는 그 말을 듣지 않고 대신 다시 팔을 비틀어 뱀의 이빨이 빠져 땅에 떨어지게 했네. 그때 야코보스가 다른 곳을 가리키면서 나의 주의를 돌렸어. 내가 그곳을 보고 있는 동안에 야코보스는 도끼를 들고 뱀의 머리를 두 동강 내버렸지. 내가 절망한 눈으로 그를 보자 그가 이렇게 말했네. '걱정 마세요. 당신의 레오니다스는 머리가 다시 자랄 거예요.' '뭐라고? 레오니다스?' 내가 되물었네. 야코보스가 뱀을 가리키며 말했네. '저기 당신의 레오니다스가 있잖아요. 머리를 보세요. 저건 레오니다스예요.' 나는 뱀의 머리를 들고 보았지만 레오니다스의 모습이 아니었어. 그러자 야코보스가 이렇게 말했네. '당신은 보고 싶지 않은 거예요.'"

"자네의 꿈은 너무나 명백해서 해석이 필요없겠군." 다스칼로스의 꿈 얘기를 듣고 테오파니스가 말했다.

다스칼로스의 조카인 레오니다스는 문제를 일으켜서 그의 작은딸의 집안을 들쑤셔 놓았다. 그는 반정부 지하군사조직의 지도자였다. 다스칼로스는 이 아이가 섬에 피바람을 몰고 올 장본인이 될 것을 염려하고 있었다.

"그는 내가 사람들을 현실적인 문제에서 멀어지게 한다고 비난했었지." 다스칼로스는 "멍청한 녀석" 하면서 머리를 가로저었다. 레오니다스는 전생에 그의 아들이었다는 것이다. "그 녀석은 정신 나가기로는 그때나 지금이나 마찬가지야."

"야코보스는 나에게 그를 반격하라고 재촉했지. 왜냐하면 레오니다스가 우리를 계속 괴롭혔기 때문이야. 하지만 나는 그런 목적으로 심령이지적 능력을 사용하기를 거부한다네. 나는 일곱 살 때 요하난께서 일러주신 '진리 탐구자의 일곱 가지 맹세'를 어길 수가 없었다네. 지금 당면한 문제 때문에 64년 동안 지켜온 그 맹세를 어길 수는 없는 것이지. 사랑하는 야코보, 우리의 다섯 번째 맹세를 잊지 마세. '그들이 나에게 어떤 행위를 해오든 상관없이 내 영혼과 가슴 깊이 이웃 인간들을 사랑하고 성실히 봉사할 것.'"

"다스칼레, 그 꿈은 일종의 유체이탈이었나요?" 내가 물었다.

"물론이지."

"하지만 야코보스도 실제로 거기에 있었나요?"

"물론 그도 거기에 있었지." 그가 이렇게 대답하자 야코보스도 고개를 끄덕여 동의했다. 다스칼로스와 야코보스는 내면에서 워낙 깊이 교감하고 있어서 한 사람이 경험하는 것은 다른 사람도 함께 경험한다고 여러 번 말했다. 그들의 오라는 자연스럽게 하나로 어울려 있는 것이다.

테오파니스가 나서서 말했다. "유체이탈 중에는 어떤 것은 상징적으로 인식하고 어떤 것은 직접적으로 인식하게 된다네. 나의 경우엔 대개 상징적으로 인식하지." 이 말과 함께 테오파니스는 자리에서 일어나 파포스로 돌아갈 채비를 했다. 이미 오후 늦은 시간이었다. 나는 다스칼로스가 저녁에도 시간이 있어서 이야기를 나눌 수 있다는 말을 듣고 기뻤다.

"다스칼레." 근처 식당에서 사온 구운 닭 요리로 저녁식사를 마친 후에 내가 말문을 열었다. "저는 당신이 전생에 관한 기억을 그처럼 예사롭게 이야기할 때마다 당혹스럽습니다. 그런 경험에 대해 더 듣고 싶어요." 냉정한 관찰자인 나로서는 다스칼로스가 질문에 기꺼이 대답해 주는 것이 매우 다행스러운 일이었다.

나와 야코보스가 열심히 귀를 기울이고 있는 가운데 그의 이야기가 시작됐다. "나의 모든 전생에서 공통된 것은 이웃에게 봉사하고 이성과 감정의 균형을 이루는 것이었어. 나의 전생은 음악가였든 화가였든 작가였든 아니면 심령가였든 간에 모두가 신에 관한 아름다운 것들을 이웃 인간들 앞에 표현하기 위해 애쓰는 것이었다네."

"다스칼레." 내가 끼어들었다. "당신은 어떻게 그것이 전생이었다고 그토록 자신 있게 주장할 수 있나요? 당신의 전생이라고 생각하는 그것이 사실은 교묘한 착각이나 환상이 아니라는 것을 어떻게 확신할 수 있나요?"

다스칼로스가 자신 있는 어조로 말했다. "물론 착각에 빠지기가 아주 쉽다네. 나는 자신의 전생을 보았다는 많은 사람들을 만났고, 나만의 방법으로 그들이 착각에 빠져 있다는 것을 쉽게 알 수 있었지. 그들이 과거의 어떤 인물에 대해 지니고 있는 동경과 집착이 그 사람의 염체에 동조되면서 자신이 그 사람이었다는 믿음을 갖게 되는 것이지."

"어떤 전생이 실제인지를 확실히 판단하기 위해서는 그 생의 탄생에서부터 죽음에 이르기까지 일평생을 다시 살 수 있어야만 하네. 모든 중요한 사건들을 완전히 알 수 있어야만 한다네. 그 전생에 의식을 집중시킬 때마다 일관성 있게 같은 내용을 볼 수 있어야만 하는 거야. 나는 눈을 감으면 한 삶의 완전한 내용을 속속들이 볼 수 있다네. 전생에 가지고 있던 나의 모든 결점, 모든 덕성과 약점을 완전히 알 수 있네."

"전생을 그저 흘끗 보는 사람들은 단지 그것을 상상해 낸 것이라는 말씀인가요?" 내가 물었다.

"꼭 그렇진 않아. 하지만 그런 경우엔 절대적인 신빙성을 가질 순 없지. 내 제자들 중에서 진짜 자기 전생의 일부를 다시 경험한 예를 많이 보았다네. 한 제자가 입문식을 하고 '흰 수도복의 형제'가 되려는 순간 전생의 기억에 휩싸인 일도 있었지. 그는 바닥에 쓰러져서는 울기 시작했네. 나는 그를 감싸안고 진정시켰지. 그것은 자신에게 통렬한 깨달음의 순간이었네."

"왜요?"

"전생에서 그에게, 그리고 나에게 일어났던 일 때문이었지."

"좀더 이야기해 주실 수 있나요?" 내가 계속 캐물었다.

"수백 년 전이었어. 나는 티베트의 라마승이었고 그는 나의 제자 중 하나였지. 그는 나에게 사원의 모든 물건들을 가난한 사람들에게 나눠 줄 것을 요구했어. 나는 그것에 반대했지. 애초에 사원의 물건들은 별로 값나가지도 않을 뿐더러 부처의 이마에 박힌 보석이 가난한 사람들을 궁핍으로부터 구해 줄 수 있으리라고 생각하지 않았거든. 그의 의도는 좋았지만 너무나 완강했어. 그는 자신이 보기에 혁명가라고 생각되는 사람들을 사원 안으로 불러들여 보석을 가져가게 했다네. 사실 그들은 흔해빠진 도둑이었지. 내가 가로막자 도둑들은 나를 찔러 죽였네. 이때 그가 멈추려고 달려들었지만 너무 늦었다네. 그는 자신이 한 짓을 깨닫고는 절벽에서 몸을 던져 자살해 버렸다네. 그 기억이 그에게는 너무나 가슴 아픈 고통이었던 거지. 나는 그의 고통을 위로해 주려고 무척 애썼어."

"당신은 몇 살 때부터 전생을 의식하게 되었나요?" 내가 잠시 후 생각에 잠긴 채 물어보았다.

"나는 태어난 날부터 내가 누구인지를 알았다네." 다스칼로스가 사뭇 진지하게 말했다.

"두세 살짜리 아이가 전생을 의식한다는 것을 받아들이기는 힘드네요." 내가 좀 흥분해서 말했다.

"게다가 난 이번 생에서뿐만 아니라 전생에서도 그런 능력을 가지고 있었다네."

"그런 전생의 기억을 조금씩 되살려 내는 건가요?" 내가 물었다.

"아냐. 지금의 나와 같은 상태에서는 그 기억을 되살려낼 필요가 없다네. 난 그 기억들을 이미 가지고 있어."

"야코보스는 어때요?" 나와 다스칼로스의 논쟁을 흥미롭게 지켜보고 있는 듯한 야코보스를 가리키며 물어보았다.

"야코보스는 기억의 공백을 더 메워야만 해. 왜냐하면 그는 아직 현생에 너무나 집착해 있기 때문이야. 하지만 그는 전생에 들어가서 자신이 어떤 인물이었는지를 얼핏 볼 수 있다네. 그가 최근에는 고대 이집트 시대의 전생을 부분적으로 기억해낼 수 있다는 것을 나는 알고 있지."

"맞아요." 야코보스가 진지하게 말했다.

"다스칼레, 당신은 전생의 기억을 떠올리기 위해서 정신을 집중해야만 하나요?" 나는 다시 물었다.

"지금의 나의 상태에서는 정신을 집중할 필요가 없다네."

"당신은 자신의 모든 전생을 알고 있단 말인가요?" 나는 참을성 없는 말투로 그의 말을 낚아챘다.

"나는 내가 관심을 가지고 있는 전생만 기억하고 있네. 다른 많은 전생이 있지만 그것은 별로 관심을 끌지 않거든."

나는 그가 겪은 경험의 면면을 마음속에서 헤아려 보려고 애쓰면서 물었다. "당신은 어떤 전생에서는 어떤 인물이었고, 또 어떤 전생에서는 어떤 인물이었는지를 태어날 때부터 느끼고 있었으며, 자라면서 경험과 함께 그 과거의 기억이 온전히 되돌아왔단 말이지요?"

"정확하지는 않아." 다스칼로스는 내가 자신의 말을 제대로 이해하지 못하는 것이 좀 실망스러운 투로 대꾸했다. "나는 내가 누구였는지를 알아. 그것은 단순히 기억의 문제가 아니야." 그가 느리고도 강조하는 듯한 투로 말했다.

나는 목소리를 높여서 거듭 물었다. "두 살 배기 아이가 어떻게 당신이 전생이었다고 주장하는 스피리돈이나 오리겐, 또는 기타의 인물이 어떤 사람이었는지를 인식할 수 있다는 말인가요?"

"과거에 그런 인물로 살았다면 충분히 인식할 수 있지. 나는 내가 그들이었기 때문에 알고 있을 뿐이야. 두 살 때 나는 나 자신을 표현할 수가 없었네. 하지만 마음속에서는 내가 누구였는지를 알고 있었다네. 그리고 나는 이 육신이 성장하기를 기다렸다네. 지금처럼 나 자신을 표현할 수 있게 되기를 말일세. 물론 육신은 우리가 진정 누구인지를 표현하는 데에는 하나의 장애물이지. 설명하기가 쉽지 않지만 내가 누구였는지를 온전히 인식하지 못한 때는 없었다는 점만 믿어 주게."

"어떤 전생에서는 사람들이 나를 칭송하기도 했네. 나는 내가 지금 칭송받고 있는 만큼 선하지도, 성스럽지도 않았다는 것을 안다네. 그들은 나의 잘못이나, 심지어는 신성한 수도복을 입은 채 저질렀던 좀스러운 죄조차도 무시했지." 그는 혼잣말을 하듯이 말했다.

"당신이 스피리돈이었을 때의 행위를 두고 하시는 말씀인 것 같군요." 내가 거들었다.

"맞아."

야코보스가 말했다. "소위 성자라는 사람들의 대부분은 종종 흑마술을 행하는 마법사들이었답니다."

다스칼로스는 이어서 자신이 몇 개의 외국어를 구사하는 것도 전생의 결과라고 말했다. 그는 한 번도 러시아어를 배운 적이 없지만 바로 전생에 러시아의 작가였기 때문에 러시아어를 안다고 주장했다. 같은 방식으로 그는 아르메니아어를 알고 이태리어도 조금 알았다.

"이제 자네에게 물어보세." 다스칼로스는 내 무릎을 '탁' 치며 이렇게 말했다. "정규 교육도 받지 않고 이런 외국어를 어떻게 알 수 있겠나? 나는 이 지식을 타고났다네. 밤에 잠들었다가 아침에 깨어나면 자네는 자신이 키리아코스라는 사실을 기억해내는가? 아니면 그저 아는가? 나도 마찬가지라네. 나는 내가 누구였는지를 기억해 내는 것이 아니라 단지 알고 있을 따름일세."

"그런 주관적인 느낌 외에 자신의 전생에 대해 주장하는 것을 증명할 만한 증거를 가지고 계신가요?" 내가 물었다.

"많지."

"예컨대요?"

"나는 어떤 문헌에도 언급되어 있지 않은 장소와 거리들을 알고 있다네."

"그것들이 상상이 아니라는 것을 어떻게 알 수 있나요?"

"그건 상상일 수가 없다네. 나는 환상과 '아카샤의 기록(Akashic Records)을 보는 것'의 차이를 구별하는 법을 알고 있다네. 그리고 내가 살았던 그 경험을 되불러와서 똑같이 재경험하는 법을 알고 있지. 과거 인물의 삶을 온전히 기억해 낼 수만 있다면 그가 바로 그 사람이 되는 걸세. 과거 생의 모든 일들을 아주 자세히, 그 모든 수치스럽거나 자랑스러워했던 모든 행위를 재생시킨단 말일세. 내가 하는 말을 알아듣겠나? 나는 과거 생의 사건들만을 기억하는 것이 아니라 그런 사건들을 통해 경험했던 감정들까지 기억하고 있네."

"당신은 이처럼 전생을 인식하고 있는 다른 사람을 만난 적이 있습니까?" 나는 우리의 대화 내용이 보통사람들로서는 믿기 힘든 내용이라는 것을 충분히 인식하면서 이렇게 물었다.

"내가 기억하는 정도로 말인가?"

"예."

"아니, 한 번도 만난 적이 없네. 오직 전생의 단편들만 기억하는 사람들만을 보았지."

"그렇다면 그런 능력을 지닌 사람이 지구상에 오직 당신뿐이라는 말씀인가요?"

"그렇게 말할 수는 없지. 내가 지구상의 모든 사람을 다 알고 있지는 않거든." 다스칼로스는 장난기 띤 어조로 말했다.

나는 다스칼로스에게 그가 언젠가 고대 이집트 시절 전생의 경험을 자세히 이야기해 주겠다고 약속했던 것을 상기시켰다. 그의 전생 중에서도 가장 강렬한 삶 중의 하나였다는 그 전생에서 그와 야코보스는 아톤 신전의 사제였다고 했다. 나는 우리의 대화가 마침내 파라오의 나라에 대한 회상을 이야기하기에 적당한 시점에 도달했다고 생각했다.

"야코보스가 반대하지 않는다면 이야기해 주지." 그가 이렇게 말하자 우리는 동시에 젊은 제자를 바라보았다.

"괜찮아요." 그가 부드럽게 말했다. 그러자 다스칼로스는 깊은 숨을 쉬고는 안락의자에 기대앉아서 나지막한 소리로 이야기를 시작했다.

"고대 이크나톤 시대에는 아몬 – 라아를 믿는 사람들과 아톤을 믿는 사람들 간의 갈등이 아주 극심했다네. 아몬– 라아의 숭배자들은 물질차원의 태양을 믿었지. 그들은 인간을 제물로 바치고 개 형상의 신과 상어, 악어 등의 형상을 한 신들을 숭배했어. 반면에 아톤의 숭배자들은 이러한 의식을 반대했지. 그들은 유일신으로서 심령이지계의 태양을 믿었고 인간을 제물로 바치는 것을 비난했다네."

"초기의 아톤 숭배자 중의 한 사람이 파라오의 사촌이었네. 그에겐 두 아들이 있었지. 큰형의 이름은 라사다트였네. 아버지와 아들은 놀라울 정도로 서로 닮았었지. 라사다트는 결국 아버지에게 이끌려 사원으로 가서 아톤의 사제가 되었다네. 라사다트의 아버지에게는 샵시토우라는 이름의 사촌이 있었는데 그녀의 남편은 아레스라는 이름의 그리스인이었어. 그는 파라오의 군대에 복무했지. 샵시토우는 토리시스, 곧 나를 낳았어. 그런데 아레스가 세톤의 추종자들, 곧 오늘날의 수단인들과의 싸움에서 돌아올 때 그는 포로 중에서 발견한 검은 피부의 아이를 데려와서 양자로 삼았다네. 그는 지금도 그렇지만 신뢰를 저버리는 아이였다네. 그는 자라자 토리시스를 상대로 잔인한 싸움을 시작했네. 그래서 토리시스는 아버지의 집을 떠나 아저씨, 즉 라사다트의 아버지에게로 갔다네. 결국 아톤의 신전에 가장 먼저 입문한 것은 토리시스였고, 그보다 한 살 적은 라사다트가 그 뒤를 이었다네. 이 둘 사이에는 깊은 우애가 쌓여갔지."

다스칼로스가 이야기를 이어가고 있는 동안 야코보스는 눈을 감은 채 명상 자세로 앉아 있었다. 그는 마치 다스칼로스의 최면적인 음성에 이끌려 고대 이집트의 전생을 재경험하고 있는 것만 같았.

"토리시스가 열여덟 살이 되었을 때 최고위 사제의 자리를 이을 후계자를 뽑는 의식이 있었다네. 최고위 사제가 내는 세 가지 질문에 가장 만족스럽게 대답하는 사람이 후계자로 뽑히는 것이지. 그러면 최고위 사제는 황금 허리띠를 풀어서 입문자의 허리에 채워 준다네."

"후보자는 라사다트, 토리시스, 그리고 스물네 살의 초심자, 세 사람이었어. 라사다트와 토리시스는 둘 다 투시가여서 상대방의 생각을 읽을 수 있었지. 그래서 그들은 사제가 문제를 내기도 전에 답을 이미 알고 있었다네."

"가장 먼저 시험을 치른 사람은 토리시스였어. 그는 모든 질문에 정확히 대답했네. 그 다음에는 스물네 살의 후보자가 들어갔어. 토리시스가 신전 복도를 걸어나올 때 라사다트는 자기 차례를 기다리며 서 있었지. 그는 토리시스의 허리춤을 잡으면서 자신이 문제와 답을 다 알고 있다는 것을 보여 주었네. 두 번째 후보가 시험에서 떨어지고 나오자 라사다트가 불려갔지. 그는 첫 번째와 세 번째 질문에 정확히 대답했지만 두 번째 질문에는 대답을 하지 않았네. 토리시스가 이긴 것처럼 보였다네. 사제가 세 사람을 모두 신전 안으로 불러들였지. 그는 라사다트가 두 번째 문제에 대답하지 못했으므로 시험에 떨어졌다고 말했지. 그때 토리시스가 나섰다네. '저는 그것을 받아들이지 못하겠습니다. 우리가 바깥 복도에서 만났을 때 라사다트는 세 가지 질문과 그 정확한 대답이 뭔지를 제게 말했습니다. 그것은 제가 답한 것과 똑같았습니다. 그는 대답을 할 수가 있었습니다. 그가 왜 대답을 하지 않았을까요?' 사제가 말했어. '나는 알 것 같다. 내가 다른 후보자를 시험하고 있을 때 나는 복도에서 너희들과 같이 있으면서 너희들의 대화를 들었다.' 토리시스는 계속 항의하면서 자신은 황금 허리띠를 받아들이지 않겠다고 했어. 바로 그때 라사다트가 사제의 허락을 받기 위해서 그의 손에 입을 맞춘 다음 황금 허리띠를 집어들었네. '자, 이것을 그에게 채워주십시오. 그러지 않는다면 제가 채우겠습니다.' '자네가 하게.' 사제가 말했네. 그러자 라사다트는 황금 허리띠를 토리시스에게 채워 주면서 말했네. '자네의 길을 가게, 나도 자네를 따르겠네.' 토리시스는 그제야 라사다트를 포옹하고 입을 맞추고 이렇게 말했네. '우리는 또다시 하나야. 우린 언제나 하나일 걸세.' 라사다트가 대답했네. '나도 알아. 나도 정말 그렇게 느끼고 싶네.'"

"그러나 라사다트는 그걸 느끼지 못했지." 다스칼로스는 약간 슬픈 듯이 말하며 눈을 감고 명상에 잠겨 있는 야코보스를 바라보았다. 다스칼로스는 여러 번 나에게 야코보스와 그는 쌍둥이 영혼이지만 오늘날까지도 야코보스는 좀더 사색적이고 지적인 반면에, 자신은 언제나 더 정서적이고 감정적이라고 말했었다. 사실 이것은 그들을 현생에서 묘사할 때도 해당되는 특징이었다.

"그 세 가지 질문이 무엇이었는지 궁금하네요."

"첫 번째 질문은 인간 존재의 본질과 인간과 아톤 사이의 관계에 관한 것이었지. 우리는 아톤의 실재성과 물질계 태양의 배후에 심령이지적 차원의 태양이 있음을 증명해야 했네. 이 시험 목적 중에 하나는 사념을 통해서 불을 한 곳에서 다른 곳으로 옮기는 것이었지."

"두 번째 질문은 사랑의 본질에 관한 것이었네. 나는 이렇게 답했지. '사랑은 물질을 창조하고 우주의 일체성과 조화로움을 유지시키는 것입니다. 낮은 차원의 세계에서 사랑은 매혹입니다. 그것은 고통을 일으키고 나무가 탈 때 작열하는 불입니다. 그것은 연기를 일으켜 눈물을 흘리게 하는 불입니다. 하지만 그것은 또한 밝은 빛입니다. 온기와 생명력을 주는 태양입니다.'"

"세 번째 질문은 사랑과 생명의 차이에 관한 것이었네. 우리는 사랑 없이는 생명이 없으며, 사랑은 생명 그 자체임을 보여 주어야 했네. 이 질문들은 말로만 답하기에는 충분치 않았지. 이 말들의 의미에 해당하는 이지적 심상과 파동을 만들어 내어 사제 자신이 그것을 경험할 수 있게 해야만 했다네. 우리가 심령이지적 능력을 가지고 있음을 증명해야만 했던 거지. 그 시대에는 성직자들이 그런 능력을 가지고 있었네. 지금은 기독교나 불교나 이슬람교나 어떤 종교의 성직자도 할 수 없는 것이지. 위대한 진리는 저급하고 세속적인 의미로 호도되고, 종교는 일종의 사업으로 변질되어 버렸다네."

"나는 우리 신전이 나일 강의 작은 섬에 있었던 것을 기억하네. 주위에는 여덟 개의 신전들이 서로 아주 가까이 있었지. 우리는 배를 타거나 강물이 무릎까지밖에 안 찰 때에는 걸어서, 이 섬에서 저 섬으로 건너다녔지. 사제학교 학생들의 숙소는 그 섬에 있었다네. 라사다트와 토리시스는 늘 같은 집에서 함께 살았지. 나는 라사다트가 정원의 흰 대리석 바닥에 누운 채 발을 물에 담그고 있기를 좋아했던 것을 기억하네. 토리시스가 그에게 다가갈 때마다 그는 물장구를 쳐서 물을 튀겼지. 그들은 다 큰 사제임에도 불구하고 마치 아이들처럼 놀았어."

"그러는 동안에 아버지가 나의 거처를 알아내시고는 신전으로 찾아오셨네. 그는 그리스인이었고, 그리스와 이집트의 신들을 믿었지. 나는 그에게 말했네. 저는 이미 아톤께 속해 있습니다.'"

"세톤의 추종자들이 카미(이집트)와 전쟁을 일으켰을 때 아버지의 양아들은 침략자들, 곧 그의 동포들과 합류했다네. 어느 날 그들은 우리의 신전으로 쳐들어왔지."

"당시 우리 사제들은 기도하고 종교행사를 집전하는 것만이 아니라 농장을 일구어 거둔 것들을 사람들에게 나누어 주는 일도 하고 있었지. 마침 내가 음식을 나눠 주려고 북쪽의 마을을 돌고 있을 때 침략자들이 신전 주위의 집들을 공격하고 불태워 버렸다네. 나는 이 소식을 듣고 급히 달려와서 라사다트를 찾아다녔다네. 집에 도착하자 피묻은 그의 샌들이 보였고 그의 시체는 나일 강에 떠 있었다네. 나는 땅에 쓰러졌지. 망연자실 끝없이 울고만 있었다네. 그때 라사다트의 아버지가 배를 타고 나를 향해 오고 있는 것이 보였네. 그가 도착하자 나는 라사다트의 시체를 가리켰지. '알고 있어. 이리로 와서 배를 타게. 적군이 아직도 근처에서 집에 불을 지르고 있다네.' 그가 말했네. '저는 안 가겠어요. 라사다트의 시체를 건져오겠어요.' '바보 같은 짓 말게. 그들이 자네도 죽일 걸세. 그는 내 아들이야. 내가 자네보다 덜 고통스러우리라 생각하나? 정신차리게. 배 안에 엎드리게. 우리는 그들의 눈에 안 띄도록 파피루스 사이를 지나가야 할 거야.' 우리가 파피루스 사이를 천천히 지나가는 동안에 물뱀이 한 마리 지나가는 것을 나는 보았네. 내가 배 안에 누운 채 그놈을 잡으려고 물 속으로 손을 집어넣자 라사다트의 아버지가 내버려 두라고 손을 저었네. '그런 짓을 할 때가 아니야.' 그가 속삭였지. 라사다트의 아버지가 다름아닌 테오파니스였다는 사실을 안다면 흥미로울 걸세. 두 사람이 현생에서 그토록 가까운 것도 그 때문일세."

"강 아래로 내려가서 다른 신전에 닿자 우리는 위험에서 벗어날 수 있었어. 나는 대리석 바닥에 누운 채 잠에 빠졌네. 잠에서 깨어났을 때 내 옆에 라사다트의 시체가 놓여져 있는 것을 보았지. 그는 상처 투성이였어. 나일강이 그의 시체를 신전으로 실어왔고 사제들이 그것을 건져서 방부 처리를 할 준비를 하고 있었지. 라사다트의 아버지는 내가 그것을 더이상 못 보게 했어."

"그 신전의 사제는 나와 연락을 취하기로 약속했네. 그는 전쟁의 책임을 아톤의 추종자들에게 전가시킨 파라오를 만나러 갈 참이었어. '난 앞날이 어떨지 보이네, 아들.' 그가 내게 말했네. '앞으로 악이 더 횡행하리라는 것을 알고 있어야만 할 걸세.'"

"나는 파라오 앞에 불려가서 아톤을 버리고 개심하여 아몬 – 라아의 신도가 되도록 명령받았네. 나는 겉으로만 굴복했어. 실제로 나는 아톤을 결코 버리지 않았다네. 나는 신전에 남아서 아몬 – 라아를 예배하도록 명령받았네. 나는 라사다트를 잃고 신전이 파괴된 이후 심리적으로 망가져 있었네. 당시로서는 저항하는 것이 무익해 보였지."

"그러던 어느 날 어떤 사람들이 신전으로 와서는 신성한 호수에 몸을 던져 악어의 밥이 되려고 하는 것을 보았네. 그렇게 해서 그들의 '천국'으로 가려는 것이었지. 순간 한 여인이 자신의 아이를 호수에 던지고 자신도 뛰어들려고 준비를 하고 있었네. 그녀는 죽은 남편의 곁으로 가기를 원했지. 나는 달려가서 간신히 아이를 빼앗았네. 하지만 그녀는 구할 수가 없었다네. 그녀는 악어에게 잡아먹혔지. 나는 그 아이를 돌보기로 하고 이름을 라메스라고 붙였다네. 그런 일이 있고 나서 나는 아톤을 비밀리에 섬기는 다른 사람들과 함께 악어를 모두 죽여 버렸다네."

"그 일로 파라오는 나에게 대단히 화가 났네. 결국 그는 나를 식민지인 키프로스로 보내 버렸지. 그는 나의 이름을 토리시스에서 코라톤으로 바꿔 버렸네. 그것은 고대 이집트어로 '아톤에게 속은 자'라는 뜻이었지. 나는 좋다고 대꾸했지. 당신이 나를 이 이름으로 짐지우고자 한다면 그렇게 하라고 말이야. 그것은 유일신인 아톤을 나에게 상기시켜 줄 뿐일 테니까."

다스칼로스는 다시 키프로스에서 자신이 했던 일을 이야기했다. 그것은 주로 상업적인 일이었다. 그의 일이란 구리나 밀 등 키프로스의 물건들을 이집트로 가는 배에 실어 보내는 것이었다. 키프로스는 고대에 구리의 주산지였고 키프로스란 지명도 사실은 이 금속의 이름에서 파생된 것이다. 다스칼로스는 자신이 고대 키프로스에 대해 잘 알기 때문에 이번 생에서 한 유럽의 고고학자를 도와 오래된 도시 살라미스 부근에서 알라시아라는 고대 도시를 발굴하게 했다고 말했다.

"내가 이집트로 돌아오자 아몬 - 라아의 숭배자들이 나를 죽일 음모를 꾸몄다네. 그들은 내가 왕자의 신분이므로 입문식을 받아야 한다고 요구했지. 그것은 결국 나의 목숨을 요구하는 의식이었어. 신전 안에는 태양을 상징하는 거대한 황금 원반이 있었다네. 그것은 천장에 매달려 있었지. 그 원반 아래에는 돌계단이 있었는데 코라톤은 거대한 상 바로 아래의 세 번째 계단에 서야 했네. 의식이 시작되자 아몬 - 라아의 사제들은 사념의 힘으로 쇠사슬을 잘라 원반이 내 위에 떨어지게 했네. 그들은 즉시 내가 신성을 모독했기 때문이라고 소리쳤고, 대사제는 라아 신께서 나에게 죽음을 선고했다고 선언한 다음 나의 배를 칼로 갈랐네. 그들은 나를 불경스러운 자로 선언하고 나를 신전 밖으로 끌고 가서 내장을 꺼내고는 뱃속을 타르로 채워 넣었네. 그들은 내 몸을 온통 타르로 채워서는 무덤 속에 세워 놓았네. 그것은 작은 오두막과도 같은 곳이었는데 그들은 거기도 온통 타르로 칠을 했지. 그리고는 누구든지 코라톤의 무덤에 와서 우는 자는 그 자리에서 처형하리라고 선포했네."

"그들이 당신에게 왜 그런 짓을 했을까요? 그러니까, 왜 당신에게 온통 타르를 입혔지요?" 내가 물었다.

"그것은 일종의 흑마술이었네. 그들은 나를 에테르의 세계에 가두어서 다시 환생하지 못하도록 하려고 했던 것이지. 그런데 성인이 된 라메스가 밤중에 내 무덤을 찾아와서 울었다네. 그러자 그들은 라메스의 손을 창으로 찔렀다네."

다스칼로스는 라메스가 바로 심령이지계에 사는 가톨릭 사제이자 위대한 스승인 도미니코 성부였다고 말했다. 라메스는 최근에 도미니코 성부로 환생하여 살았다는 것이다.

"이 흑마술로 그들은 나를 이백 년 동안 저 세계에 가두어 놓았다네. 알겠나? 고대 종교의 성직자들은 이런 마법의 능력을 지니고 있었다네. 그들이 가둔 감옥에서 겨우 빠져나온 후에 나는 아즈텍인으로 환생했다네. 라사다트도 나를 따라 그곳에 환생했지. 나는 다시 신비 사제가 되었고, 우리의 종교에서는 인간을 제물로 바치는 의식을 치렀다네. 나는 옛날 아몬 - 라를 믿던 나의 적들을 거의 모두 아즈텍에 환생하게 해서는 여덟 살이 되자마자 그들을 전쟁의 신에게 제물로 바쳤다네. 나는 그들의 가슴을 돌칼로 갈라서 아직도 뛰고 있는 심장을 맨손으로 꺼내어 석탄불 위에 구워 버렸다네."

"당신이 어떻게 그토록 잔인한 짓을 할 수 있었나요, 다스칼레?" 내가 따졌다.

"그 일은 오늘날까지도 내가 회개하고 있는 정말 끔찍한 짓이었어. 내가 심장이 안 좋은 이유가 뭐라고 생각하나? 그 이후 나의 모든 생에서 심장에 문제가 있었어. 나는 복수심에 불타 있었다네. 그것은 영적 타락이었지. 그것은 하나님의 독생자께서 오셔서 원수마저 사랑하라는 가르침을 주시기 전의 일이었다네."

다스칼로스는 자신이 아즈텍인으로 몇 번이나 환생했기 때문에 스페인의 정복 기간도 기억한다고 말했다. 한 전생에서 그는 정복 기간의 아즈텍 왕이었던 몬테주마의 사촌이었고, 야코보스는 다스칼로스의 조카이자 당시 몬테주마의 형제였던 테오파니스의 아들이었다고 한다. 다스칼로스는 '야만적인' 스페인 정복자 코르테즈와 스페인인들의 황금에 대한 탐욕에 대해 혐오감을 표시했다. 그의 이야기는 깊은 비애에 젖어 있어서 나는 마치 그가 정복자들이 아즈텍에 가한 잔혹행위를 다시 겪고 있는 듯한 느낌을 받았다.

"어느 날 수로를 책임지고 있던 테오파니스가 자리에 없을 때 스페인 사람들이 야코보스를 잡아갔다네. 나는 그를 구하기 위해 책임장교와 협상을 시도했지. '그를 나에게 돌려주면 그의 몸무게만큼의 황금을 주겠소.' 그러자 그가 약속했네. '우리의 신인 예수 그리스도의 이름으로 그를 놔주기로 약속하겠소.' 나는 스페인인들이 우리처럼 정직하게 행동하는 사람들이라고 믿을 정도로 순진했다네. 알겠나? 예수가 부활한 후에 아즈텍인들에게 나타났는데 그들은 예수를 흰 빛의 신으로 보았네. 그 이후로 흰 빛의 신이 다시 오리라는 전설이 퍼졌지. 그래서 아즈텍인들은 행여나 흰 빛의 신을 죽이게 될까봐 백인을 결코 죽이지 않았다네. 스페인인들이 그들을 몰살시켰지만 아즈텍인들은 이 전설을 바보스럽게 끝까지 믿고 있었지."

"스페인 사람들에게 신전의 황금을 보여 줄 때까지도 나는 그들이 맹세를 지킬 의사가 없다는 생각은 상상조차 하지 않았지. 그런데 그들은 황금을 보자 갑자기 사나워졌어. 책임장교는 칼을 빼들고 나와 야코보스를 둘 다 죽여 버렸다네."

다스칼로스는 그 '장교'가 다름 아닌 그의 제자이자 내부 비밀 조직의 회원인 프라지노스 씨라고 말했다. 나중에 다스칼로스가 프라지노스 씨를 나에게 소개했을 때, 나는 아무것도 모르는 듯한 표정을 지으려고 애썼다. 50세의 안경을 쓴, 웃음이 많은 회계 직원에게서 난폭한 스페인 정복자의 이미지를 연상한다는 것은 웃기는 일이었다.

"그를 내부 조직으로 이끌어온 것은 카르마라네." 다스칼로스는 이렇게 말했다. "그가 스페인 정복자로서 만들어 내었던 부정적인 염체들을 지우기 위해 얼마나 많은 고난을 겪어야 했는지는 오직 신만이 아시지. 그러나 이제 그는 사랑 속에서 한 형제라네. 하지만 아직도 우리 사이에는 일정한 거리가 있다네. 그는 한 형제이고 우리는 그를 사랑하지만 과거의 상처는 아직도 완전히 사라지지 않았다네. 그런 인연의 상처가 모두 지워지려면 무척 오랜 세월이 지나야만 한다네."

"다스칼레, 당신이 아는 모든 전생 중에서 어떤 생이 가장 소중한가요? 어떤 생이 가장 좋았다고 생각하시나요?"

"토리시스로 태어났을 때지." 그는 주저 없이 이렇게 대답했다.

"그토록 처참하게 죽은 전생을 어떻게 좋았다고 할 수가 있단 말인가요?"

"어떻게 죽느냐는 문제가 되지 않아." 다스칼로스는 목소리를 높이면서 눈빛을 번쩍이며 이렇게 대답했다.

"중요한 것은 어떻게 사는가야. 어떻게 죽는가가 아니라구."

나는 잠시 동안 누군가가 정수리를 세게 친 것처럼 현기증을 느꼈다. 다스칼로스의 그 말은 나를 깊이 감동시켰고, 내 눈에 눈물이 글썽거리는 것이 느껴졌다. 마치 그가 내 머릿속에 만트라를 심어서 메아리치게 한 것처럼 그 말이 마음속에서 계속 맴돌았다. '중요한 것은 어떻게 사느냐지 어떻게 죽는가가 아니라구.' 그 짧은 순간에 나의 일생이 눈앞을 스쳐 지나가면서 내 온 존재의 가치를 다시 되돌아보게 했다. 미국에서 지낸 시간들, 내 고국의 문화에 대한 양면적 태도와 끝없는 동경, 키프로스의 운명에 대한 고심 등 이 모든 것이 영화처럼 의식 속을 스쳐지나갔다. 그 상태에서 얼마나 있었는지는 잘 모르겠다. 하지만 다스칼로스의 말이 나에게 깊은 감화를 주었음을 그도 눈치챈 것만은 확실하다.

토리시스로 태어난 전생에서 그는 라사다트, 곧 테오시스 속에서 그와 다시 하나가 되도록 운명지어진 그 영혼과 가장 깊고 고양된 관계를 나눴다고 말했다.

"나는 가끔 야코보스를 라사다트라고 부르곤 한다네. 그가 한번은 내 머리를 두 손으로 붙잡고는 라사다트에 대해서는 잊어버리라고 소리를 질렀지. '난 야코보스지 라사다트가 아니에요' 라고 말이야."

"나는 그 이후로 스무 번 이상의 생에서 계속 그와 마주쳤어. 하지만 어떤 생에서도 그때처럼 심령적으로 가까운 관계는 아니었다네."

"저는 어떤 사람을 거듭되는 전생에서 계속 만날수록 점점 더 가까운 관계가 된다는 걸로 이해하고 있었는데요." 내가 물었다.

"꼭 그렇진 않다네. 그 사람과 영적으로는 더 가까와지더라도 정서적, 감정적으로는 좀 거리를 두게 될 수도 있다네. 이렇게 거리를 만들려고 하는 욕망은 내 쪽의 것은 아니었어. 그가 그것을 원하는 거지. 오늘날까지도 말이야." 다스칼로스는 강조하듯이 이렇게 말하면서 이제는 명상 상태에서 빠져나와 말없이 귀를 기울이고 있는 야코보스를 가리켰다.

벌써 밤이 깊어서 우리는 헤어지기로 했다. 나는 다음날 아침에 다스칼로스를 다시 만나기로 했다. 물어볼 질문들이 더 있었다.

야코보스를 집 앞에 내려 주면서 내가 물었다. "야코보스, 자네가 왜 그토록 여러 번 죽임을 당했는지 이유를 설명해 줄 수 있겠나?" 나는 이렇게 물어 보면서도 내 질문이 이상하다는 것을 잘 알고 있었다. 그렇지만 그것은 다스칼로스의 세계관 안에서는 너무나 예사로운 질문이었다.

"인도의 한 스승의 금언을 들려드리지요." 그가 미소를 지으며 대답했다.

"나를 찾는 자는 누구나 찾을 것이요
 나를 찾은 자는 나를 알 것이요
 나를 아는 자는 나를 사랑할 것이요
 나를 사랑하는 자를 나는 죽이리라."

"이제 이해하시겠나요?"
"아니, 모르겠네."
나는 항의하듯이 대답하고는 그의 냉정한 대답을 이해해 보려고 애쓰며 차를 몰았다.

6
Exomatosis

유체이탈

"사람이 깊은 잠에 빠지면 종종 죽은 것처럼 보이지만
사실 그것은 유체이탈을 한 상태라네. 그 상태에서는
성령이 그의 몸을 돌보면서 그날에 생긴 손상을 고쳐 준다네.
보통 사람들도 잠자는 동안에
유체이탈을 하고 성령이 작업을 끝내면
몸으로 돌아오지. 혼수 상태에 있었을 때는
현생이나 전생의 경험에 대해 아주 수용적이 된다네."

다스칼로스의 집에 도착했을 때는 이른 저녁이었다. 현관문이 열려 있었다. 문을 두드렸지만 아무런 대답이 없었다. 거실에는 불이 켜져 있고 누군가가 말하는 소리가 들렸다. 나는 다스칼로스가 해외의 비밀 조직에 보낼 강의록을 녹음하고 있겠거니 하고 생각했다.

'녹음기는 참 놀라운 발명품이야. 우리의 일을 너무나 수월하게 해주거든.' 그는 언젠가 이렇게 감탄했다.

나는 다시 문을 두드렸지만 대답이 없었다. 하는 수 없이 복도에 앉아 기다리기로 마음 먹었을 때에야 야코보스가 모습을 나타냈다. 인사를 나누고 나서 그는 안으로 들어오라고 했다. 나는 그들에게 하고 있던 녹음을 계속하라고 말했다.

"녹음하고 있던 것이 아니에요." 그가 대답했다. "라디오를 듣고 있었어요. 파파이오나우가 국회에서 연설을 하고 있어요." 그날은 목요일이었다. 키프로스 국회가 주례회의를 하는 날이었다. 우리는 함께 의자에 앉았다. 라디오에서는 연설이 계속 중계되고 있었다.

"당신은 어떤 정치인을 좋아하나요?" 야코보스가 갑자기 이렇게 물었다.

"좋아하는 사람은 없네. 그들은 혼란만 가중시키지." 나는 정치에 대해 논하고 싶은 생각은 없다는 식의 말투로 시큰둥하게 대답했다. 하지만 야코보스는 다스칼로스나 마찬가지로 정치적 가십의 애호가인 듯했다.

"저는 파파이오나우를 좋아해요." 그는 나의 반응을 보려는 듯 곁눈질을 하면서 말했다. "그는 매우 현실적이어서 다른 사람들처럼 황당한 말은 안 하지요." 나는 속으로 신비주의자가 이 섬의 우두머리 공산주의자의 웅변 재주에 반하다니 참 희한한 일이라고 생각했다.

"반면에 리사리데스는 정말 극단주의자예요. 도무지 어떤 생각을 가진 정치가인지 모르겠다니까요." 야코보스는 목하 논란 중인 문제에 빠져들어 이 정치적인 화제를 계속 끌고 갈 분위기였다.

"다스칼로스는 안에 계시나?" 화제를 좀더 초월적인 주제로 돌릴 심산으로 내가 물어보았다. 내가 말을 마치자마자 다스칼로스가 방안으로 걸어 들어왔다.

"안녕들 하신가?" 그는 호들갑스러운 태도로 손을 비비며 말했다. "별 일 없어?" 그가 영어로 말했다.

"좋아요, 하지만 이 코감기가 낫지 않네요." 내가 머리를 가리키며 그의 태도를 흉내내어 말했다. "이리 와서 의자에 앉아 보게. 어쩌면 자네의 코감기를 없앨 수 있을 거야."

나는 그가 시키는 대로 했다. 다스칼로스는 내 뒤에서 다가와 손을 머리 위에 놓았다. 머리에서 가벼운 전류가 흘러내려 배꼽까지 내려가는 듯한 기분을 느꼈다. 다스칼로스가 내 머리 위에 손을 들고 있는 약 7분 동안 계속된 그것은 신기한 느낌이었다.

"이제 자네는 에테르의 생명력으로 가득하다네. 감기는 곧 나을 걸세." 다스칼로스는 이렇게 말하면서 부엌으로 가서 손자에게 주려고 만들어 놓은 따뜻한 초콜렛 우유를 가져와서 나에게 주었다. "이걸 마시게, 그러면 완전히 나을 걸세." 그가 나에게 자신 있게 말했다.

놀랍게도 다스칼로스의 '마법'은 효과를 발휘했다. 머리가 개운해지고 몸이 가벼워졌다. 나는 오랜 대화에 들어갈 준비를 했다.

"이리 와보게, 말해 줄 게 있네." 다스칼로스가 거실을 나가 복도에 서서 나에게 손짓을 했다. 내가 들어오자 그는 문을 닫았다. 그것은 범상치 않은 일이라고 나는 생각했다. 다스칼로스가 가까운 제자의 하나인 야코보스가 들어서는 안 될 어떤 말을 나에게 하려는 것일까?

그는 이렇게 속삭였다. "내가 전에 야코보스에 대해서 했던 이야기를 그에게 하지 말아 주게. 그가 듣고 싶어하지 않는 이상 말이야. 그는 자신에 대해서 이야기하는 것을 좋아하지 않네. 모든 사람이 저마다 다른 개성이 있고 우리는 그것을 존중해 주어야만 하네." 그것은 야코보스가 겪었던 어떤 체험과 그가 행했던 영혼 치유를 두고 하는 말이었다.

나는 야코보스가 원하지 않는 이상 그의 경험에 대해 우리가 나눴던 이야기를 결코 이야기하지 않겠다고 약속했다. 다스칼로스는 안심을 했다. 그는 나지막한 소리로 말했다. "야코보스는 위대한 스승이 될 가능성이 있네. 하지만 그는 아직도 너무 어려. 그것이 내가 염려하는 점이야. 실제로 요하난께서는 야코보스에게 너무 많은 것을 기대하지 말라고 경고하셨다네. 그는 먼저 성숙해야만 하네."

우리가 다시 거실로 돌아왔을 때 야코보스는 말없이 앉아 있었다. 다스칼로스가 나에게 은밀히 뭔가를 말한 사실에는 전혀 괘념치 않는 듯했다.

"야코보스가 자네에게 가르쳐 줄 수 있는 것에다 내가 덧붙일 수 있는 것은 별로 없다네." 다스칼로스가 목소리를 높여서 이렇게 말하자 야코보스는 수줍게 웃어 보였다. 그러고는 다스칼로스는 양해를 구하고 2층으로 올라갔다. 그의 손녀가 수학 숙제를 도와달라고 보채고 있었기 때문이다. 그날 저녁을 보람있게 보내기 위해서 나는 야코보스에게 다스칼로스와의 인연에 관해 물어보기 시작했다. 이 젊은 제자는 나의 '심문'을 예상하고 있었다는 듯 마음을 열었다. 나는 야코보스나 다스칼로스, 그리고 코스타스와 함께 있을 때는 질문할 기회를 결코 놓치지 않는다. 그들은 나의 호기심을 받아들이면서 그것에 대해 종종 장난스럽게 딴지를 걸기도 했다. 그들의 이러한 태도는 나의 기분을 항상 더 즐겁게 만들어 주었다.

나는 안락의자에 몸을 편안히 기댄 다음 입을 열었다. "야코보, 자네가 어떻게 다스칼로스를 만나게 되었는지를 알고 싶네." 나의 질문이 그에게 생기를 불어넣었다. 그는 곧장 느리고도 자신감에 찬 목소리로 이야기를 시작했다. 그런 그의 모습에서 권위에 찬 오라가 나타나는 것을 느낄 수 있었다. 그는 더 이상 적군에게 점령된 아이오스 게오르기오스 마을에서 피난 온 난민이 아니라 경험 많은 신비가였다. 하지만 그는 젠체하지 않고 소박하게 말했다.

"저는 초등학교에 다니던 어릴 적부터 철학적, 종교적인 의문에 관심을 가졌지요. 사람들은 저를 '지혜로운 아이'라고 불렀어요. 저는 세상이 어떻게 창조되었는지가 궁금했어요. 사람이 없으면 세상은 어땠을까. 저는 공(空)을 인식해 보려고 애썼지요. 부모님은 무신론자였지만 저는 지고의 존재가 있다는 것을 받아들였어요. 저의 믿음이 부모님에 대한 반발심에서 나온 것은 결코 아니었어요. 전 그저 절대자의 존재를 느꼈을 뿐이에요. 저는 또 언젠가는 내가 이미 알고 있는 어떤 사람을 만날 것이며, 그가 나의 삶을 바꿔놓을 것이라는 예감을 가지고 있었지요."

"전에 말씀드렸듯이 열두 살 때 아버지의 목에 종양이 생겼습니다. 그는 매우 심한 통증을 느꼈지만 의사들은 아무런 조치도 할 수 없었지요. 그때 누군가가 스트로볼로스에 사는 어떤 마법사에 대해 이야기하면서 그가 어쩌면 아버지를 낫게 해 줄 수 있을지도 모른다고 하셨지요. 나는 어깨너머로 그 이야기를 듣고 있다가 아버지에게 찾아가보자고 재촉했어요. 그 당시에는 다스칼로스가 우리 지역을 한 달에 한 번씩 방문했어요. 그는 터키군이 맨 먼저 상륙했던 곳인 마을 근처의 '파이브 마일' 해변에서 사람들에게 가르침을 전하고 있었답니다."

"다스칼로스는 단지 손을 얹는 것만으로 아버지의 목에 난 종양을 없애버렸지요. 그날부터 나는 다스칼로스의 강의에 정기적으로 참석했습니다."

"그를 처음 만났을 때 어떤 느낌이었나?"

"우리는 마치 오랫동안 알고 있었던 사이처럼 이야기를 시작했어요. 저는 그를 이전에 알고 있었다는 느낌을 받았지만 온전한 기억은 서서히 돌아왔지요. 우리는 그날 밤 여러 시간 동안 웃고 또 웃었어요. 저는 직관적으로 그가 누구인지를 알 수 있었어요."

"그러니까 자네는 열두 살 때 벌써 환생을 믿고, 다스칼로스가 전생에 알던 사람이라고 느꼈단 말인가?"

"저는 환생이란 말을 들어 본 적도 없었어요. 하지만 이전에도 살았던 적이 있다는 것을 알고 있었어요. 특히 저는 전생에 전쟁을 겪은 경험이 있는 것을 느꼈고, 어린 나이로 죽게 될까봐 두려워했어요. 한 전생에서 실제로 그랬거든요. 저는 고대 이집트를 아주 생생하게 기억해요. 피라미드와 나일강과 신전들이 기억나요. 아주 인상깊은 삶이었지요. 그들이 우리의 신전을 공격했던 게 분명해요. 포로로 붙잡힌 것은 이번 생에서만이 아니에요. 터키군이 우리를 잡아 포로 수용소로 가는 배에 태웠을 때 사람들은 절망한 표정으로 소리를 질렀지요. 그때 이와 비슷하게 포로로 잡혔던 전생의 기억들이 내 마음속에 떠올랐어요. 저는 그것을 모두 재경험했지요. 감옥에 갇히자 우리는 모두 절망에 빠졌어요. 그들이 침공해온 초기에 많은 사람들이 겪었듯이, 언제라도 우리를 처형할 것만 같은 지경이었지요. 전에 말씀 드렸듯이 터키로 가는 도중에 저는 로고스가 흰 빛의 모양으로 나에게 다가오는 것을 느꼈어요. 그러자 저는 주변에서 일어나는 일과는 아무런 상관없이 아주 평화로와졌습니다."

"터키군이 침공해오기 전에 다스칼로스와 또 만났었나?"

"예, 저는 파이브 마일 해변에서 그의 강의를 계속 들었어요. 처음 갔을 때부터 저는 그가 말하는 내용이 매우 친숙하게 느껴졌지요. 첫날 명상 수련을 시작했을 때 그는 나를 옆으로 앉히고는 내가 다른 어떤 사람들보다도 연습을 잘 한다면서 기대가 크다고 말했지요. 저는 매우 흥미를 가지게 되었어요. 제 무의식 속에 이전의 그런 경험이 없었다면, 그래서 그런 내용에 관심이 끌리지 않았다면 그것을 계속하지 않았을 거예요. 다른 많은 사람들처럼 처음에는 매우 열심히 달려들었다가는 곧 포기하고 말았겠지요."

"터키에서 감옥에 갇히는 순간부터 저는 다스칼로스와 심령적으로 접촉하기 위해 매우 애를 썼답니다. 그래서 결국은 성공을 했지요."

"어떻게 그럴 수 있었나?" 내가 물었다.

"주의를 집중해서 그가 가까이 있는 듯한 느낌을 지속시켰어요. 그 후로는 그가 바로 곁에 있는 느낌을 계속 가질 수 있었어요. 기운이 솟았지요. 그 신비한 느낌으로부터 키프로스의 소식을 늘 전해듣곤 했지요."

"그런 소식을 전해 주는 목소리를 들었단 말인가?"

"아니에요. 마음을 비우고 앉아 있으면 마음속에 생각이 들어오곤 했지요. 예컨대, 부모님은 잘 계시는지, 어디에 계시는지를 알 수 있었고 그것은 나중에 확인할 수 있었어요. 또 우리를 석방하기 위한 협상이 진행 중이라는 것도 알았고, 그 상황을 다른 수감자들에게 이야기해주었지요."

야코보스는 석방된 후에 다스칼로스를 찾아갔고 그는 다섯 달 동안의 고난 끝에 얻은 상처들을 치유시켜 주었다. 다스칼로스는 그를 불러서 비밀 모임에 가입하게 했다. 그 이후로 야코보스는 다스칼로스의 가장 가까운 제자 중의 한 사람이 된 것이다.

"야코보." 다스칼로스가 2층에서 부르는 소리가 들렸다. "우린 도움이 필요하네. 잠깐만 올라와 줄 수 있겠나?" 다스칼로스는 손녀의 수학 숙제를 풀지 못해서 야코보스의 도움을 청하는 것이 분명했다. 10분쯤 지난 후에 세 사람이 아랫층으로 함께 내려왔다. 다스칼로스는 선생님이 미쳤다고 불평했다. 그들은 학생들에게 숙제를 너무 많이 내줘서 그것 외에는 아무 일도 할 시간이 없게 만든다는 것이다. 그러고는 우리가 대화를 계속하도록 내버려 두고 손녀를 집으로 데려다 주러 나갔다. 그가 집 밖으로 나가자마자 매우 이상한 일이 일어났다. 거실 문이 마치 그가 나가는 것을 막으려는 것처럼 거세게 떨리기 시작한 것이다. 하지만 우리 외에는 집 안에 아무도 없었다. 나는 잠시 바람 때문이려니 하고 생각했다. 하지만 그날 밤은 바람이 없었고 창문과 바깥 현관은 모두 닫혀 있었다. 나는 당황스런 표정으로 야코보스를 바라봤다. 그것이 소위 폴터가이스터 현상[26]이 아닌가 하는 의문을 품으면서……

---

26 폴터가이스터 현상poltergeist phenomenon : 집 안에서 원인불명의 소리나 사건이 일어나는 현상. (옮긴이 주)

"걱정 마세요." 그는 나를 안심시켰다. "문을 떨리게 하는 것은 우리의 에테르체에서 방사되는 에너지일 뿐이랍니다."

몇 분 후에 '떨림'은 그쳤다. 나는 믿을 수 없어서 고개를 흔들었다. 그리고 우리는 아무 일도 없었던 양 대화를 이어나갔다. 야코보스는 자신의 유체이탈 체험과, 그것이 착각이 아닌지를 확인하는 방법에 대한 이야기를 들려주었다.

"하루는 아침에 일어났는데 간밤에 한 번도 가보지 못했던 장소를 다녀왔다는 것을 알게 되었어요. 그것을 아주 자세히 기억하고 있지요."

"아마 그냥 보통의 꿈이었겠지." 내가 생각을 말했다.

"아니에요, 꿈이 아니었어요." 야코보스는 힘주어서 말했다. "다스칼로스를 만났을 때 저는 그에게 내가 전날 밤에 갔던 곳을 아는지 물어봤어요. 그는 내가 전날 밤에 갔던 곳을 아주 세밀하게 묘사하고 내가 무엇을 보았는지를 다 말했어요. 저는 그런 체험을 계속해서 여러 번 했고 다스칼로스는 그것을 확인해 주었어요. 유체이탈의 경험이 우연히 일어났으리라고는 상상할 수도 없어요. 지금 제가 지니고 있는 많은 지식들은 다른 존재계들로부터 배워온 것들이랍니다."

"다스칼로스는 자신의 몸을 벗어나서 세계의 다른 곳으로 여행할 수 있다고 주장하는데 자네도 그렇게 할 수 있나?"

"물론이지요. 예컨대, 레바논 전쟁 때 우리는 그 지역을 돌아다니면서 부상을 입은 사람들을 격려해 주었지요. 하루는 일어났는데 매우 마음이 초조했어요. 지진이 일어났기 때문이지요. 아마도 루마니아였을 거예요. 무너진 건물 아래에 깔린 시체들이 보였어요. 저는 구조대원들의 마음속에 사람들이 갇혀 있는 특정한 곳을 파보도록 암시를 주었어요. 그리고 저는 심령계에서 영혼의 치유를 행할 수 있었던 많은 예를 기억하고 있지요."

"어떻게 그럴 수 있단 말이지?"

"예컨대 아픈 사람이 나를 찾아오면 저는 그를 낫게 해 주려고 애씁니다. 그리고 나중에 유체이탈을 해서 그를 찾아가 치유를 계속하는 것이지요. 처음으로 유체이탈을 했을 때는 몸으로 돌아온 후에 겁이 났어요."

"왜 그랬나?"

"심령이지체가 육체로 돌아올 때는 신경계가 매우 긴장합니다. 몸이 떨리는 것은 이 두 신체가 접촉한 결과이지요. 경험이 쌓이자 떨리는 것을 통제할 수 있게 되었습니다."

"'은줄(silver cord)'이 육체와 심령이지체를 연결하고 있지요. 심령이지계에서 만난 사람이 물질계에 존재하는 사람인지를 확인하는 한 가지 방법도 그가 이 '은줄'을 가지고 있는지를 확인하는 것입니다. 은줄이 없다면 그는 '죽은' 사람이며 오직 심령이지체만을 가지고 살고 있는 것입니다." 사람의 은줄은 지구를 일곱 바퀴 돌 정도까지 늘어질 수 있다고 야코보스는 가르쳐 주었다.

"심령이지체를 가지고는 지구를 일곱 바퀴 도는 거리보다 더 멀리는 여행할 수 없다는 건가?" 내가 물었다.

"맞아요. 그보다 멀리 가면 은줄이 끊어져서 육체가 죽게 되지요. 먼 우주로 여행하는 다른 방법이 있지만 그것은 오직 가장 높은 경지의 스승들만이 할 수 있지요."

밤 아홉 시가 가까워지자 우리는 배가 고팠다. 우리가 집을 나설 준비를 하고 있을 때 다스칼로스가 돌아왔다. 그가 가지 말고 주방

벽에 걸려 있는 마을에서 만든 소시지를 먹으라고 했지만 우리는 근처의 쉬쉬-케밥 집으로 가서 음식을 먹으면서 대화를 계속하기로 했다. 집을 나서기 전에 다스칼로스는 내일 제자들의 정기모임이 있으니 둘 다 참석하라고 일러주었다.

저녁식사로 토속 음식에 맥주를 마시면서 나는 야코보스에게 다스칼로스와 함께 지낸 그의 삶에 대해 계속 질문을 했다.

"목소리를 낮추세요." 그가 킬킬거리며 속삭였다.

"사람들이 우리가 하는 이야기를 들으면 우리가 방금 정신병원에서 나온 사람인 줄 알 거예요." 그러면서 그는 다스칼로스가 가끔씩 문제가 될 말을 아무 데서나 생각없이 한다고 했다. 하루는 그들이 리무진을 타고 라르나카로 가고 있을 때 다스칼로스는 향수에 젖어서 그들이 함께 했던 전생을 회상하기 시작했다고 한다. "야코보스, 자네가 나보다 세살 위였던 때를 기억하나?" 다스칼로스는 조심성 없이 이렇게 말을 꺼냈다. 야코보스는 다른 승객이 이 야릇한 대화를 들을지도 모르니 목소리를 낮추라고 속삭였다는 것이다.

"때때로 다스칼로스는 너무나 천진난만해요."

"'자네는 내가 미쳤다고 생각하나?' 잠시 후에 다스칼로스가 갑자기 이렇게 물었어요. 그는 호기심에 찬 웃음을 지으며 눈빛을 반짝이고 있었지요. 아마도 내가 그의 조심성 없는 말들 때문에 너무 시달렸으리라고 생각한 게 틀림없어요."

"'전혀요. 그와는 반대지요. 계속 말씀하세요.' 저는 그를 안심시켰지요."

"우리가 오늘 이야기했던 문제들은 형이상학이 아니에요." 야코보스는 나설 준비를 하면서 말했다. "형이상학적인 것은 아무것도 없어요. 우리는 이런 현상들을 과학적으로 연구해야 해요. 저는 수학이나 물리학에서 공부한 것의 많은 부분이 다스칼로스가 우리에게 가르치는 것과 비슷하다는 것을 발견해요. 언젠가 우리는 인류를 과학에서 건져 줄 새로운 과학을 발달시킬 수 있으리라고 생각합니다."

우리가 거리로 나와서 집으로 돌아가려 할 때는 이미 열한 시 반이었다. 나는 그날 차를 가지고 나오지 않았고, 그 시간에는 버스도 없었다. 야코보스는 니코시아 근교의 노동자들의 거주지인 아글란치아 지역에 살고 있었다. 다스칼로스의 집으로부터는 5마일 정도의 거리였다. 우리는 콜택시를 타야 했다. 하지만 근처에는 전화가 없었다. 어떻게 해야 할지를 모른 채 우리는 걷기 시작했다. 그런데 갑자기 검은 벤츠 택시가 우리 곁에 서더니 타고 갈 것인지 물어왔다. 나는 당황한 채 야코보스의 얼굴을 쳐다봤다. 이처럼 늦은 시간에 검은 벤츠 차가 난데없이 나타나서 태워 주겠다니, 참 묘한 일이라고 생각했다. 그러나 야코보스에게는 그것은 아무 일도 아닌 듯했다. 택시는 우리가 강력한 욕망의 염체를 만들어 내었기 때문에 실제로 나타났다는 것이다.

다음날 다스칼로스를 만났을 때 나는 유체이탈에 관해 더 물어 볼 것이 있었다. 전에 그와 함께 이 주제에 관해서 이야기를 나누었을 때 새로운 문제에 부딪혔던 것이다.

며칠 전에 나는 다스칼로스가 코스타스와 유체이탈에 대해 나누는 이야기를 어깨너머로 듣고 의아해했다. 나는 부엌에서 커피를 끓이고 있었는데 다스칼로스가 습도가 높을 때는 몸을 벗어나는 것이 훨씬 더 쉽다고 말하는 것을 들었다. 방문객들이 다스칼로스의 도움을 받으러 왔기 때문에 그날은 더 이상 질문을 할 수가 없었다. 이제 야코보스와 코스타스까지 있으므로 그 문제를 꺼내도 되겠다고 생각했다.

다스칼로스는 먼저 '물'은 다양한 심령계와 그 부속계의 지배적인 원소라고 간단히 설명했다. 이 때문에 유체이탈을 하는 데 습기가 도움이 된다는 것이다. 야코보스도 자기는 항상 침대 곁에 물을 한 컵 떠다놓는다고 말했다. '물의 원자 방사'가 몸에서 훨씬 더 부드럽게 빠져나올 수 있게 해준다고 그는 주장했다.

다스칼로스는 유체이탈은 심령이지 중추, 즉 신성한 원반에 대한 집중과 명상 수행을 오랫동안 훈련한 후에만 할 수 있다고 설명했다. 입문자는 특정한 영적 단계에 도달할 때까지 기본적인 명상 수행을 오랫동안 쌓은 다음에야 유체이탈을 배우게 된다. 여러 해 동안 수행을 했어도 몸을 떠날 수 있다는 보장은 없다. 이 특별한 명상법은 대개 흰 수도복을 입은 비밀 모임의 회원들에게만 전수된다. 다스칼로스는 나에게 이런 비전의 명상법을 가르쳐 준 적이 없지만 내가 이해할 수 있는 수준에서 이론적으로나마 간략히 설명해 주기를 마다하지 않았다.

"유체이탈은 텔레파시와 같은 것인가요?" 내가 물었다.

"아닐세. 그 둘은 구별해야 하네. 텔레파시란 단지 염체의 투사로 육체 속에 머물러 있는 신비가에게 특정 경험을 가져다 주지. 지구상의 어느 곳에든지 보낼 수 있는 강력하고도 견고한 염체를 만들어내는 능력을 지니려면 강도 높은 수련과 집중이 필요하다네. 텔레파시 능력을 개발하면 두 눈을 감싸는 신성한 원반이 각성되고 콧등이 끝나는 양미간 바로 위에 있는 제 3의 눈이 열린다네. 반면에 유체이탈은 일종의 실신 상태에서 몸을 떠나는 것을 의미하지. 일단 몸을 떠나게 되면 우리는 지구상 어느 곳에든지 갈 수 있고, 마치 육체를 가진 채 거기에 있는 것처럼 의식이 깨어 있게 된다네. 신비가가 심령계에 가 있을 때도 그는 여전히 동일 인물로서 자아를 의식하는 현재 인격을 고스란히 지니고 있다네. 매우 높은 경지에 이른 진리의 탐구자는 2차 유체이탈을 행할 수가 있지. 그는 심령체를 버리고 오직 이지체로서 역시 온전히 자아를 의식하면서 존재할 수가 있다네. 우리는 사람을 그의 옷인 거친 육신, 심령체, 그리고 이지체를 동일한 자아의식으로 인식하고 구별해야 한다는 것을 명심하게. 한 사람이 자신의 가장 겉옷을 하나 벗어 버려도 그는 여전히 동일한 사람일세. 두 번째 옷과 세 번째 옷을 벗어 버려도 그는 여전히 동일한 인물이라네. 마찬가지로 자신의 신체를 버려도 우리는 온전하고 완전한 동일한 자아의식이라네."

"유체이탈은 물질계에 상응하는 에테르계에서 일어나는가요, 아니면 심령이지계에서 일어나는 건가요?" 내가 물었다.

"물론 둘 다 가능한 일이지. 하지만 우리가 거친 물질계 속에 있을 때는 그 세계 속에서 사는 사람들의 눈에 보이지는 않는다네. 우리가 심령이지체의 진동수를 낮추는 방법을 모른다면 말일세. 에테르질을 모아서 자신을 육안으로 보이게끔 하는 것이야. 이것은 전에 설명했듯이 완전치 않아서 오래 지속되지 않네. 사념을 다른 데로 돌리는 순간 물질화 되었던 것은 사라져 버린다네."

"그와 같은 물현 상태에서는 어떤 느낌이 드나요?"

"그것은 마치 아주 더운 날씨 속에 있다가 시원한 샤워를 하는 기분이지. 아주 상쾌하다네. 그 순간에 물현이 시작되지. 물현이 시작되고 나서는 거의 아무 느낌도 없다네. 다만 자신이 시작한 곳, 그 경우엔 심령계로 되돌아와 있는 자신을 발견하게 되지."

"유체이탈을 하여 심령계에 머물 때에는 심령계에 사는 존재들이 우리를 볼 수 있다네. 이제 훨씬 더 자유롭게 움직이고 싶다거나 심령계에 사는 사람들의 눈에 보이지 않고 싶다면 어떻게 해야 할까? 이런 경우엔 육신을 벗어날 뿐만 아니라 심령체도 벗어나야만 한다네. 이것이 우리가 말하는 2차 유체이탈이라네. 말하자면 이지체만을 가지는 것이지. 이것은 1차 유체이탈보다 훨씬 더 어려워."

"만일 이지체만을 가지고 있다가 심령계에 물현하기로 한다면 이지체의 진동수를 낮추어서 심령계의 에테르 에너지를 흡수해야 한다네. 이런 종류의 물현이 일어나면 마치 자신이 시원한 오라에 감싸인 듯한 느낌을 갖게 된다네."

"2차 유체이탈을 했을 때 심령체는 어떻게 되나요?" 야코보스가 물었다.

"그것은 수백 년 동안 신비가들에게 수수께끼로 남아 있었다네. 그것은 거친 육체로 돌아갈까? 대답은 '천만에!'일세. 심령체는 영구적인 원자 속으로 들어가고 그것을 현재인격과 영구인격이 지니게 되지. 심령체는 이지체 속에 마치 마이크로 필름처럼 들어간다네. 심령체 전체가 수축하여 자아를 의식하는 영구인격 속의 심령질 원자가 된다네. 이제 심령체를 돌보는 것은 영구인격이지. 그러므로 이지체의 진동수를 낮추면 심령체는 고스란히 완전한 모습으로 거기에 있게 되네. 아무 것도 더해지지도 않고 덜어지지도 않은 채로 말일세."

"그래서 우리가 유체이탈을 해서 거친 육체를 벗을 때는 그것을 떠난 곳에 고스란히 두고 가며, 이를 성령이 돌보게 된다네. 2차 유체이탈 중에 우리의 심령체는 그것이 도달한 완성도나 그것이 심령계의 어떤 차원에서 진동하느냐와는 상관없이 자동적으로 자신을 수습하여 그 형상이 이지체 속의 심령질 원자로 변한다네. 우리는 원자화된 우리의 심령체를 이지계에 지니고 다니며, 우리가 진동수를 낮추면 그것은 자신의 형상과 생명 에너지를 다시 회복하는 것이라네. 이것이 완벽한 설명이야."

"그리고 2차 유체이탈에서 성령은 심령질과 이지질을 준비하는 것 외에는 아무런 역할을 하지 않는다네. 심령체를 돌보는 일은 이제 자아를 의식하는 영혼의 손에 맡겨지게 된다네."

"우리가 죽으면 육신은 스스로 해체되고, 그와 함께 에테르 복체도 해체된다네. 그러면 우리는 자신이 버린 거친 육체와는 아무런 관계도 가지고 있지 않게 되지. 육신은 해체되어 새로운 생명의 형성에 사용될 수 있게 된다네. 거친 육체의 죽음에 항상 뒤따르는 제2의 죽음 후에 우리의 심령체는 수축되어 영구적인 심령질 원자 속에 들어간다네. 그러면 새로운 환생이 일어나지. 우리는 자아를 의식하는 인격 이전의 경험을 모든 생에 지니고 다니는 것이라네."

"바로 이 순간 영구적인 심령질 원자 속에는 전생의 모든 기록이 들어 있다네. 이것이 없으면 인간은 해체되어 완전히 없어져 버릴 것일세. 그의 감정적 삶은 파괴되고 과거에 대한 기억도 사라질 거야."

"다스칼레, 다른 종류의 유체이탈도 있나요?" 내가 물었다.

"그럼. 초의식적 자아인식을 통한 유체이탈이 있지. 하지만 그것은 엄밀히 따지면 유체이탈이기도 하고 아니기도 해. 자신을 확대시켜서 육체 외부의 크든 작든 일정한 공간을 점하고 많은 곳으로부터 동시에 인상을 받아들이면 우리는 소위 초의식적 자아인식을 얻게 된다네. 우리는 육체 밖에 있고 동시에 육체는 우리의 인상을 받아들이는 영역권 속에 있게 되는 것이지. 그렇게 되면 우리의 몸을 포함하여 주변의 모든 것을 느낄 수 있네. 우리는 더 이상 육신 안에 있는 것이 아니라 육신이 우리 안에 있게 되는 것일세. 자신을 현재인격의 의식과 자아인식에 동조시키면 우리는 지금의 자신뿐만 아니라 초의식인 자신을 느낄 수 있다네. 아마도 진리 탐구자의 큰 기쁨은 여기에 있을 걸세. 자신의 두 가지 본질, 즉 현재인격과 자아를 의식하는 영혼을 구별할 수 있을 때 말이네. 이 둘은 하나로서 경험되지만 그럼에도 구별할 수가 있다네."

"보다시피 자네가 제기한 주제는 아직은 이해하기가 쉽지 않을 걸세." 다스칼로스는 목소리를 더욱 낮추어서 말을 이었다. "하지만 이것으로 아주 대략적인 설명은 되었다고 생각하네."

그러고는 다스칼로스는 전에 이야기한 적이 없는 한 가지 경험을 털어놓았다. 그것은 유체이탈과 물현으로써 한 소녀가 중년 남자에게 희롱당하려는 것을 구해 준 내력이었다.

"밤 열한 시였어. 나는 책을 읽고 있었고 아이들은 자고 있었지. 아내는 뜨개질을 하고 있었어. '오늘 저녁에는 아무도 나를 방해하면 안 돼.' 내가 갑자기 이렇게 말했어. 아내는 무슨 일인지 영문을 몰라 했지. 내가 설명을 했네. '가까운 유칼리 나무숲에서 한 중년 남자가 어린 소녀를 유혹하고 있어. 난 그를 막아야 해.' 그의 차는 숲가에 주차되어 있지. 그는 이미 소녀를 숲 속으로 데리고 가서 막 범할 참이었어. 그는 소녀의 옷을 벗기고 애무를 하고 있었어. 소녀는 흐느끼고 있었지."

"그가 소녀를 강간하려고 했나요?" 내가 물었다.

"몰라. 소녀는 겉보기엔 그를 따라간 듯했어. 하지만 그 애는 열다섯 살밖에 안됐어. 나는 그를 막아야만 했지. 나는 몸을 빠져나와 그의 앞에 나타났어. 그는 나를 발견하자 놀라서 숨이 막혔다네. 나는 손으로 그의 얼굴을 잡고 나무를 향해 밀쳤어. 그는 나의 얼굴과 가슴과 손만을 보았어. 그것은 완전한 물현이 아니었거든. '지금 당장 그 소녀를 집으로 보내 줘.' 하고 내가 명령했지. 나는 오솔길을 가리키며 그에게 움직이라고 말했어. '내가 네 뒤를 따라갈 거야. 명심해.' 소녀는 다시 울기 시작했어. 그는 내가 시키는 대로 했고 소녀를 집 근처에 데려다 줬네."

"이 남자는 니코시아에서 왔고 그는 나를 알고 있었다네. 며칠 후에 그가 나를 찾아왔네. 그는 혼란에 빠져 있는 듯했고 그 경험이 진짜였는지, 아니면 악몽이었는지 의아해하고 있었어. 그는 우리 집으로 들어와서는 이렇게 말했어. '친구, 자네에게 물어 볼 게 있네.' '난 흥미 없어.' 내가 매정하게 말했지. '자넨 왜 내가 즐기려고 하는데 끼어들어서 방해했나?' '부끄럽지도 않은가? 자네 딸이 그 소녀와 같은 나일세. 자네가 그 소녀를 창녀촌으로 몰아넣을 뻔했단 말이야. 그날 내가 자네 뺨을 때렸던가?' '아니.' '그렇다면 지금 해야겠군.' 나는 그의 뺨을 한 대 갈겼어. '자네 마음속에 아직도 그 소녀를 유혹하려는 욕망이 있군. 자넨 짐승이야. 자네 딸을 생각해 보게.' 그가 울기 시작했어. '내 딸은 착실한 아이일세.' '그럼, 그 소녀는 뭐라고 생각하나?' 나는 화가 치밀어 이렇게 말했네."

"우리는 거의 야만적으로 행동해야만 할 때도 있다네. 이 지구는 돌아다니기에 만만한 곳이 아니야. 이 경우엔 육신을 가지고 숲으로 달려갈 시간이 없었기 때문에 나를 물현시켜야만 했었지. 어떤 일을 하기 위해서 물현 형태의 유체이탈을 하는 것이나 육신을 사용하는 것이나 나에게는 별 차이가 없다네."

"육신으로 어떤 곳에 가는 것과 자신을 그곳에 물현시키는 것은 엄청난 차이가 있다구요." 내가 말을 받았다.

"자넨 그럴지 몰라도 나에겐 마찬가질세. 다스칼로스는 천진하게 대꾸했다.

"당신이 지금 얘기한 그런 일을 해내려면 보통 사람들에게 익숙해 있는 자연의 법칙을 모두 위반해야 해요." 다스칼로스는 한바탕 웃고 나서 또 다른 예를 이야기하기 시작했다.

"한번은 집 근처의 커피숍 앞을 지나다가 안에서 열띤 논쟁이 벌어지고 있는 것을 발견했다네. 주제는 간통이었지. 한 사내의 사촌이 그의 아내와 정사를 가졌던 거야. 그날 공교롭게도 그 둘이 마주앉아 커피를 마시게 되었던 거지. 남편은 대화 중에 아내가 사촌과 짜고 그를 배신한 것을 알아냈다네. 그는 사촌과 말다툼을 시작했지. 다른 손님들이 옆에서 끼어들어 부채질을 했어. 사촌은 마침내 부정한 관계를 맺은 것을 시인했지만 자기 잘못이 아니라고 우겼어. 그 순간 배신당한 남편은 날카로운 칼을 잡고는 사촌의 가슴팍에 막 찔러넣을 태세였다네. 나는 커피숍 바깥 도로에 서있었지. 상황이 너무나 급작스럽게 진행되고 있어서 아무도 막지 못했어. 나는 순간적으로 손을 물현시켜 칼을 쥐고 있는 그의 팔을 붙잡았다네."

"보이지 않는 손을 물현시켰나요?" 내가 물었다.

"그렇지. 그는 아무리 애를 써도 치켜든 팔을 내릴 수가 없었지. 그러자 다른 사람이 뛰어들어 그의 칼을 빼앗았다네. 나중에 그는 나를 보더니 말했어. '왜 내 손을 붙잡았소?' 나는 그에게 성질을 다스려야 한다고 타일렀네. 이미 그의 목에 교수형의 밧줄이 걸려 있다고 말이야. '자식들을 생각하시오.' 나는 그를 타일렀지. 그리고 그의 사촌에게는 비행기표를 구해서 다음날 키프로스를 떠나라고 충고했네. 그는 나의 충고를 받아들이고 아프리카에 있는 친척에게로 떠났어."

"유체이탈에는 어떤 위험이 따르나요?" 잠시 후에 내가 물었다.

"사람이 깊은 잠에 빠지면 종종 죽은 것처럼 보이지만 사실 그것은 이미 유체이탈을 한 상태라네. 그 상태에서는 성령이 그의 몸을 돌보면서 그날에 생긴 손상을 고쳐 준다네. 보통 사람들도 잠자는 동안에 유체이탈을 하고 성령이 작업을 끝내면 몸으로 돌아오지. 혼수상태에 있을 때는 현생이나 전생의 경험에 대해 수용적이 된다네."

"자, 그런데 성령이 왜 현재인격을 이처럼 혼수상태에 가져다 놓는다고 생각하나? 그것은 심령체로써 경험하는 모든 것은 거친 육신에 전달될 수 있기 때문이라네. 심령체로 떠돌던 사람이 추락을 하여 땅에 부딪히면 그는 깨어나서 몸에 상처가 나 있는 것을 발견할 것일세. 하지만 성령은 거친 육체가 완전한 기능을 유지하도록 관리할 뿐만 아니라 잠자는 인격체가 평온하고 안전하도록 돌본다네. 잠을 자는 동안에는 성령이 개입해서, 영향받을 수 있는 위험으로부터 그 인격체를 보호한다네. 꿈속에서 위험에 처했다가 재앙을 당하기 직전에 깨어난 적이 많지 않은가? 그것은 불쾌한 경험을 당하기 전에 자네를 육체로 돌려보내 주는 지혜로운 성령의 도움 덕택이라네. 자네도 그런 경험을 한 적이 틀림없이 있을 걸세."

"그러니까 자네의 질문처럼 유체이탈 중에 위험을 당할 수 있느냐고 한다면 그렇다고 대답해야겠지. 우리가 본 바로는 육체와 인격 양쪽 모두에 위험이 존재한다네. 유체이탈 중에는 파동이 훨씬 더 강력해져서 그로 인해 영구 원자로부터 전생의 경험이 끄집어져 나온다면, 극복될 때까지 잠재된 상태로 남아 있어야만 할 어떤 상태를 자극하여 각성시켜 놓게 될 수도 있다네. 의식적인 유체이탈에서는 많은 위험이 따르므로 매우 조심을 해야만 한다네."

"어떻게요?"

"내 경험으로 예를 들어 주지. 레바논 내전 때 우리는 기독교도와 회교도 양쪽의 부상자들을 돌보러 거기에 가 있었다네. 일부 마법사들이 우리가 양쪽을 모두 돕고 있다는 것을 알고는 화가 났지. 그들은 우리에게 회교도들만 도와 주라고 요구했어. 내가 유체이탈을 해 있는 동안에 이 마법사들이 나의 육체로 와서는 칼을 물현시켜 사타구니를 찔렀다네. 나는 즉시 통증을 느끼고 몸으로 돌아왔네. 나는 수건으로 출혈을 막으면서 처남을 불렀다네. 그가 나를 살려 주었지. 침대 시트는 피로 흥건하게 젖었다네."

"내가 육체를 떠나기 전에 수호 염체를 만들어 놓는 것을 잊어먹은 탓이야. 만약 그렇게 했다면 이 마법사들이 해코지를 못했을 걸세. 의식적으로 몸을 떠날 때는 육체를 지켜 줄 염체를 꼭 만들어 놓아야만 한다네."

"그건 어떻게 하지요?"

"강력하게 자기암시를 하는 거지. 자신에게 이렇게 말한다네. '내가 없을 동안 어떤 해도 닥치지 않을 것이다.' 테오파니스도 이 마법사들에게 팔을 찔린 적이 있다네. 다행히도 그 상처는 심각하지는 않았지."

"그 흑마술사들은 어떻게 되었나요?"

"인도의 형제들이 끼어들어서 그들이 자신의 육체로 돌아가지 못하게 막았지."

"잘 이해가 안 되는데요."

"수피 스승들이 이 레바논 마법사들이 우리에게 한 짓을 알아차리고는 저지하기로 한 것일세. 그들은 사념으로 그들의 심장을 멈추게 해서는 심령계로 데려갔다네."

"말하자면 그들이 마법사들을 죽였단 말씀이군요."

"유감스럽게도 그렇다네. 하지만 나는 극구 반대하면서 수피 형제들에게 레바논의 마법사들을 해치지 말라고 호소했다네. 그들은 내 말을 듣지 않았네. 그들은 이렇게 말했지. '우리는 회교도일세. 우리는 이 문제를 회교식으로 처리할 걸세. 우리는 그들이 파괴적인 행위를 계속하도록 놔두지 않기로 결정했네.'"

다스칼로스의 이야기는 한 인류학자가 아프리카에서 연구 조사를 하다가 겪은 기이한 경험을 강하게 상기시켜 주었다. 그는 몇 년 동안이나 비밀로 간직했던 자신의 경험을 털어놓았다. 그가 아프리카의 한 부족을 연구하러 갔을 때 부족의 주술사는 그에게 적대적이었다. 그러자 인류학자에게 이상하고도 공포스러운 사건들이 잇달아 일어났다. 그는 범인이 주술사라는 것을 깨달았다. 그는 목숨에 위협을 느끼고는 이 부족의 '마법 의사'에게 접근하여 마침내 호감을 사는 데 성공했다. 그 원주민 무당은 인류학자에게 이렇게 말했다. '당신네 유럽인들은 우리 아프리카에 존재하는 숨겨진 힘에 대해서는 너무나 무지하다.' 그는 자신의 힘을 보여 주기 위해 그 지역의 총독을 미치게 만들 수도 있다고 자랑했다. 놀랍게도 그 다음날 그 총독은 미쳐서 병원에 입원해야만 했다. '정신질환'의 병력이 없는 사람이었는데도 말이다.

나의 동료 인류학자가 현지조사를 끝내고 아프리카를 떠날 준비를 하자 정이 들은 원주민들은 슬퍼하면서 남아서 같이 살자고 애원했다. 그는 원주민들의 감정을 가능한 한 다치지 않게 하기 위해서, 유럽으로 떠나야 하는 이유가 좀더 건조한 기후가 필요하기 때문이라고 변명을 둘러댔다. '여기는 비가 너무 많이 내려요' 하고 그가 말했다. 그러자 원주민들은 '그것이 문제라면 온 숲에 비가 쏟아지더라도 당신의 텐트 주위에는 비가 오지 않게 하면 어떻겠소?' 하고 말했다. 그리고는 원주민들은 그의 텐트 주위를 돌면서 춤을 추기 시작했다. 갑자기 식물들을 뿌리째 뽑아가지고는 거꾸로 심었다. 그는 그저 자연의 순리를 거스르려는 뜻을 상징적으로 표현하는 것이려니 하고 생각했다. 그는 내게 이렇게 말했다. '난 믿을 수가 없었다네, 키리아코. 그들이 춤을 추기 시작하는 순간, 숲의 다른 곳에는 비가 쏟아지는데도 텐트 주위에는 비가 내리지 않는 것이 아닌가?'

이 인류학자는 자신의 경험이 사실임을 믿어 의심하지 않았다. 텐트 주위에는 정말 비가 그쳤다는 것이다. 하지만 그는 자신의 학문적 명성에 누를 끼칠까봐 이와 비슷한 신비로운 경험들은 입 밖에 내지 않았다. 그의 동료들은 그가 정신이 나갔다고 할 것이고, 그의 현지 작업을 신뢰하지 않을지도 몰랐다. 그는 이렇게 말했다. '나는 평생동안 합리적인 사고를 하도록 훈련받았네. 나는 직접 경험했음에도 불구하고 그런 문제를 어찌해야 할지 알 수가 없네. 지금 변화하기에는 난 너무 늦었어. 자네는 젊어. 어쩌면 자네가 살아 있는 동안에는 이런 문제들이 학문적 연구의 대상으로 존중을 받을 수 있을지 모르겠군.'

"이런 이야기는 우리에겐 놀랄 일이 전혀 아니라네." 다스칼로스는 전에도 여러 번 말했듯이 이렇게 얘기했다. "이런 능력은 모든 인간에게 잠재되어 있다네."

다스칼로스는 이어서 우리는 그러한 능력을 올바로, 오직 치유를 위해서만 사용해야 한다고 말했다. "우리가 영적으로 진화하지 못한다면 그런 능력은 잠재된 채로 남아 있어야만 하네. 자신의 이기심을 극복하지 못하면 자신과 남들에게 위험할 수 있거든."

우리의 유체이탈에 관한 대화는 현관을 두드리는 소리 때문에 중단되었다. 잘 차려입은 사업가 차림의 마흔다섯 살의 남자가 아내로 보이는 여자를 데리고 나타났다. 그들은 매우 초조해 보였고 다스칼로스와 따로 이야기할 수 있느냐고 물었다. 다스칼로스는 지금은 강의 중이니 급한 일이 아니면 다음날 오라고 대답했다. 그들은 매우 급한 일이라고 우겼다. 그들의 목숨이 걸린 위급한 결정을 다음날까지 내려야 하므로 다스칼로스의 도움이 필요하다는 것이었다. 야코보스와 코스타스와 나는 방에서 나갔다. 다스칼로스는 그들과 30분 정도 시간을 보냈다.

그들이 떠난 후에 다스칼로스는 그 방문객들의 문제가 무엇이었는지를 우리만의 비밀로 하고 이야기해 주었다. 그는 많은 봉급을 받는 은행원이었는데 해외로 외화를 불법 반출하고 있었다. 그런데 그의 행위가 곧 드러날 상황에 처해서 직장을 잃을까봐 두려웠던 것이다. 다스칼로스가 은행 고위직 사람들을 몇 명 알고 있다는 사실을 전해 듣고 그 사내는 자기를 도와달라고 간청하러 온 것이었다.

"나는 그것을 거절했고, 그의 행위가 부정직한 것임을 설명해 줬네." 다스칼로스가 엄숙하게 말했다. "나는 이렇게 말했네. '이 나라가 처해 있는 문제에 비추어 볼 때 어떤 사람들은 그것을 반국가적인 배신 행위라고 할 것이오. 우리는 지금 생존을 위해 몸부림 치고 있어요. 이 섬나라는 반이 외국의 군대에 점령당해 있는데 외화를 반출하다니. 우리가 어떤 방법으로 이 문제를 해결할 수 있으리라고 생각하오? 총으로? 유일한 해법은 경제를 살리는 것이고, 정치적 수단으로 투쟁을 하는 것이오.' 그는 이렇게 대꾸했네. '저는 그런 식으로는 한 번도 생각해 보지 않았어요.'"

"그러면 그에게 어떻게 하라고 충고했나요?" 내가 물었다.

"지금의 상황에서 가장 고통이 적은 방법은 그가 사표를 내는 것이라고 했지. 그러지 않으면 그는 탄로나게 되어 있는걸. 만약 사표를 내고 퇴직금을 받을 수 있다면 그 돈으로 뭔가를 시작할 수 있을 테고 자신과 가족을 위해 새로운 삶을 살 수 있겠지. 사실 그에게는 다른 선택이 없다네. 끝내는 감옥에 갇히고 말 테니까."

우리는 그날 저녁 남은 시간을 정치에 관한 이야기를 하며 보냈다. "유체이탈에 대해서는 나중에 또 이야기할 수 있을 거야." 다스칼로스는 자리를 파하기 전에 이렇게 약속했다.

"마지막으로 한 가지만 물어보겠습니다." 나는 일어날 준비를 하면서 장난스러운 투로 말했다. "며칠 전에 신문에서 읽었는데 북부 그리스를 여행하던 영국인 관광객이 발에 화상을 입고 입원했다고 하더군요. 불타는 석탄 속에 뛰어들었다나요. 그는 아나스테나리데스(Anastenarides)가 가짜라는 것을 증명하고 싶었다는군요."

아나스테나리데스는 불 위를 걷는 사람들의 사교집단으로 그들은 해마다 한 번씩 종교의식으로 맨발로 불타는 석탄 위에서 춤을 추었다. 그들은 먼저 손에 성 콘스탄틴의 상을 들고 불 주위에서 춤을 춘다. 그러다가 어떤 심리상태에 몰입되면 맨발로 불 위에서 춤을 추기 시작하는데, 전혀 화상을 입지 않는다. 이런 현상은 인류학 문헌에도 기록되어 있는데, 비슷한 사례는 그리스뿐만이 아니라 아프리카와 아시아에서도 보고된 바 있다. 내가 알기로는 아직 이 신기한 현상을 과학적으로 해명하지 못하고 있다. 그리스 교회는 이것을 이교도의 악마적인 의식으로 매도할 뿐이다. 그러나 행하는 사람들은 그들의 깊은 믿음 때문에 성령의 보호를 받기 때문이라고 주장한다.

다스칼로스는 사람을 공중부양시키는 것과 동일한 원리가 이 경우에도 작용하는 것이라고 설명했다. 모든 것은 잠재의식을 통해서 이루어진다. 그들은 해마다 행하는 의식을 통해 자신을 수호해 줄 성 콘스탄틴의 염체를 만들어왔다. 의식을 시작하면 이 염체가 그들의 잠재의식 속에 들어오는 것이라고 말이다.

"그들이 자신도 깨닫지 못한 채 실제로 하고 있는 것은 자신들의 발과 몸을 농축된 에테르 에너지의 층으로 감싸서 그것이 발과 불타는 석탄 사이에서 단열작용을 하게끔 하는 것이라네."

"자네들 오늘 밤 자정에는 잠자리에 있어야 해. 오늘 밤에 할 일이 있다네." 다스칼로스는 우리를 보내면서 야코보스와 코스타스에게 말했다.

그런 말들은 이제 나를 놀라게 하지 않는다. 내가 처음에 이런 식의 이상한 말을 들었을 때는 수없이 질문을 해대며 설명을 요구했었다. 그러나 이제는 그런 이상한 말들이 예사롭게 들리게 된 것이다. 나는 다스칼로스가 무슨 말을 했는지 안다. 그는 밤중에 몸을 떠나 여행하면서 누구든 도움이 필요한 사람들을 도와 주는 '보이지 않는 구원자'로서 일종의 '아스트랄계 순찰'을 하는 데에 제자들의 동행이 필요했던 것이다.

일전에 나는 코스타스와 야코보스가 둘이서 귀엣말로 간밤의 경험을 얘기하는 것을 어깨너머로 들은 적이 있다. 그들은 자신이 유체이탈 중에 경험한 내용의 신빙성을 서로 점검하고 있었던 것이다.

"경험이 일치하는가요?" 내가 물어보았다. 그들은 둘 다 고개를 끄덕이며 의아해하는 나의 표정에 웃음을 터뜨렸다. 그들은 이런 식으로 각자 점검을 함으로써 자신들이 다스칼로스에 의해 인도되어 살고 있는 세계가 환상도, 자기도취도 아닌, 사실상 현실의 더 실제적인 일면이라는 확신을 다져가는 것이었다.

7
Visitors

외계의 방문객들

"우주는 우리가 익히 알고 있는 것들보다
더 지적인 생명체들로 가득하다네.
우리가 우주에서 유일한 지적 존재가 아니란 말일세.
높은 지성체들이 우리 행성의 진화를 지켜보고 있다네.
그들은 우리 지구의 수호자들이며,
우리들 중의 일부는 그들과 소통하고 있다네."

지금까지 다스칼로스가 이끄는 비밀 조직에서의 강의 내용은 그리스도의 가르침과 신성한 원반, 그리고 동양의 쿤달리니라는 개념에 대한 복잡한 이야기였다. 이전과 마찬가지로 나는 높은 수준의 제자들로 구성된 내부 서클에 특별히 참석할 수 있도록 허락을 받았다. 역시 강의 내용이나, 강의 중에 일어나는 어떤 일에 대해서도 녹음을 하거나 노트를 하지 않기로 하는 조건 하에서 말이다. 다스칼로스와, 특히 코스타스는 이 내부 서클에서 공개되는 진리는 일반인들에게는 적절하지 않은 것이며, 어쩌면 해로울 수 있다는 것이었다.

하지만 내가 참석했던 몇 번의 비밀 모임에서는 문외한에게 조금이라도 해로울 수 있다고 생각될 만한 내용은 전혀 나오지 않았다. 그러나 다스칼로스도 내가 참석해 있을 때는 높은 단계의 제자들에게만 전달해야 할 비밀은 일부러 누설하지 않으려고 조심했는지 알 수 없는 일이었다. 사실 한번은 모임이 예정된 날인 수요일 오후 두 시로부터 월요일로 갑자기 당겨진 적이 있었다. 나는 그 변경 내용에 대해 연락을 받지도 못했고 왜 갑자기 변경되었는지도 알지 못했다. 그리고 나는 나중에야 그날 강의 도중에 신성한 '로고스'가 방 안으로 내려왔었다는 이야기를 전해들었다.

로고스가 진동하는 흰 빛의 형태로 머리 위에 내려오자 모든 사람은 바닥에 엎드렸다고 했다. 코스타스는 어쩌면 나는 아직 그 경험을 할 준비가 되지 않았는지도 모른다고 설명했다. 나는 그에게 '로고스가 내려온다'는 것이 무엇을 의미하는 것인지를 물어보았다. 아무튼 정의에 의하면 로고스는 모든 인간의 내면에 있는 것이기 때문이었다. "그런 경우에는 로고스가 좀더 드러난 한 초점에 집중된 형태로 내려오지요" 하고 그가 대답했다.

강의가 끝나자 다스칼로스는 늘 그렇듯이 거실로 자리를 옮겼다. 그는 제자들에게 둘러싸인 채 안락의자에 편안히 앉아 일상적인 대화를 나눴다. 테아노와 코스타스, 그리고 나는 부엌으로 가서 커피를 준비하고 새로 입문한 아스파시아가 가져온 케이크로 상을 차렸다.

부엌에서 준비하는 동안 나는 진리 탐구와 관련한 그리스도의 신성의 의미에 대해 코스타스와 논쟁을 하고 있었다.

"어떤 사람들은 그리스도 로고스 탄생이 오직 우리 행성의 특정한 시간과 장소에서만 일어난 사건이라고 생각합니다." 코스타스는 커피잔을 꺼내면서 이렇게 말을 꺼냈다. 우리의 시간적 관점에서 본다면 이것은 사실입니다. 하지만 '영원한 현재'의 관점에서 바라본다면 그리스도 로고스 탄생을 경험하지 않은 적은 한 번도 없었습니다. 끝없는 우주 공간에는 어쩌면 수천억 년 전에 이미 그리스도의 탄생을 경험한 태양계들도 있고, 아직 그리스도 로고스가 모습을 드러내지 않은 태양계도 있습니다.

"당신이 '탄생'이라고 말할 때 그것은 말 그대로 로고스가 인간의 형체로 태어나는 것을 의미한다고 생각하는데요?"

"그렇습니다."

"그리스도 로고스가 지구에서는 왜 다른 시대도 아닌 바로 그때에 태어났다고 생각하나요?" 테아노가 활짝 미소를 지으며 듣고 있는 가운데 내가 이렇게 질문했다.

"어쩌면 그때가 인류의 의식이 로고스의 현현이 계시하는 빛과 진리를 받아들일 만큼 성숙한 상태에 도달했기 때문일지도 모르지요. 아시겠나요? 로고스를 인간의 형체로 내려오게 한 것은 그 시기 인류의 집단적인 요구였답니다."

"많은 사람들이 범우주적인 로고스가 보통의 인간으로서 내려와서 마치 죄인처럼 십자가에 매달려 죽었다는 사실을 받아들이지 않습니다. 자신의 영성에 대해 진지하게 고민하는 사람들인데도 말입니다. 그들은 그리스도를 의식의 가장 높은 상태를 성취한 인간으로는 받아들일 수 있을망정 절대자의 화신으로는 받아들이지 않습니다." 코스타스는 다스칼로스와 마찬가지로 예수가 거듭된 환생을 통해 테오시스를 성취한 인간이 아니라 신의 화신임을 강조해왔다.

그가 다시 말했다. "그리스도는 자신을 이해시키기 위해서 인간으로 내려왔습니다. 그런데 인간은 지금까지도 이해하지 못하고 있습니다. 그가 만일 다른 형태로 내려왔다면 어떻게 되었을지 상상할 수 있겠습니까?"

나는 각자가 주문한 양의 설탕을 넣고 커피를 다 차릴 때까지 코스타스와 그리스도의 화신의 문제에 대해 '논쟁'을 계속했다. 나는 잔을 쟁반 위에 올리고 거실로 가져가서는 다스칼로스에게 커피를 건네주면서 물었다. 코스타스와 테아노는 부엌에 있었다. "다스칼레, 방금 코스타스와 그리스도의 신성에 대해 토론을 했는데, 제 견해로는 그리스도를 신의 화신으로 받아들이든 절대자의 로고스적 측면의 표현으로 받아들이든 영적인 탐구에서는 별로 차이가 없을 것처럼 보이는데요. 당신이 보기엔 진리 탐구자의 진화와 관련해서 그것이 어떤 차이가 있나요?"

"아무 상관도 없네." 다스칼로스는 주저없이 이렇게 대답했다.

"하지만 탐구자가 단계를 올라가는 동안에 조만간 진실을 깨달을 걸세."

"그러니까 그 점을 중요시할 필요가 있는 건가요? 그런 태도가 도

그마로 변할 위험은 없나요?"

"물론 그럴 필요는 없지. 하지만 자네가 깨달음을 향한 진화의 과정으로 나아갈 때 이 진실을 받아들인다면 더 큰 기쁨을 누릴 수 있을 걸세." 그리고 그는 덧붙였다. "그러나 어떻게 믿든 진전이 더디지는 것은 아닐세."

"코스타스가 이 말을 들었으면 좋겠네요." 나는 이겼다는 듯이 이렇게 말하면서 코스타스를 불렀다.

"무슨 일이지요?" 코스타스가 쟁반에 케익을 차려들고 오면서 물었다.

내가 다스칼로스와 나눴던 이야기를 들려주자 그는 이렇게 말했다. "키리아코, 내 말을 오해하지 마세요. 그리스도는 다른 영적 체계를 파괴하거나 길(The Way)을 바꾸기 위해서 세상에 오신 게 아닙니다. 그는 빠진 연결 부분을 채우고, 더 많은 빛을 주려고 오셨습니다. 그는 사람들이 갇혀 있는 어둠을 물리치고, 우리를 미망에서 해방시키려 오셨지요."

"맞았어. 자, 주목하게. 내 앞에 길이 있네." 다스칼로스가 이렇게 덧붙이면서 오른손으로 앞을 가리켰다. "이 길을 가는데 밝은 빛이 비춰져 있건, 비교적 안전하게 갈 수 있을 만큼 가로등 몇 개가 켜져 있건 그것은 동일한 길이라네. 어쨌든 나는 목적지에 도달할 수 있다네. 그곳까지 가는 동안 얼마나 또렷이 볼 수 있는가 하는 것은 결국은 상관이 없다네."

"하지만 모든 것을 또렷이, 자세히 볼 수는 없으니까요." 코스타스가 덧붙였다.

"맞아. 빛이 밝으면 내면으로의 여행은 더 쉬워지지."

"그건 수긍할 수 있습니다." 내가 말했다. "심지어 그리스도가 로고스 자체의 화신이라는 것도 받아들일 수 있습니다. 하지만 저는 그리스도가 절대적 지혜의 표현자, 곧 자아를 실현한 스승이라는 다른 사람들의 주장도 마찬가지로 쉽게 받아들일 수 있습니다. 이것이 무슨 차이가 있나요?"

"잠깐만." 다스칼로스가 재빨리 말했다. "그리스도를 이런 관점에서, 혹은 저런 관점에서 바라보는 자네들이나, 또 다른 관점에서 보는 다른 사람들이나, 모두가 성 바울이 말했듯이 내면의 빛으로 파악하는 것이 아니라, 이미지 조작이나 이성과 생각을 통해서 그렇게 하는 것일세. 생각은 높이 올라가기에는 힘이 없는 날개라네. 내가 설명해주지. 자네들이 괴물 같은 신을 상상하든지, 아니면 저능아를 상상하든지, 아니면 아름다운 모습을 상상해 내고는 이것이 신이요, 하고 말한다면 나는 그것은 당신의 신이라고 말하겠네. 자네들의 신은 모두 지상의 것이라네. 자네들은 이렇게 말하겠지. '하지만 나의 신이 얼마나 아름다운지 보시오'라고. 헤르메스와 아폴로가 얼마나 아름다운지 보게. 그리고 다른 신들은 얼마나 흉칙한지 보게. 그 머리털과 이빨과 뿔들을. 신비가로서 나는 자네들의 신은 우상, 세속적인 창조물에 지나지 않는다고 말하겠네. 아름다운 신의 이미지를 만들어 낸 자네들의 미적 감수성은 충분히 인정하겠지만, 흉한 털과 이빨이 달린 괴물 같은 신들과 마찬가지로 그것들은 신이 아니라네. 사람들은 그들이 만들어 낸 신의 형상을 가지고 서로 싸운다네. 나는 이렇게 묻네. 역사상 자기가 만든 신의 이미지를 지키기 위해 서로 살육한 사람들 중에서 몇 명이 진정으로 신을 알았는가 하고 말일세. 신비가는 신을 찾아 내면을 탐구한다네." 다스칼로스는 이렇게 말하면서 가슴을 가리켰다.

"다스칼레, 당신의 말뜻을 이해하겠습니다. 하지만 저의 말은, 그리스도가 신인지 아닌지, 혹은 그가 신적 지혜의 표현체인지 아닌지에 너무 초점을 맞춘다는 것은 독단적 교리의 불필요한 논쟁이라는 말이지요. 저는 당신의 관점에서는 그것이 실제로 중요한 의미를 가지는지를 알고 싶은 겁니다."

"아닐세, 그건 중요하지 않아. 왜냐하면 그런 논쟁은 경험되지 않은 신에 초점을 맞추고 있기 때문이네. 그리고 사람들이 그런 문제를 두고 싸운다면 그것은 바로 그들이 실제로 신에 대해 알지 못한다는 증거일세. 그리스도는 사랑이라네. 그것이 다야."

"달리 말한다면 선불교 수행자들이 독실한 기독교인들보다 진리를 구하는 길 위에 확고히 서 있을 수도 있다는 거죠." 내가 말했다.

"그럼, 물론이지. 소위 '팔정도'를 지키고 기도와 수행을 하며 악을 이기고 관용과 무집착을 기르기 위해 애쓰며 이런 미덕들을 자기 의식의 일부로 만들려고 애쓰는 선불교 수행자들이 독단적 교리에 빠진 목사와 신학자들보다 훨씬 더 확고히 그리스도의 길 위에 서있는 것이네."

"사람들이 '신은 빛이다, 신은 초월적인 빛이다' 하고 말하지만 그들은 빛도, 초월적인 빛도 경험하지 못했다네. 하지만 체험하지 않고는 결코 알 수가 없다네. 지난 번 강의에서 성부 요한난께서 하신 말씀을 반복하자면, '생각과 믿음은 우리를 가장 높은 지식을 얻도록 도와주기에는 너무나 약한 날개'라네." 다스칼로스는 남은 커피를 마저 마셨다. 그리고는 한 일화를 꺼내 놓았다.

"사람들이 하루는 한 레바논 소년을 데리고 왔네. 내가 그에게 영어로 이렇게 물었지. '넌 회교도니, 기독교도니?' '회교도 이샬라(ishallah)예요.' 즉, '저는 신의 은총을 입은 회교도예요.'라는 뜻일세. 이처럼 우리가 얼마나 일찍부터 광신도가 될 수 있는지 알겠는가? 마찬가지로 내 손자 마리오스는 기도할 때 이렇게 말한다네. '하늘에 계신 우리 아버지.' 자, 누가 옳은가? 나라면 둘 다 자기 식이라고 말하겠네. 레바논 소년이 알라를 믿는 것이나 내 손자가 기독교의 하나님을 믿는 것이나 아무런 차이가 없어. 하지만 결국 어떤 신이란 말인가? 마리오스가 지금 하나님이 무엇인지 정확하게 설명할 수 있을까?"

다스칼로스는 손자와의 추억을 떠올리며 미소를 지으면서 말했다. "그 애는 다섯 살 때 이런 문제에 대해서 의문을 품기 시작했다네. 하루는 나에게 이렇게 물었지. '할아버지, 신은 어디에 있고 신이 무엇인가요?' '신 말이냐, 애야? 이리 온, 내가 보여 줄게.' 나는 그 아이의 손을 잡고 밖으로 나갔지. '봐라, 이 아몬드 나무가 얼마나 아름다운지. 몇 주 전만 해도 이것은 죽은 나무토막 같았단다. 지금은 이렇게 많은 꽃을 피우고 있는 것을 보렴. 조금 있으면 잎이 달리고, 그 다음에는 아몬드가 달리게 될 거야. 그렇게 하실 분이 바로 하나님이란다. 그분이 아몬드 나무 속에 있단다.' 그 아이가 다시 말했어. '할아버지, 이건 꽃핀 아몬드 나무예요.' 내가 말했지. '자, 내가 설명해 줄게. 저 새들이 보이니? 정말 아름답게 노래하지. 저들은 생명이야. 애야, 저들이 하나님이란다.' 그 애는 이제 나를 부르면서 킥킥거렸지. '할아버지, 저건 노래하는 새들이고 저건 꽃이 핀 나무란 말이에요.' '이리 온,' 나는 다시 이렇게 말하고 그 애를 데리고 안으로 들어가서 거울 앞에 섰어. 내가 아이를 간질이자 그는 웃기 시작했지.

'자, 웃고 있는 마리오를 간질이고 있는 건 누구지?' '할아버지요.' 아이는 계속 웃으며 이렇게 말했지. '애야, 내가 만일 죽은 사람을 이리 데리고 와서 간질이면 그가 웃을까?' '아니요.' '하지만 넌 살아 있기 때문에 웃는 거란다. 애야, 하나님은 생명이야. 하나님은 너의 웃음이야. 하나님은 우리 주변에 있는 모든 것이란다.' '할아버지, 거울 속에서 웃고 있는 것은 마리오스예요.' 그 아이는 이렇게 말하더니 아주 진지한 표정으로 말했어. '잘 들으세요, 할아버지, 하나님은 어디 있고 하나님이 누구예요? 할아버지도 아시고 저도 알아요. 하지만 저도, 할아버지도 하나님이 누구고 하나님은 어디에 있는지를 말할 수가 없어요.' 그런데 그 앤 다섯 살밖에 되지 않았었지." 다스칼로스는 손자의 총명함에 대해 사뭇 자부심을 보이면서 이렇게 말을 맺었다.

"우리가 기독교도인지 불교도인지, 아니면 회교도인지는 문제가 되지 않아. 우리의 스승께서는 절대적인 지혜로써 분명히 밝혀 놓으셨네. 그는 장차 일어날 혼란과 다른 사도들 사이의 다툼을 예견하셨다네. 그는 자신이 파트모스 섬으로 추방될 것을 예견하고는 복음을 펴기 전에 기독교의 기초를 다져 놓으셨지. 이렇게 기초를 다진 것은 베드로도 아니고 바울도 아닐세. 요하난은 이렇게 말씀하셨네. '권능 속에 로고스가 있다. 그것은 지상으로 내려와 모든 인간을 비추는 빛이다.'"

"그러므로 기독교인들이 믿는 그리스도는 기독교인들에게만이 아니라 모든 인간들의 내면에 계시다네. 그리스도 로고스란 진화 과정의 어떤 단계에 이르러 동물 속에서 자아의식을 일깨워낸 바로 그 힘이라네. 짐승에게 자아를 인식하는 로고스적 존재로 변성시킨 바로 그것이라네."

모두들 귀를 기울이고 있는 가운데 다스칼로스가 말을 이었다. "우리는 수백 년 동안 신이라는 말을 남용해 왔다네. 이렇게들 묻지. '신이란 무엇인가?' 하지만 어느 누가 신이 무엇인지를 정의할 수 있겠나? 그들은 아폴로와 아르테미스와 질투심 많은 헤라와 벼락을 가진 제우스를 신이라고 불렀네. 그들은 또 살인자 칼리와 키르케를 신이라고 불렀지. 우리가 제대로 이해하지 못하고 있는 어떤 것을 가지고 꼭 싸움을 벌여야만 할까? 신은 생각으로써가 아니라 가슴을 통해서 볼 수 있을 뿐이네. 나에게 '절대자, 성령, 그리스도 로고스가 무엇이냐?'고 묻는다면 나는 그것은 사랑이라고 대답하겠네. 사물을 이성적으로 보려면 우리는 신을 자신만의 고유한 이해 방식 속에, 자기 마음속의 형상 속에 한정시키려는 우리의 성향을 극복해야만 하네. 왜냐하면 사람들은 신이나 성자를 자신의 이해 수준과 영적 수준과 깨어 있는 정도에 맞추어 인식하기 때문이지. 예컨대 그리스의 군사 전문가들은 성모 마리아를 마치 군대를 이끄는 장군처럼 생각한다네. 그들은 자유분방한 상상력으로 성모 마리아가 불가리아군에 맞서 자신들을 이끄는 모습을 보았고, 그녀가 군복을 입은 모습도 보았던 것일세."

"내가 신의 본질에 대해 나눴던 가장 멋진 대화 중의 하나는 조나단이라는 한 유태인과의 대화였네. 조나단은 내가 성지를 방문했을 때 안내를 해주었던 이였어. 그는 대학생이었는데 안내자로 아르바이트를 하고 있었네. 그의 상관은 살로니카에서 온 유태인이었는데 그리스어를 했지. 그는 나에게 조나단을 도와서 영어를 그리스어로 통역해 달라고 부탁했네. 우리는 버스를 탔어. 조나단이 안내를 시작했지. '이곳은 갈릴리의 가나라는 작은 마을입니다. 예수께서 물을 포도주로 바꾸는 기적을 행하신 곳이지요.' 나는 속으로 웃었다네. 그는 또 이어서 말했네. '이곳은 겟세마네입니다. 이곳은 예수께서 라자로를 죽은 자 가운데서 살리셨던 베다니입니다.' 그가 말했을 때 나는 가만히 일어서서 그를 쳐다보았네. '그럼 예수 그리스도는 누구인가?' '유태인이지요.' 그가 대답했네."

"그는 매우 영리한 친구였네." 다스칼로스는 우리의 웃음이 가라앉자 이야기를 계속했다. "나는 그를 계속 쳐다보면서 말했지. '질문을 하겠네. 예수 그리스도께서는 너희 모두가 하나님이며 전능한 분의 아들이라고 했네.' '아닙니다.' 조나단이 끼어들었지. '그것은 다윗이 계시를 받은 후에 한 말입니다. 그리스도께서는 다윗이 한 말을 되풀이한 것입니다.' '좋아, 그리스도가 그것을 되풀이했다고 치세. 하지만 자네는 그리스도가 하나님의 아들이라고 생각하나?' '물론 그렇지요. 당신과 제가 그런 것처럼요. 우리 모두가 하나님의 아들이지요. 하지만 당신과 나는 우리 자신이 누구인지 모르고 있지만 예수께서는 그것을 아셨지요.' 나는 그를 찬탄의 눈빛으로 바라보았다네."

"우리가 성묘(聖墓)로 들어갈 때 그도 따라 들어왔네. '자네는 유태인이 아닌가? 왜 우리를 따라오나?' 내가 말했어. '당신은 이스라엘에 있다는 것을 잊지 마십시오. 당신은 우리나라에 있습니다.' 나는 웃음을 터뜨렸다네. 나는 성호를 긋고 성상에 입을 맞췄네. 그는 자신의 종교 관습대로 이마에 손을 얹었네. 그리고 이렇게 말하더군. '모든 나라가 하나님을 예배해야 합니다.' 나는 멈춰서서 그를 바라보았네. '당신을 당황스럽게 했다는 것을 압니다. 하지만 믿어 주세요. 당신도 하나님 안에서 저의 형제입니다. 당신은 하나님이고 저도 하나님입니다. 그리고 예수 그리스도는 자신이 누구인지를 알았던 우리의 형제입니다.'"

"자, 이제 말해 보게." 다스칼로스는 큰 목소리로 이렇게 말하고는 안락의자에 등을 기댔다. "이 유태인이 신학자라고 자칭하는 광신적인 멍청이들보다 진리에 더 가깝지 않나?"

"다스칼레." 웃음이 잦아든 후에 내가 말했다. "제 유태인 친구 하나는 개인적인 문제 때문에 메인 주(州)의 심령가를 찾아가서 도움을 청했답니다. 이 유명한 영매는 매우 신심이 깊고 순박한 노인이었습니다. 그가 해준 충고는 예수 그리스도께 기도만 하면 문제가 사라지리라는 것이었습니다. 제 친구는 이런 식의 충고에 매우 자존심이 상하고 화가 났습니다. 그는 이 기독교인 영매가 정말 심령적 능력이 있다는 것을 인정하는 사람이었는데도 말입니다……."

"그들은 둘 다 틀렸네." 다스칼로스는 내 얘기가 미처 끝나기도 전에 말했다. "그 영매는 마음속에 그만의 환상으로서 예수를 모시고 있고, 자네의 유태인 친구는 그리스도 로고스를 다른 이름, 즉 사랑으로 믿고 있었을지도 모른다네. 오늘날 인간의 마음은 이토록 어지러운 혼란 속에 있다네."

"이 유태인 친구가 만일 당신을 찾아왔다면 당신은 어떻게 충고해 주셨겠습니까?" 내가 물었다.

"나는 조나단에 대해서 그랬던 것과 똑같은 방법으로 자네의 친구를 완전히 이해할 수 있었을 거라고 믿네. 나는 이렇게 말했을 거야. '자네와 나의 아버지인 하나님은 문제를 해결할 수 있는 이성을 모두에게 주셨네. 이성으로써 해결할 수 없는 문제는 아무것도 없다네. 인간은 이성을 사용해서 달에 도달했네.' 나는 그에게 이렇게 물을 걸세. '자네의 문제가 달에 가는 것보다 더 어려운가?'" 다스칼로스는 이렇게 덧붙이고는 역설적인 미소를 지었다.

"오늘날의 인간들은 자신의 신성한 유산인 이성, 곧 마음을 남용하거나, 아니면 아예 도외시한다네. 신을 탓해서는 안 되네. 그리고 신께서 우리의 문제를 해결해 주리라고 기대해서도 안 되네. 나는 어려운 일이 있을 때에 결코 신께 도움을 청하지 않아. 나는 다만 그에게 협조하며 '사랑하는 분'으로서 그를 찾는다네. 우리가 우리의 온갖 시시콜콜한 문제를 가지고 늘 그렇게 신을 괴롭혀야 하겠나?" 다스칼로스는 웃으면서 결론을 내렸다.

그리고 다스칼로스는 자신이 발을 수술하기 위해 입원했을 때 겪은 경험을 이야기해 주었다. 중환자실에 있을 때 그는 자신을 굽어보고 있는 그리스도의 모습을 환시했다.

"감사합니다. 사랑하는 이여." 내가 이렇게 말했지. 나중에 간호사는 내가 누구와 말을 했냐고 물었네. 그런데, 바로 그 순간에도 그리스도께서는 수백만의 사람들에게 각자가 이해할 수 있는 방식으로 나타나셨겠지. 그는 불교도에게는 붓다의 모습으로, 힌두교도에게는 크리슈나의 모습으로, 유태인에게는 모세의 모습으로, 혹은 회교도에게는 모하메드로 나타나셨을 걸세. 신은 사람들 각자가 이해하는 방식으로 나타나신다네. 그리스도 로고스는 지상에 내려오는 모든 인간들의 일부이며, 그가 기독교도이건 아니건 상관없이 누구나 자신을 그리스도와 동조시킬 수 있다네. 그것은 말하자면, 텔레비전 방송국과도 같다네. 텔레비전은 지구상 어디에 있든지, 얼마나 많든지 상관없이 같은 방송을 시청할 수 있게 하지. 그러니까 그것은 기독교도가 다른 종교보다 더 총애를 받는다든가 하는 그런 종류의 문제가 아니라네. 종교적인 신념은 아무런 상관이 없는 걸세. 중요한 것은 각자가 얼마나 영적으로 진화했는가, 자신의 내면에 있는 그리스도 로고스와 얼마나 교감하고 있는가 하는 것이라네."

"그렇다면 당신은 기도가 필요없다는 말씀인가요?" 비밀 조직의 세 번째 여성인 채리클리아가 물었다.

"그런 말이 아니에요. 기도는 자신의 내면에 있는 신성과 그리스도를 동조시키는 한 가지 방법일 수도 있어요. 하지만 내 말은 그리스도가 여러분 가까이에서 늘 굽어보고 계시다는 것이에요. 그는 여러분의 두 눈 사이보다도 더 가까이 있으며 여러분이 어떤 것을 생각하거나 의식하기도 전에 이미 그것을 알고 계십니다."

그리고 다스칼로스는 자신이 높은 힘의 빠른 개입으로 인해 죽음이나 부상으로부터 기적적으로 구출되었던 몇 번의 경험을 이야기해 주었다.

"하루는 레드라 가를 걷고 있었다네. 공무원들의 클럽이 있는 바로 그 길이었지. 그곳은 건설공사 중이었어. 나는 갑자기 성부 요하난께서 나를 뒤로 밀어 내는 것을 느꼈다네. '뒤로 가, 뒤로' 하고 그가 명령하셨지. 그가 나를 미는 것을 느끼고는 뒤로 두세 걸음 물러섰다네. 바로 그 순간에 문짝만한 커다란 유리가 내 앞에 떨어져서 깨졌다네. 내가 뒤로 물러서지 않았다면 죽었을 것은 너무나 분명했지. 나는 무슨 일이 일어났는지를 모르고 있었다네. 그날 나의 목숨을 구해준 것은 성부 요하난이셨지. 나는 손을 이마에 대고 이렇게 중얼거렸네. '감사하나이다. 사랑하는 이여.' 요하난께서 내 손을 잡는 것이 느껴졌다네. 이런 이야기는 너무나 많아. 나는 도움을 청하지도 않았어. 그는 오늘 내가 겪고 있는 이 모든 일들로써 나를 고문하기 위해서 나를 보호하고 싶었던 것일 뿐이라네." 다스칼로스는 웃으면서 말을 마쳤다. "일을 위해 여러분이 필요하다면 여러분을 보호하는 방법은 그들이 알고 있다네." 그는 이렇게 짓궂게 덧붙이면서 고개를 가로저었다.

그가 이야기를 끝내자 둘러앉았던 몇 명 안 되는 사람들이 저마다 자기도 절박한 위험에서 구출되었던, 높은 힘이 개입되었다고밖에는 설명할 수 없는 일이 있었다고 했다. 다스칼로스는 자신의 수많은 경험 중에서 또 하나의 이야기를 꺼내 놓았다.

"나는 어렸을 때 여름이면 높은 산 위에 있는 스타브로보니 수도원에서 지내곤 했지. 전에 이야기했던 걸로 아는데, 대수도원장은 나의 아저씨였다네. 방학이 시작되면 그는 니코시아로 와서 나에게 마치 수도사들처럼 검은 수도복을 입히고는 데리고 가곤 했다네. 나는 늘 여름방학을 그렇게 보냈다네. 그 당시 스타브로보니의 대부분의 수도사들은 문맹이었지. 그들은 나를 귀여워해 주며 '작은 스피라키'라고 불렀다네. 나는 그들을 도와 밭에서 일도 하고 그들에게 성경 읽는 법을 도와 주려고 애썼지. 어느 해에는 그들에게 잠언을 외우게 할 수가 있었다네. 그들은 밤새도록 저녁기도를 올리고 해가 뜨기 전에 일어나서 해 뜰 때까지 기도와 찬송을 계속했지."

"언젠가 성탄절을 지내기 위해 나는 아저씨와 수도원에 갔었네. 나는 역시 검은 수도복을 입고 교회로 갔지. 그 당시에 아저씨는 스타브로보니 바로 아래의 성 바바라 수도원에 있었는데 그곳도 그의 관할하에 있었지. 그날 밤 스타브로보니에는 사바스, 마테오스 신부(그들은 나에게는 할아버지와도 같았지), 그리고 또 한 사람의 수도사, 그리고 나 이렇게 네 사람밖에 없었다네. 다른 사람들은 나의 아저씨를 따라 성 바바라 수도원으로 갔지.

우리가 기도와 찬송을 하고 있는 동안 바깥 날씨가 정말 엉망이었어. 얼마 지나지 않아 이내 무시무시한 폭풍으로 변했네. 우리는 창문을 꼭 잠그고 계속 저녁 기도를 올렸지. 그런데 갑자기 벼락이 수도원에 떨어졌다네. 그것은 피뢰침에 떨어졌지만 너무나 낡고 형편없어서 벼락은 유리창을 깨면서 창문을 뚫고 내 등 뒤에서 교회 안으로 들어왔다네. 다행히 우리는 밭에서 일을 했기 때문에 밑창에 쇠침이 달린 신을 신고 있었다네. 나는 무릎을 꿇고 기도를 드리고 있었는데 그때 벼락이 내 눈앞을 지나 성모상을 때렸지. 그들은 아직도 반쯤 타버린 성모상을 보관하고 있어.

그 순간에 나는 묘한 환희와 즐거움을 느꼈다네. 교회는 순간적으로 휘황한 광채로 가득 찼지. 다음 순간 다시 어둠이 덮치고 귀가 먹을 정도의 굉음이 울렸네. 제단 앞에 밝혀 놓은 몇 개의 촛불로는 서로 얼굴을 알아보기도 힘들었어. 사바스 신부는 나에게 달려와 팔로 감싸안으셨어. 이미 내 발에는 신발이 없었네. 그것은 내 옷의 대부분과 함께 타버렸지. 머리카락도 일부 타버렸지만 나는 아무것도 느끼지 못했어."

"몸에 남아 있는 내 옷을 건드리자 그것은 조각이 나 부스러져 버렸지만 불타지는 않았어. 나의 신발은 흔적도 없어지고 나는 맨발이었네. 사바스 신부의 신발도 사라져 버렸다네. 그냥 없어져버린 거야. 과학자들은 이것에 대해 온갖 추측을 하겠지. 왜냐하면 벼락이 칠 때 이런 현상은 실제로 일어나니까. 하지만 나는 왜 하나도 다치지 않았고, 두려움에 떠는 대신 기쁨을 느꼈을까?"

다스칼로스의 이야기가 끝나자 나는 메인 주에서 일어난 그보다 더 오싹한 사례를 이야기했다. 앞을 못 보던 사람이 머리에 벼락을 맞고 시력을 회복했던 것이다.

그러자 다스칼로스는 지구인이 우주에서 유일한 생명체가 아니며, 우주는 우리의 물질적, 영적 진화를 굽어보고 있는 높은 지성을 지닌 생명체들로 가득하다고 말했다. 그리고 그는 코스타스에게 성소에 가서 '날 없는 검'을 가져오게 했다. 그것은 그가 비밀 조직에 회원을 입문시킬 때 쓰는 성물이었다.

"이걸 보게." 다스칼로스는 코스타스에게서 그것을 받아들며 말했다. "자네도 알듯이 몇 해 전에 우리는 교회와 말썽이 있었지. 견딜 수 없는 상황이 발생했고 성부 요하난께서는 나에게 비밀 조직의 활동을 잠시 보류하라고 일러주셨네."

다스칼로스는 그것을 내 앞에 치켜들며 말을 이었다. "어느 날 이 '날 없는 검'은 수수께끼처럼 제단에서 사라져 버렸다네. 나는 문제가 있었던 학생 하나를 의심했었지. 다른 학생들은 조사를 해서 이 문제를 정면으로 제기하라고 나를 재촉했지. 그러나 나는 그러지 않기로 했네. '그가 가지게 놔두지.' 하고 나는 말했네. 어쩌면 그것이 그를 깨닫게 할지도 모르니까. 하지만 우리는 그가 정말 그것을 훔쳐 갔는지는 확신하지 못했어. 벌써 여러 해 전의 일일세. 그로부터 6, 7년이 지나갔어. 성부 요하난께서는 비밀 조직을 다시 결성하고 새로 입문식을 하도록 지시를 내리셨어. 그는 테오파니스를 입문시켜 흰 수도복을 입히라고 지시하셨네. 나는 의식에 필요한 '날 없는 검'도 없이 어떻게 입문식을 해야 할지를 고민하고 있었지. 혼자 이렇게 말했네. '때가 올 때까지 기다리겠어. 뭔가 대책이 생길 거야. 어쩌면 성부 요하난께서 그냥 손으로 의식을 치르라고 지시하실지도 모르지.

테오파니스를 손으로 축복하겠어.' 나는 성소를 떠나며 문을 잠그고 열쇠를 잘 보관했지."

"사람들이 오자 나는 의식을 치를 '날 없는 검'이 없지만 걱정하지 않는다고 말했어. 성부 요하난께서 적절한 대책을 지시해 주실 것이 틀림없었지. 우리는 수도복을 입기 위해 성소로 들어갔어. 문을 열자 우리 눈에 무엇이 보였으리라고 생각하나? 기름 호롱불이 타고 있었다네. 기름이 반쯤 없어진 것으로 보아 상당한 시간 동안 타고 있었던 것이 틀림없어. 내가 성소를 잠글 때는 불을 켜놓지 않았었네. 주위를 살펴보니 제단 위에 '날 없는 검'이 놓여 있는 것이 아닌가."

다스칼로스는 검을 든 채 격앙된 목소리로 말했다. "날 없는 검은 6년이 지나도록 환원되어 있다가 입문식을 할 때가 되자 성부 요하난께서 다시 물현시키신 것이야. 나는 놀란 채 한참 서 있다가 다른 사람들과 함께 무릎을 꿇고 기도를 드렸지. 그때 요하난 성부의 목소리가 들렸네. '그동안은 그것이 필요하지 않았다. 이제 그것이 필요하므로 내가 다시 가져다 놓았노라.' 나는 테오파니스에게 검으로 입문식을 받는 것이 두렵지 않으냐고 물었지. 그는 그렇지 않다고 대답했어. 그래서 우린 입문식을 시작했다네."

"다스칼레, 누군가가 실제로 검을 훔쳐갔다가 다시 가져다 놓은 것이 아니라는 것은 확실한가요?" 내가 물었다.

"그렇다네, 확실히 장담하네." 다스칼로스는 마치 내 질문이 덜 진지했다는 듯이 약간 과장기를 섞어서 대답했다. "문은 며칠째 잠겨 있었고 내가 열쇠를 가지고 있었지. 그리고 그런 기적을 겪은 것은 사실 처음이 아니었다네."

실제로 다스칼로스의 제자인 한 의사가 나에게 바로 자신의 눈앞에서 지역의 극우 단체에서 만든 아직 인쇄하지 않은 문서를 물현시키는 것을 목격했노라고 사뭇 진지하게 말한 적이 있다. 다스칼로스는 자신의 특별한 능력으로 저자의 책상 위에 놓인 문서를 '보았다'고 한다. 그날 저녁 다스칼로스는 그것을 그 사람의 책상 위에서 환원시켜 내용을 읽고는, 다시 그것을 원래 있던 곳에다 물현시켜 놓았다. 그리고 그는 정부의 고위 관리에게 전화를 걸어 그 문서의 성격을 알려주었다. 다스칼로스는 그것이 초래할 수 있는 정치적 혼란이 폭력사태로 치달을 것을 우려했던 것이다.

다스칼로스는 잠시 말을 멈추었다가 나의 질문에 대답하여 아까 했던 말을 다시 반복했다. "우리가 살고 있는 우주는 우리가 알고 있는 것보다 훨씬 더 지적인 생명체들로 가득하다네. 우리가 우주에서 유일한 지적 존재가 아니란 말일세. 높은 지성체들이 우리 행성의 진화를 지켜보고 있다네. 그들은 우리 지구의 수호자들과 같고 우리들 중의 일부는 그들과 소통하고 있네."

다스칼로스는 전에도 자신이 그런 존재들을 만났던 일을 자세히 들려주었던 적이 있었다. 그들은 테오시스를 이룬 존재들로 시간과 공간에 구애되지 않는 물질의 지배자로서 자신을 마음대로 물현시키고 환원시킬 수 있다는 것이다. 나는 다스칼로스에게 그런 'ET(외계인)' 이야기는 너무나 믿기 힘들며, 그가 품고 있는 사물에 관한 전체적 구도 속의 지혜와 논리적 일관성에서 약간 벗어나는 느낌을 받는다고 털어놓았다. 그리고 지구 속에, 그리고 불타는 태양 속에, 화성과 달과 우주의 모든 곳에 존재하는 지성체에 관한 '엉뚱한' 주장들을 받아들이기가 매우 어렵다고 고백했다.

다스칼로스는 내가 이렇게 말하고 있는 동안 미소를 짓고 있었고, 다른 사람들도 마찬가지였다. "우리 태양계의 다른 행성들과 비교하면 지구는 진화의 낮은 단계에 있습니다." 코스타스가 나를 더 놀래 주기나 하려는 듯이 끼어들어 덧붙였다.

"이제 저는 완전히 혼란에 빠졌습니다. 코스타스, 저는 당신의 말을 이해하기가 매우 힘듭니다. 과학은 태양계의 다른 행성들이 지구에서와 같은 생명체들이 살 만한 조건을 갖추지 못하고 있다는 것을 증명했습니다. 우리가 아는 한 화성과 기타 행성들은 죽은 물질일 뿐입니다. 물도, 숲도, 아름다운 자연도 없습니다. 그런데 당신은 무슨 근거로 그런 행성들이 우리보다 더 진화되어 있다고 말하는 거죠? 제발 말해 주세요."

"진화의 법칙에 의해서지요, 키리아코." 다스칼로스가 머리를 흔들며 소리 없이 웃고 있는 가운데 코스타스가 말했다. "이 행성들을 근거지로 삼고 있는 심령이지 차원의 존재들을 말하는 겁니다."

다스칼로스가 덧붙였다. "그러니까 키리아코, 우리는 다른 행성에서 지구에 표현된 것과 같은 형태의, 우리가 이해하는 형태의 그런 생명체를 발견하리라고 기대해서는 안 되네. 생명은 모든 곳에 있고 우리가 알고 있는 그런 환경에만 있는 것이 아니라네. 말하지만, 태양조차도 생명체로 가득하다네. 생명이 언제나 지구에 표현된 그런 형태로만 나타나리라고 기대하는 것은 좀 편협한 생각이 아닐까? 정통과학은 아직도 불 위로 걷는 것, 텔레파시, 심지어는 투시와 같은 단순한 현상조차 해명해 내지 못하고 있다는 점만 명심하게. 그들은 이제 이런 현상들을 받아들이기 시작하기는 했지만 그것을 해명하지는 못하고 있네. 그리고 그들은 소위 UFO가 어떻게 그토록 빠른 속도로 순식간에 나타났다가 사라지는지 이해하지 못한다네. 정통과학이 그것을 이해하지 못한다면 우리가 어떻게 화성에 지구와 같은 환경 조건이 존재하지 않는다고 해서 거기에 생명이 없다고 단정할 수 있겠나?"

"우리도 진화해가면 결국은 지구의 자연 환경이나 거친 물질로부터 해방될 걸세. 물질 세계는 더 이상 우리에게 장애물이 되지 않을 거야. 예컨대 숨쉬기 위해서 산소가 필요하지 않을 거란 말일세. 우리는 원한다면 불이라는 원소의 영향을 받지 않고도 지구와 태양의 내부를 순간적으로 여행할 수 있을 걸세. 그때쯤 되면 우리는 원소들의 지배자가 되어 있을 것이야. 그러므로 태양계의 다른 행성으로 여행해서 우리가 알고 있는 것과 똑같은 생명체를 찾으려고 한다면 결코 찾을 수가 없을 거야. 이 지성체들은 더 진화된 존재로서 물질의 지배자들이거든. 그들은 마음대로 물질의 옷을 걸칠 수 있다네. 그들은 우리와 비슷한 형체를 가지고 있다네. 그들도 인간 이데아를 통과한 생명체들임에 틀림없어. 물론 그들도 조직화된 사회를 가지고 있다네."

"그렇다면 그들의 도시와 건물들은 어디에 있습니까?" 내가 장난처럼 묻자 다들 웃었다.

"자네는 지금 이 지구상의 심령이지 차원에 있는 도시와 건물들이 보이나? 보통 사람들이 자신의 행성에 있는 그것도 보지 못하는데 어떻게 다른 행성에 있는 것을 발견할 수 있으리라고 기대할 수 있겠나? 게다가 그들은 훨씬 더 진화된 존재들인데 말일세."

"제가 이해할 수 없는 것은 이것입니다." 내가 말했다. "그들이 거친 물질적 필요로부터 해방된 존재들이라면 이 지성체들은 왜, 예컨대 화성과 같은 어떤 특정한 행성에 속해야 하는가 말입니다. 결국 그들은 이 행성들의 심령이지계에서 살고 있는 것이 아닙니까?"

"왜냐하면 그들은 어떤 신성한 목적을 이루어가고 있기 때문이고, 또 그들이 자신의 영적 진화를 거쳐온 곳이 바로 이 행성들이었기 때문일세."

"그렇다면 그들도 과거에는 그 행성에서 지구인들과 비슷한 방식으로 거친 물질적 존재의 과정을 거쳤다는 것이로군요. 태어나고 죽고, 또 태어나고 등등."

"맞았어. 하지만 그들은 더 이상 거친 물질적 존재를 필요로 하지 않네. 그들은 거친 물질 세계를 초월했지. 그것이 그들에겐 더 이상 필요치 않아."

"그런 존재들은 지금은 무엇을 하나요?"

"그들은 진화의 낮은 단계에 있는 우리를 돕고 있다네. 주의하게, 태양계의 모든 존재들이 같은 진화의 수준에 있는 것은 아니라네. 높은 단계에 있는 존재들은 낮은 단계에 있는 존재들을 돕는다네. 그리하여 모든 존재들이 테오시스를 성취하면 우리의 태양계는 존재할 목적이 없어지지. 조만간 그것은 붕괴할 걸세. 예컨대 화성의 존재들이 가장 높은 진화 단계에 있을지 모르네. 그들은 화성의 이지계에 해당하는 곳에 있는지도 몰라. 그래서 그들은 태양계 내의 어느 곳으로든 여행할 수 있고 심지어는 태양계 너머 다른 태양계나 다른 은하계로도 갈 수 있을지도 모른다네. 그러므로 우리를 방문하는 외계인들은 다른 태양계에서 온 존재일 수도 있으며, 그들은 과제를 주고 우리가 진화하도록 돕기 위해서 오는 것이라네. 그들은 우리가 이해할 수 있는 물질적 형태로 자신을 나타내는 한 수단으로서 비행접시처럼 나타나는 것이라네. 그들은 우리의 세계로 진입할 때 지구로부터 물질을 모아 지구인의 형체와 특징을 띠고 나타난다네."

내가 더 캐묻자 다스칼로스는 화성에 사는 존재들과 텔레파시로 대화한 적이 있다고 털어놓았다. 그들이 사는 곳을 방문할 수도 있었지만 그는 그러고 싶지도 않았고 그럴 이유도 없었다고 했다.

"이지체만을 가지고 믿을 수 없을 정도의 빠른 속도로 거기에 갈 수 있다네. 한 시간쯤 걸린다네. 하지만 돌아올 때는 15분밖에 안 걸리지. 육신이 끌어당기기 때문에 훨씬 더 빨리 되돌아 올 수 있다네. 이지계 너머의 의미를 알고 이데아의 세계에 들어가 본 마스터만이 다른 행성을 방문할 수 있다네. 나는 이곳 지구에서 가르치도록 정해져 있다네."

"전근을 갈 수도 있지요." 코스타스가 구석에서 이렇게 농담을 던져서 우리는 한바탕 웃었다. 다스칼로스는 자신은 화성에 가보진 않았지만 화성의 존재들과 소통하여 그들에 대해 많은 것을 배웠다고 덧붙였다.

"그러면 이 화성인들도 우리와 같은 인간이라는 말씀인가요?" 내가 물었다.

"그들도 인간이지만 우리와 같지는 않아."

"그들은 거친 육신을 가지고 있나요?"

"때로는. 하지만 그것은 우리의 몸과는 다르다네. 화성에 사는 인간들은 우리보다 훨씬 높은 존재들일세. 그들은 물질의 지배자들이지. 그들은 자신을 마음대로 물현시키고 환원시킨다네. 그들의 육신은 두 개의 삼각형처럼 생겼다네. 하나는 가슴이고 하나는 머리지. 허리는 매우 작고 손과 다리는 우리의 것과 비슷하다네. 그들의 심장은 우리와 다르고 혈액은 꿀과 같은 색깔로서 아주 진하다네. 그들의 몸은 복잡하지 않고, 순환계는 있지만 동맥이나 정맥이 몇 개 안 되네. 우리의 혈액은 몸 전체를 돌려면 13분이 걸리는데 화성인의 혈액은 한 번 순환하는 데 하루가 걸린다네. 그들의 몸이 노쇠하는 템포는 우리와 같지 않다네. 화성인의 몸은 오히려 집과 같지. 그들은 마치 우리가 집을 드나들듯이 쉽게 자신의 몸을 드나든다네. 그들의 몸은 움직임이 매우 적고 그것을 마치 자신의 일터처럼 사용한다네. 화성인들은 어떤 장소에 구속받지도 않고 우리처럼 그것에 유혹되지도 않지."

"화성인들이 지구에 올 때는 몸을 두고 온다네. 혈액은 순환을 계속하지만 주인은 거기에 없다네. 그들은 지구의 전리층에 도착하면 사념으로써 자신이 원하는 것을 무엇이든 만들어 낸다네. 만들어진 물체는 우리의 눈에는 종종 비행접시처럼 보이지. 만일 그가 지상에 물현하기로 결정하면 그는 인간의 모습을 취하고, 때로는 몸의 일부처럼 보이는 옷을 입고 나타난다네. 옷이 이처럼 몸의 일부처럼 보이는 것은 농축된 에테르 에너지 때문일세. 또 우리들처럼 옷을 입은 모습으로 나타날 수도 있지. 예컨대 신사복을 입고 말일세. 그들은 의지로써 물질을 빚어 낼 수 있다네. 그들은 지구인들의 생각에 자신을 동조시켜서 의미와 이데아를 흡수하고, 심상화하는 힘으로써 지구인들처럼 보이도록 자신을 물현시킬 수 있다네. 그리고는 커피숍에 앉아 그곳의 언어를 말하면서 커피를 마실 수도 있다네. 그들은 인간의 생각에 자신을 동조시킬 수 있기 때문에 인간들이 아는 것을 그들도 알 수 있다네."

"만일 그렇다면 그들은 지구에서 일어나고 있는 일을 다 알고 있겠군요."

"물론 그렇지. 그들이 왜 우리를 방문한다고 생각하나?"

"음, 그들이 우리의 행성에 어떤 영향력을 미치고 있나요?"

"우리가 지구를 다시 파멸시키지 않게 하기 위해서야. 그들은 수백 년 동안 늘 지구를 방문했고 인간들은 그들을 천사나 신으로 보았지. 그들은 우리와 마찬가지로 영원한 존재들이지만 진화의 높은 단계에 있는 것일세. 그들은 '악'을 극복하여 초월했다네."

"그러면 우리가 아직도 그들을 발견하지 못한 것은 무슨 이유 때문인가요?"

"그들이 많은 사람들과 접촉하고 있지 않다고 누가 그러던가?"

"다스칼레." 나는 약간 흥분을 섞어 반박했다. "미국이 화성으로 쏘아보낸 우주선은 거기서 생명의 흔적을 찾지 못했습니다."

"그들은 스스로 접촉을 피했다네. 그들은 물현과 환원의 달인들이고 거친 육신을 가지고 있지 않다는 것을 명심하게. 그들은 마음으로 미국의 우주선이 어떤 정보도 기록하지 못하도록 방해하는 장을 만들어 내었을 수도 있다네. 언젠가는 이들도 더 많은 사람들 앞에 자신의 존재를 드러낼 것일세."

"자네는 이런 이야기를 공공연하게 논할 수 있으리라고 생각하나? 그러나 말해 두지만, 나는 이런 존재들과 접촉해 보았고, 지금도 접촉하고 있으며, 그들은 나의 친구일세. 그리고 나는 그들에 관해 많은 것을 알고 있으며 그들은 마음을 동조시켜 내가 알고 있는 것을 낱낱이 다 알고 있다네. 내 말을 누가 믿겠나? 내가 하는 말을 누가 받아들이겠나?"

그리고는 다스칼로스는 그 존재들과 만난 경험을 이야기했다. 그것은 1969년의 일이었다.

"나는 그들이 오고 있는 것을 느꼈네. 나는 몸을 빠져나와 우리 집 위에 떠 있는 그들의 우주선으로 다가갔네. 우주선에 탄 존재들은 우주선이 나의 에테르체를 태울 수 있으니까 몸으로 돌아가라고 재촉하는 메시지를 보냈네. 몸으로 돌아왔을 때 옆집의 할머니가 터키군이 쳐들어온다고 외치는 소리가 들리더군. 그녀는 수축하고 팽창하는 빛의 공처럼 보이는 우주선을 보고는 터키군이 쳐들어온다고 생각했던 거야. 나는 그것이 터키군이 아니라 외계에서 온 우주선이라고 설명하면서 그녀를 진정시키려고 애써 봤지만 허사였지. 내가 집으로 들어가자 우주선은 사라져 버렸네. 그들은 그날 밤 늦게 다시 나타났지. 두 명이 내 집 안에 출현해서 나타났다네. 그들은 사람처럼 보였어. 그들은 자기들이 지구에 사는 존재들의 특징적인 형체를 마음대로 취할 수 있기 때문이라고 내게 설명해 주었네. 은빛 신사복을 입었는데 그것은 그들의 피부와 구분하기가 어려웠다네. 그들을 만져 보니까 마치 뱀을 만지는 느낌이더군. 우리는 사념으로써 대화했다네. 그들은 내 오라 속으로 들어왔고, 그 순간에 그들은 내가 아는 모든 것을 알아 버렸다네. 같이 있던 아내가 그들에게 갓 구운 밀떡을 대접했지. 그들은 입에 넣었다가는 금방 뱉어 버렸다네. 그들에게는 너무 맛이 썼던 모양이야. 그들은 우리가 준 음식에는 흙 성분이 너무 많이 들었다고 말했어. 그리고는 우리에게 자신들이 영양을 어떻게 섭취하는지를 보여 주었다네. 불을 끄자 그들은 우주의 빛을 끌어들였고 그것이 온 방 안을 환하게 밝혔네. 그 빛을 자신의 몸 안으로 흡수하고 있었어. 떠나기 전에 아직은 자신들의 존재를 사람들에게 알리고 싶지 않다고 말했네."

"외계인들은 우리처럼 가족을 가지고 있나요?"

"그럴 거라고 생각하네."

나는 또 그들이 인간들처럼 아이를 낳는지, 그리고 성적인 접촉을 통해 생식을 하는지 물어보았다.

"그것은 나도 모르겠네. 그들은 어쩌면 다른 방식으로 생식할 걸세. 그들은 사념을 통해서 행위하고 사랑을 통해서 서로 이끌리게 된다네. 그런 식으로 태어나게 되지. 우리의 경우엔 생식 과정은 우리의 의식이 개입하지 않는 성령의 소관이지. 하지만 화성인들은 자신의 몸을 마음대로 다스린다네. 그들은 자신의 몸에 일어나는 일을 모두 알고 스스로 다스리지."

"그들도 죽나요?"

"아니, 자신의 몸을 해체시키고는 새로운 몸을 만들어 낸다네. 그들은 영원한 신들일세. 물론 우리도 역시 신들이지. 하지만 그들은 테오시스의 경지를 성취했다네. 그들은 스스로 대천사적 존재가 될 수도 있다네. 예컨대 그들은 지구의 중심부로 하강하여 불의 천사의 모습을 취할 수도 있지. 또 다른 원소 속으로 침투해서 그 원소의 이미지와 이데아를 취할 수도 있다네."

"그들은 그런 묘술을 부릴 수 있는데 왜 육신이 필요한가요?"

"아마도 그들을 즐겁게 해주기 때문인지도 모르지. 하지만 한시적으로만 거친 육신을 가지거나 이용하는 것 같아."

우리가 헤어질 때는 해가 뉘엿뉘엿 지고 있었다. 코스타스는 리마솔로 운전해 갔고 테아노와 차리클리아는 라르나카로, 테오파니스는 파포스로 갔고 아스파시아는 나를 집까지 태워다 주겠다고 했다. 나는 걷는 것이 더 좋았다. 저녁바람과 황혼 빛을 음미하면서 방금 다스칼로스와 나눴던 내용을 되씹으면서 말이다.

나는 스트로볼로스 인근의 교외인 아크로폴리스에 있는 우리의 거처를 향해 걸음을 옮겼다. 유칼립투스 나무숲이 있는 널찍한 영국 학교를 가로질러 갔다. 이곳은 광적이고 천박한 욕망의 불도저에 밀려 망가지지 않고 남아 있는, 니코시아에서도 몇 안 되는 곳 중의 하나였다. 이곳을 천천히 지나는 동안 내 머릿속에는 그리스도의 신성과 UFO와 외계인이 계속 맴돌고 있었다. 다스칼로스는 언제나 환상적인 이야기들로 나를 놀라게 했다. 하지만 처음에는 너무나 황당하고 믿을 수 없던 생각들조차도 뒤따르는 실제 사례와 체험의 무게 아래서는 점점 그럴 듯하게 받아들여지기 시작하고 처음의 의심을 다시 생각하지 않을 수 없게 되었다. 몇 달 후 내가 메인 주로 돌아갔을 때 나는 학교 구내서점의 과학도서 서가에서 책을 훑어보고 있었다. 거기서 한 논문집이 눈에 띄었다. 두 사람의 정평 있는 과학자가 쓴 『지구 밖의 생명(Morrow, 1980)』이라는 책이었다. 콜럼비아 대학의 이론물리학자인 제럴드 파인버그와 뉴욕시립 대학의 생화학 교수인 로버트 샤피로는 이렇게 제시하고 있었다.

지구 바깥에도 생명은 많이 존재할지도 모른다. 하지만 그 형태와 거주지는 우리가 지구에서 익히 보고 있는 것과는 믿을 수 없을 정도로 다를 것이다……. 별들의 내부와 별들 사이의 분자들의 구름 속에는 각각 특징적인 형태의 생명체들이 존재할지도 모른다. 우리 태양계 내에서도 타이탄(토성의 제 6위성)의 표면과 태양이나 목성의 내부는 생명체가 살 수 있는 가능성이 있는 장소이다. 심지어는 지구도 아직 발견되지 않은 '살아 있는 존재'를 품고 있을지도 모른다.

다스칼로스를 만나고, 내가 이런 방면에 관심을 갖기 시작한 후부터 심심찮게 일어나는 이런 식의 우연한 경험들은 나의 합리적 회의론의 기반을 무자비하게 흔들어, 나의 '의심 많은 도마'의 자세를 계속 무너뜨리고 있었다. 그리하여 다스칼로스가 심지어 다른 세계와 다른 차원의 존재들과 긴밀히 접촉했다고 주장하는 것을 들을 때에도 그것을 대수롭지 않게 흘려보내기란 나로서는 점점 더 힘든 일이 되어가고 있었다.

8
Guardian Angels

수호천사

"인간이 함께 데리고 오는 수호천사는
그의 오라에 붙어 있으며, 가쳐면 상태에 있다네.
그것은 그 사람의 카르마의 일부이며
항상 개입하는 것은 아니라네.
우리의 목적은 이 천사를 깨워서
그 사람을 보호하도록 하는 것이네.
우리는 스스로 천사를 만들어 냄으로써 그렇게 하지."

내가 다스칼로스의 집에 도착했을 때 그는 야코보스에게 산스크리트어를 가르치고 있었다. "야코보스는 산스크리트어로 기록하는 법을 배워야 하네."

"그리스어만으로는 부족한가요?" 내가 물었다.

"야코보스의 비밀 공책이 엉뚱한 사람의 손에 들어가는 일이 생기더라도 읽지 못하도록 하기 위해서지." 그는 이렇게 대답하면서 붉은 잉크로 쓴 산스크리트 문자로 가득한 공책을 보여 주었다. 인체 그림과 차크라가 그려진 그림, 그 밖에 상징 기호들도 보였다. 사용된 언어는 그리스어였지만 문자는 산스크리트어였다. 그 공책의 내용을 해독하려면 그리스어뿐만 아니라 산스크리트어도 알아야만 하는 것이다.

"게다가 산스크리트어는 신성한 언어라서 야코보스가 부적을 만들려면 필수적으로 배워야만 한다네." 야코보스의 물음으로 다스칼로스는 부적 만드는 방법을 설명하기 시작했다.

"우리는 늘 육각형 별을 사용해서 부적을 만들지. 오각별은 절대로 사용하지 않는다네."

"왜 그런가요?"

"오각별은 세속적인 육체를 상징한다네. 하지만 그것을 거꾸로 놓으면 악마를 상징하게 되지. 흑마술에 걸린 이가 찾아왔을 때 그의 오라에 나를 동조시키면 언제나 그 사람 안에서 오각형 별이 거꾸로 놓인 형상을 발견하곤 한다네. 이럴 때는 자네도 전에 봤지만 촛불을 켜고 악마가 나오도록 명령하여 불을 통과시킴으로써 성령 속에서 해체되게 하지. 특히 오각별이 검은색일 때는 매우 위험하다네. 그것은 누군가가 흑마술로 그를 죽이려고 한다는 뜻이지. 짙은 갈색은 사악한 힘을 나타내기는 해도 죽음의 상징은 아니야. 썩은 초록은 질투와 시기의 산물이지. 언젠가는 과학이 이런 것들을 이해하게 될지도 몰라. 과학자들이 이것들을 빛을 발하는 방사체로 이해하게 될지도 모르네."

"성직자들이 행하는 파문 의식에서는 거꾸로 놓인 파란색 오각별을 볼 수 있다네. 여기에는 많은 신부들이 지니고 있는 종교적 미신과 심리적 공격성이 담겨 있지. 그러나 이런 형태의 별은 힘이 없다네. 본질적으로 해롭지 않아."

그리고 나서 다스칼로스는 부적 만드는 법을 설명했다. 부적은 언제나 육각별로 만들었다. 다스칼로스는 위를 향한 삼각형은 세 가지 속성으로 구성된 우리 내면의 신성한 부분, 즉 높은 자아를 상징한다고 했다. 세 변은 절대자의 권능과 사랑과 지혜를 상징한다. 아래를 향하고 있는 삼각형은 물질로 하강한 낮은 자아를 상징한다. 이 또한 세 가지 속성을 나타내는 것으로서, 높은 자아와 중심을 공유하고 있다.

야코보스가 부적 만드는 법을 보여 줄 가장 좋은 연습으로 가족을 위해서 만들어보면 어떻겠냐고 제안했다. 다스칼로스도 이에 동의하여 필요한 재료를 모으기 시작했다. 그것은 흰 종이와 컬러펜, 양초, 물 한 컵, 그리고 '날 없는 검'이었다. 다스칼로스는 흰 수도복을 입고 테이블 앞에 앉았고 야코보스는 창문을 닫고 양초에 불을 붙인 후 예배용 향을 피웠다. 야코보스와 내가 지켜보고 있는 가운데 다스칼로스가 작업을 시작했다.

그는 양손을 위로 치켜들고 기도문을 중얼거렸다. 그리고는 검은색 펜과 '날 없는 검'을 사용해서 육각별을 그렸다. 그리고는 우리 가족이 기독교 세례를 받은 적이 있느냐고 물었다. 나는 그렇다고 고개를 끄덕였다. 그러자 그는 붉은색 펜으로 육각별의 가장 꼭대기 구석에다 십자가를 그려넣었다. 그 오른쪽에는 남성의 상징을, 그리고 그 반대편인 왼쪽에는 '모성과 조화'의 상징을 그려넣었다. 그리고 그는 촛불을 한동안 응시하다가 마치 대화하듯이 손바닥을 촛불 위 70센티 정도의 높이에서 좌우로 흔들었다.

그리고 나서 그는 '날 없는 검' 위에다 꼬리가 맨 위로 가고 머리가 맨 아래쪽에 가도록 뱀을 그려넣었다. 그리고 그 위에다 붉은 펜으로 마치 뱀의 머리 위에 벼락이 내려치듯이 지그재그 선을 그려넣었다. 나는 뱀은 사악한 요소를 상징하며 벼락 형상은 대천사 미카엘의 불을 상징한다는 것을 알고 있었다. 그러고 나서 다스칼로스는 별의 내부에 우리 네 사람, 즉 나와 에밀리, 그리고 두 아이의 이름을 산스크리트 문자로 적었다. 그리고 별의 아래에는 '당신의 종의 머리 위에 주의 권능이 함께하시길 : 사랑, 지혜, 건강, 평안'이라는 내용을 산스크리트 문자로 적었다. 그는 종이를 3인치를 넘지 않는 삼각형이 될 때까지 여러 번 접었다. 그리고는 그것을 파란색 테이프로 조심스럽게 단단히 감았다. 다스칼로스는 그것을 나에게 주면서 이렇게 말했다. "이것을 파란 천조각 속에 넣어 바느질하게. 그리고 그것을 안전한 장소, 집 안의 성소에다 놔두게. 주의할 것은 절대로 그것을 밟아서는 안 되네. 자네들의 수호자는 로고스와 성모 마리아와 대천사 미카엘이라네. 이제 필요할 때 그들을 부를 수 있네. 특히 성모 마리아를. 이건 아주 강력한 부적일세." 다스칼로스의 표정은 매우 진지했다. 그는 우리에게 컵의 물을 마시라고 했다.

부적을 다 만들고 나서 다스칼로스는 그와 알고 지내는 한 가족을 괴롭히는 몇 가지 원소들을 '태우고' 싶다고 말했다. 다스칼로스가 그 원소들을 촛불 속으로 집어넣는 동안 야코보스는 정신을 집중하여 그를 도왔다.

"자, 가라, 타라, 타라." 다스칼로스는 마치 빠져나가려는 곤충을 막기라도 하듯이 촛불 주위에서 손을 움직이면서 이렇게 소리쳤다.

"오늘은 이만 됐어." 그는 잠시 후 말했다. "우리는 세 가지를 태웠어. 내일 몇 가지 더 태우기로 하지."

부적 연습이 끝나고 야코보스에게 불 속에서 무엇이 보이더냐고 내가 물어보자, 그는 '작은 악마 형상을 한 원소들'을 보았다고 대답했다. 그는 촛불 속에서 사람 크기만한 대천사 미카엘의 얼굴도 보았다고 주장했다.

"촛불 속에서 사람 크기만한 얼굴을 어떻게 볼 수가 있나?" 내가 의아해서 이렇게 물었다.

그는 웃으며 대답했다. "제가 보는 것은 육안을 통해서 보는 것이 아니에요. 제 앞에 '스크린'이 펼쳐졌고, 그것을 통해 봤지요." 야코보스가 투시에 대해 이야기할 때 흔히 드는 비유는 텔레비전 화면이었다. 그는 이렇게 말했다. "제가 볼 때는 평소의 시력은 사라지고 내 앞에 어떤 화면이 하나 펼쳐지는 것과 같아요."

"심령적 위험으로부터 자신을 보호하는 다른 방법은 없나요?" 다스칼로스가 흰 수도복을 벗고 야코보스가 날 없는 검을 성소로 갖다 놓은 후에 나는 다시 질문했다.

"그 사람이 가진 종교에 따라서 많은 방법이 있지." 다스칼로스는 이렇게 대답하고는 기독교인이 특별한 방법으로 성호를 긋고 마음속으로 '위대한 진리(the greate truth)'를 외움으로써 외부 세력의 침

입을 막을 수 있는 방법을 보여 주었다.

"이렇게 세 손가락을 붙인다네. 가톨릭 교도들은 네 손가락을 붙이지만 상관없네. 세 손가락은 절대자의 삼위일체적 본성을 상징하지. 일어선 채 '나라와(For Thine is the Kingdom)' 하고 말하네." 다스칼로스는 오른손 세 손가락을 이마에 가져다 댔다. 그 다음 "'권세와(and the Power)' 하면서 가슴을 지나 생식기까지 내려오네. 그리고 나서 '영광이 당신께 있사옵니다(and the Glory)' 하며 올라와서 가슴에 멈추지. 그러고 나서 다시 이마로 올라오면서 말하네. '성부(of the Father)', 곧 절대자, 그리고 내려와서 가슴에서 멈추면서 '성자(and of the Son)'라고 하고, '성령(and the Holy Spirit)'이라고 말하면서 다시 성령의 자리인 생식기로 내려온다네. 그리고는 다시 가슴으로 돌아와서 시간을 말하네. 한쪽 어깨로 손을 옮기면서 '지금과 영원과(Now and ever)', 다시 가슴으로 오면서 '시대의(and to the Ages)', 다른 쪽 어깨로 가면서 '시대로(of Ages)', 다시 가슴으로 돌아오면서 '아멘(Amen)' 한다네. 그러니까 가슴은 영광과 영원한 지금이지. 다시 해보세."

나는 저 세계에 숨어 있는 위험으로부터 즉각 보호를 청하는 이 방법을 배우려고 애쓰면서 다스칼로스의 움직임을 따라했다. 그는 계속해서 이렇게 말했다.

"나라와 권세와 영광이 당신께 영원히 있사옵니다. 성부와 성자와 성신의 이름으로 아멘."

"위험에 처할 때마다 이 말을 하나요, 다스칼레?" 내가 물었다.

"항상 해야 한다네. 예를 들면 나는 아침에 일어날 때마다, 음식을 먹을 때마다 말하지. 그리고 잠들기 전에도 하고 심지어 심령계에서도 한다네. 기독교인에게 가장 훌륭한 부적은 목에 거는 황금 십자가가 아니라 성호의 절대적 권능에 자신을 동조시키는 것이라네. 유태교인들에게 그것은 육각별이지."

전화가 와서 우리의 대화가 끊겼다. 옆에 있던 내가 전화를 받았다. 한 여자가 강한 억양이 섞인 서툰 영어로 다스칼로스와 통화하고 싶다고 말했다. 그가 전화를 받고는 짤막하게 통화를 끝냈다. 그가 미소를 띠며 고개를 끄덕이는 것으로 보아, 기쁜 듯했다. 나는 점잔을 빼느라 그 외국 여성에 관한 궁금증을 억눌렀다. 하지만 다스칼로스는 나의 호기심을 눈치챘는지, 아니면 단지 말하기 좋아하는 성미 때문인지 스스로 입을 열었다.

전화를 건 사람은 키 크고 멋지게 생긴 이라크 출신의 아랍 여성으로 그리스에서 잠시 살았다고 했다. 그녀는 이틀 전에 다스칼로스를 찾아와서, 11개월 전부터 하혈이 그치지 않는다고 호소했다. 그녀는 많은 의사를 만나봤지만 소용이 없었다.

"그래서 그녀를 고쳐줬나요?" 내가 물었다.

"그렇다네. 전화로 한 말이 그걸세."

"어떻게 고치셨나요?"

"나는 그녀에게 의자에 편안히 앉게 하고 괜찮아질 거라고 확신시켜 주었지. 그리고는 질에 진동이 느껴질 것이라고 말했어. 나는 그곳에 손을 갖다 댔지…… 내 에테르 손 말일세, 키리아코, 에테르 손." 다스칼로스는 내 눈이 둥그레지는 것을 보고는 웃으면서 황급히 이렇게 말했다.

"나는 에테르 손으로 거기에 한 겹의 에테르질을 발랐다네. 그리고 이제 더 이상 이 문제를 걱정할 필요가 없으리라고 말해 줬다네. 알겠나? 이 경우엔 에테르질만 발라 준 것이 아니라 그녀가 나으리라는 강력한 암시도 준 거야. 나는 그녀에게 욕실로 가서 옷을 갈아입으라고 말했어. 그녀는 고맙다고 말하고 집으로 돌아갔지. 그 후론 피가 나지 않았다는군."

다스칼로스가 이야기를 마치자 한 영국인 여인이 오른쪽 다리를 감싼 채 절뚝거리면서 그리스인 친구의 부축을 받으며 들어왔다. 다스칼로스는 이 두 여인을 기다리고 있었던 듯했다. 그들을 거실로 데려가면서 야코보스와 나에게는 잠시 동안 방해하지 말라고 부탁했다. 우리는 부엌으로 가 커피를 타와서 마시며 복도에서 기다렸다. 잠시 후에 다스칼로스가 문을 열고 야코보스에게 들어오라고 했다. 5분 후에 그는 돌아와서 내 옆에 앉아 말없이 커피를 마셨다. 여인들은 떠나면서 야코보스에게 감사를 표했다.

"자네는 뭘 했나?" 내가 궁금해서 물어보았다.

"야코보스는 그녀가 발가락을 움직일 수 있게 해줬다네." 다스칼로스가 나서서 대답했다. "전에는 발가락을 쓰질 못했지."

야코보스는 자신이 마음을 집중해서 흰 빛으로 그녀의 발을 감싸고는 발가락을 사용할 수 있게 되리라는 강한 염원을 했다고 설명했다. "그렇게 하는 데는 별로 시간이 걸리지 않아요."

그들이 돌아가고 나서 다시 거실에 편안히 앉았을 때 내가 물었다. "다스칼레, 부적을 만드는 것 외에 사랑하는 사람을 보호해 주는 다른 방법이 있나요?"

"물론 있지. 수호천사를 만들어서 생명을 불어넣는 것일세. 하지만 이에 대해서 더 이야기하기 전에 야코보스가 커피를 좀 타오면 어떻겠나? 커피가 마시고 싶네. 어때, 야코보?"

"한 가지 조건이 있어요." 야코보스가 약간 심각한 목소리로 대답했다. "다시는 커피 잔을 가지고 점 봐주기를 하지 않겠다고 약속하셔야 합니다. 저의 스승이 점쟁이라는 소문을 듣기는 싫어요."

"예, 각하." 다스칼로스는 '각하'에 힘을 주어 그를 놀리듯이 영어로 대답했다. "하지만 난 친구들과 있을 때만 재미로 하는데……." 그는 거의 변명하듯이 이렇게 덧붙였다.

나는 다스칼로스가 가까운 사람들과 어울린 편안한 자리에서 심심풀이로 커피 잔을 이용해 점 봐주는 것을 목격한 적이 있다. 야코보스는 신비가나 심령가가 잔에 남아 마른 커피 자국을 보고 가까운 미래의 일을 '보는' 것이 가능한 이치를 합리적으로 설명할 수 있다고 내게 말해 준 적이 있다. 그의 설명으로는 각자의 잠재의식이 커피 잔 속에 상징적으로 새겨지므로 그것을 해석하여 추론할 수 있다는 것이다. 하지만 야코보스는 다스칼로스의 명성을 걱정했다. 바로 어제도 그는 다스칼로스에게 '운명'을 점쳐달라고 찾아온 두 여인을 돌려보내야만 했던 것이다. 키프로스에서는 커피 잔 읽기가 '미신적인 할머니들'이나 하는 것으로 인식되고 있었다. 그렇지만 내가 직접 관찰한 바에 의하면 이런 할머니들 중 많은 사람들이 인간관계에 대한 아주 뛰어난 직관적 통찰력을 지니고 있었다. 이 지역에서 성행하고 있는 이 대중적 행위는 어리석은 미신이라기보다는 일종의 민간 정신요법처럼 보이기도 했다.

야코보스가 다스칼로스에게 커피를 전해 주고 나자 내가 물었다. "이제 수호천사를 어떻게 만드는지 이야기해 주지 않으시겠어요? 당신은 인간이 천사를 만들어 낼 수 있다는 말씀인가요?" 나는 다스칼로스가 아까 이야기한 수호천사에 관한 주장을 어떻게 받아들여야 할지를 모른 채 이렇게 물었다.

"전에 우리가 천사에 대해서 뭐라고 했던가?" 다스칼로스는 이렇게 과장스럽게 묻고는 스스로 대답했다. "그것은 영원한 대천사들의 투사물이라고 했지, 맞나? 인간 또한 대천사라네. 그러므로 인간은 사랑하는 사람을 보호해 주기 위해 수호천사를 만들 수 있는 능력과, 또한 진리 탐구자로서의 권리가 있다네."

"어떻게 하는지 무척 궁금하네요." 나는 야코보스도 똑같이 다스칼로스의 이야기를 듣고 싶은 눈치인 걸 알아차렸다.

다스칼로스는 별 주저 없이 이야기를 시작했다. "지구에 내려오는 모든 인간들은 절대자가 그에게 정해준 수호천사와 함께 온다네."

"만일 그렇다면, 우리가 다시 수호천사를 만들 이유는 뭔가요?" 내가 끼어들었다.

"이야기해 주지." 그가 자신 있는 목소리로 말했다. "인간이 함께 데리고 오는 수호천사는 그의 오라에 붙어 있으며, 가쳐면 상태에 있다네. 그것은 그 사람의 카르마의 일부이며 항상 개입하는 것은 아니라네. 내 말뜻을 알겠나? 우리의 목적은 이 천사를 깨워서 그 사람을 보호하도록 하는 것이라네. 우리는 스스로 천사를 만들어 냄으로써 그렇게 하지. 간단히 말해서 보호의 에너지를 창조하는 것이네. 그러니 천사를 만드는 방법을 안다면 그렇게 하지 못할 이유가 뭐 있겠는가? 예컨대 갓난아이를 보호해 줄 수호천사를 만들고자 한다고 치세. 나는 먼저 격리된 방에서 한가운데에 대를 놓고 향을 피우고 흰 양초에 불을 켠다네. 그런 다음에 강력한 집중력으로써 마음속에 천사를 만들어 낸다네. 천사는 항상 열여섯 살쯤 된 젊은 소녀나 소년으로 우리가 보호하고자 하는 사람의 생김새 특징을 지녀야 한다네. 갓난 아이의 경우 그 아이가 소년이나 소녀로 자랐을 때의 모습을 마음속에 그려야 하지. 그것이 쉬운 일은 아니지만."

"당신은 그 어려운 일을 어떻게 하시나요?"

"내 손자를 보게. 그 앤 이제 거의 열 살이네. 나에게는 그가 열여섯 살이 된 모습을 그리기가 어렵지 않다네."

"당신이 상상한 모습이 정확하지 않다면 어떻게 되나요?"

"괜찮네. 그것은 스스로 정확한 모습을 취하게 될 걸세. 보호하고자 하는 사람이 늙은 사람일 때도 동일한 절차를 밟아야 하네. 나는 역시 그가 열여섯 살 때의 모습으로 천사를 만들 걸세. 그가 그 나이에 어떤 모습이었는지를 모르는 경우라면 나는 얼굴의 자세한 모습을 그리지 않을 걸세. 그려지지 않은 모습은 자연스럽게 스스로 채워질 걸세. 그러다보면 실제로 나는 그 노인이 어렸을 때 어떤 모습이었는지를 깨닫게 되지. 연습을 해보면 자네도 이런 현상을 경험하게 될 걸세. 마음속의 모습이 얼마나 정확한가는 거기에 얼마나 많은 에너지를 불어넣는가 하는 것보다는 중요하지 않다네. 예컨대 가끔은 그 사람보다 더 잘생긴 천사를 만들어 내기도 한다네. 하지만 자신이 보호할 사람보다 더 못생긴 천사를 만들어 낼 수는 결코 없다네. 천사는 나와 협조하여 보호받을 사람의 인상을 닮아갈 거야. 내가 야코보스를 위한 천사를 만들었을 때는 그보다 훨씬 더 잘 생긴 천사를 만들었었지." 다스칼로스는 장난스럽게 말했다.

"설마요." 야코보스가 웃었다.

"나는 보호받을 사람의 성별에 따라 소년이나 소녀의 모습으로 천사를 만든다네. 나는 이 천사의 모습을 아주 자세하게 그리지. 나는 그 천사가 흰색, 혹은 청백색, 혹은 장미빛 옷을 입은 모습으로 심상을 떠올린다네."

"처음에는 마음을 집중해서 방 한가운데의 대에 조각상처럼 앉아 있는 소년이나 소녀의 모습을 그린다네. 나는 조각가가 조각상을 만드는 것과 비슷한 방법으로 수호천사를 만들지. 빛을 내는 플라스틱처럼 보이는 재료로써 그것을 만든다네. 내 옆에는 흰 양초를 놔두고, 호흡을 깊게 하지. 나는 계속해서 사념으로 천사의 염체를 그리면서 숨을 들이킬 때마다 거기에 더 많은 에너지를 충전시킨다네. 첫날에는 15분 동안 그렇게 하네. 다음날도 같은 시간에 같은 절차를 반복한다네. 5분 동안 염체에 마음을 집중한 채 잡념이 들어오지 못하게 하지. 이러는 동안에 천사의 염체는 생생하게 진짜처럼 그려지는데 이것을 열흘 동안 같은 시간에 행해야 한다네. 일주일째가 되면 염체는 실체적 존재를 얻게 된다네. 생명을 얻어 움직이기 시작하는 것이지. 열흘째 되는 날에는 그것이 완성되고 그것은 이제 홀로 존재하게 되어 나와 이야기할 수 있게 된다네. 이제 비로소 천사가 나의 지시를 받을 준비가 된 것이라네. 그러면 나는 그것이 보호하게 될 사람의 이름을 붙여 준다네. 그러고는 이렇게 말하지. '너는 삶으로 내려온다. 너는 네 안에 성령의 능력을 지니고 있고, 너는 나와 동조되어 있다. 이제 내가 보호를 부탁하는 그 사람과 동조해보고 네가 나의 요청을 받아들일 것인지 말 것인지를 보고해 주기 바란다.' 그러면 천사의 염체는 곧 눈을 감고 심호흡을 시작하지. 만일 그 사람의 카르마가 너무 무거우면 염체는 눈을 뜨고 이렇게 말할 걸세. '나를 해체시켜 주세요. 받아들이지 않겠습니다.' 그러면 나는 그를 해체시키지. 그것은 그 사람이 처한 상황과 그의 카르마가 최면상태나 가최면상태로 존재하는 자신의 수호천사 이상의 어떤 힘도 배제한다는 뜻이지. 그러므로 당분간은 그만두고 훗날을 기다려야 하는 걸세. 나에게 어떤 에고가 있다면 염체는 나의 말을 듣지 않을 거야. 그러면 그것을 당장 해체시켜야만 하지."

"그러나 만일 천사가 나에게 미소를 띠기 시작한다면 그것은 보호해줄 수 있다는 뜻일세. 염체는 이렇게 말할 거야. '예, 받아들이겠습니다. 나는 그를 사랑할 거예요.' 그러면 나는 그 염체와 약속을 할 걸세. '좋아, 그를 보호해라. 하지만 그의 인격에 개입해서는 안 돼. 그의 성격이나 심령체와 이지체에 개입해서는 안 돼. 왜냐하면 그러면 네가 그의 카르마와 영적 성장에 끼어들게 되기 때문이야. 너의 역할은 순전히 물질 차원의 위험에서 보호하는 것이야. 그리고 심령 이지 차원에서도 외부의 위험으로부터 그를 보호하도록 해.' 나는 염체에게 할 일을 지시하는 사람이지. 당사자가 자신의 내면에서 생각이나 감정으로써 어떤 경험을 얻게 되면 천사는 거기에 개입해서는 안 된다네. 하지만 나는 천사에게 이렇게 지시할 걸세. '그 사람의 생각이나 감정이 혼란에 빠지면 너는 그가 사물을 더 분명히 보고 자신의 결정을 내릴 수 있도록 도와 줘야 해. 그렇다고 그 사람의 삶에 끼어들어 명령해서는 절대 안 돼.'"

"다스칼레." 내가 캐물었다. "그런 수호천사를 만드는 것이 위험하지는 않은가요?"

"물론 위험도 있지. 사랑하는 사람을 보호하기 위해서 천사를 만들 때는 매우 조심해야 한다는 것을 경고해야겠네. 그 천사는 만드는 사람의 자의식으로부터 사랑하는 사람에게 해를 끼칠 수 있는 성질도 흡수한다네. 신비가에게 에고의 씨앗이 있다면 그가 만들어낸 염체가 서서히 그 사람을 지배하게 될 수도 있는 위험이 있다네. 따라서 우리가 그런 염체를 만들어 낼 때는 자기 스스로 완전히 평화로워야 하고 질투나 이기심으로 진동하지 않도록 매우 조심해야 한다네. 그러지 않으면 천사가 오히려 파괴적인 악마로 변하게 될 걸세."

"염체는 그 사람을 보호하기만 해야지 그의 인격에 개입해서는 안 돼. 그는 자신의 카르마와, 신이 준 그 자신의 천사의 안내에 따라 오직 자기 길을 가야만 한다네. 염체가 그 사람의 인격에 개입하지 않도록 하기 위해서 그것을 만든 사람은 정기적으로 천사를 불러 한 일을 보고받고, 천사에게 자기중심적인 성질이 생기면 그것을 제거해 주어야만 한다네. 그리고 주어진 기간이 지나면 수호천사를 완전히 해체해야만 한다네. 물론 그 후에 또다시 새로운 천사를 만들 수가 있지. 몇 명의 진리 탐구자들이 천사가 아니라 악마를 만들어 내었다는 사실은 정말 슬픈 일일세."

"진리의 탐구자가 어떻게 파괴적인 악마를 만들어 낼 수가 있나요, 다스칼레?"

"자신의 의지를 상대방에게 행사하면 그렇게 된다네. 때로는 사랑하는 사람이 그가 생각하기에 옳은 길을 저버릴 때도 있지. 카르마가 어떤 특정한 경험을 하도록 그들을 어려운 길로 보내는 수도 있다네. 그럴 때 자신이 생각하기에 옳은 일을 자기 식으로 그들에게 강요해서는 안 된다네. 염체를 투사하는 방법을 배웠다고 자신에게 다른 사람들의 생각이나 행위 방식을 제한할 권리가 있다고 생각해서는 안 된다네. 수호천사를 만드는 것은 오직 사랑하는 사람을 보호해 주기 위해서만 허용되는 것이지 개인적인 욕망을 위해서는 결코 허용되지 않는다네."

"중세에는 흑마술사들이 자신의 개인적 용도를 위해 인간과 같은 로봇을 만들어 내려고 했지. 하지만 그들은 단지 반(半)물질화시켰을 뿐이었다네."

"그러니까 신비가들은 물질화시켜 마치 살아 있는 존재처럼 행동하는 염체도 만들어 낼 수 있다는 말씀인가요?"

"그렇다네. 하지만 그것은 저주받을 짓이지. 우리는 그런 짓을 할 권리가 없다네. 진리의 탐구자로서 우리는 정신적 치료, 이웃 인간들을 돕기 위한 목적 외에는 어떤 것을 위해서도 염체를 투사시켜 물질화해서는 안 된다네."

그날 밤이 지나기 전에 나는 또 다른 치료 광경을 목격하게 되었다. 반신불수가 된 청년이 친척들에 의해 들려왔다. 다스칼로스는 우리에게 거실에 있는 기다란 테이블 위의 모든 물건을 치우도록 했다. 그리고 야코보스는 그 위에다 깔 요를 가져왔다. 청년은 그 위에 반듯이 눕혀졌다. 다스칼로스는 야코보스의 도움을 받아 그의 척추를 두드리기 시작했다. 치료는 약 25분 정도 진행되었다. 끝나고 나서 다스칼로스는 손님들에게 환자를 2주일 후에 다시 데려오라고 했다. 그가 이번에 처음으로 치료를 받으러 온 것은 아닌 것 같았다.

"저 청년은 자동차 사고를 당했다네." 나중에 다스칼로스가 설명했다. "그의 척추는 너무나 많이 뭉개져서 사진을 통해서 진동을 느껴 봤을 때 나는 그가 차라리 죽는 게 나을 뻔했다고 말했지. 보호자는 대사관을 통해 그를 동유럽으로 데려가서 치료 받게 했네. 하지만 아무것도 좋아지지 않았지. 사실상 그의 상태는 더 나빠졌다네. 내가 도울 수 있었던 것은 그의 강한 믿음 때문이었네. 나는 내가 할 수 있는 일만 하는 거야. 그는 회복된다고 해도 오랜 시간이 걸릴 걸세."

다스칼로스는 고개를 저으며 말을 이었다. "카르마는 정말 신비하게 작용한다네. 저 청년은 나의 아즈텍 전생 때 호전적인 부족의 족장이었다네. 그가 한번은 활로 나의 생식기 바로 근처에 심한 부상을 입혔다네. 카르마의 법칙에 따라 그는 나에게 치료 받으러 온 거지. 그가 나를 보던 날 이렇게 말했네. '우리가 전에 만난 적이 있는 것 같은 느낌이 들어요.'"

다음날 내가 다스칼로스의 집을 방문했을 때 그는 야코보스와 코스타스가 귀기울이고 있는 가운데 베토벤의 피아노 소나타를 연주하고 있었다. 그 피아노는 다스칼로스가 가장 아끼는 물건이었다. 그는 최근에 자신의 그림 넉 점과 맞바꿔서 피아노를 갖게 되었다. 그는 연주를 중단하고는 손가락이 젊을 때처럼 부드럽게 돌아가지 않는다고 한탄했다. "오늘은 피곤한 하루였어. 서른 명도 넘는 사람들이 삼삼오오 다녀갔지. 그들은 나의 진을 빼놓았어." 그는 안락의자에 몸을 파묻으며 이렇게 중얼거렸다.

그 말에 대해 내가 좀 과장되었다고 속으로 생각하는 것을 코스타스가 눈치채고는, 다스칼로스를 찾아온 것은 산 사람뿐만이 아니라 죽은 사람들도 포함되어 있다고 덧붙였다. 다스칼로스는 전에 이렇게 말한 적이 있다. "우리가 사는 세계의 여러 차원들은 위낙 비슷해서 주의하지 않으면 깜박 잊고 혼동하기가 쉽다네."

"당신을 찾아오는 죽은 사람들에 관해서 좀더 알고 싶습니다." 내가 이렇게 질문하자 그는 먼저 어떤 조건 하에서 죽은 사람들과 접촉하는 것이 허용되는지를 설명했다.

"살아 있는 사람이 죽은 영혼과 접할 때는 긴요한 이유가 있어야만 한다네." 또한 그는 접촉시 죽은 영혼의 활동을 방해해서는 안 된다고 주장했다. 그는 또 종종 영혼 쪽에서 접촉을 요구하기도 한다고 설명했다. 그리고는 한 가지 사례를 이야기해주었다.

"죽은 지 얼마 되지 않은 사람이 나를 찾아왔다네. 그는 아내에게 할 말이 있으니 내게 그의 말을 전해 줄 영매가 되어 달라고 부탁했어. 그는 부자였는데 가난한 집안의 여자와 결혼했지. 그가 살아 있을 때 그의 아내는 운전사와 통정을 했다네. 그는 그 관계를 죽은 후에야 알게 되었지. 그의 아내는 검은 상복을 입고 교회에서 구슬프게 울고, 정기적으로 묘지에다 꽃을 갖다놓았지만 그러면서도 한편으로는 계속 통정을 한 거지."

"나는 그 일을 풀지 않으면 그가 안식을 찾아 더 높은 심령계로 나아가기가 어렵다는 것을 알고는 소원을 들어주기로 결심했다네. 그는 내가 끼어들지 말고 그가 말하고 싶어하는 내용을 정확히 그대로 아내에게 들려줘야만 한다고 애원했네. 나는 그러기로 약속을 했지. 그러고는 그의 아내를 만났는데, 그녀는 애인과 함께 왔지. 죽은 사람은 나를 통해 그녀에게 말했네. 그의 입에서 나오는 말을 듣는 순간 나는 매우 당황했다네. 그는 이렇게 소리질렀어. '너 암캐, 이 창녀야, 내가 너를 빈민굴에서 구해다가 숙녀로 만들어 놓았더니 내 운전수와 함께 나를 배신해?' 여자가 대꾸했지. '여보, 들어 봐요, 이해하려고 노력해 보세요. 제가 사랑하는 것은 당신이에요, 하지만 난 그를 더 좋아해요. 그는 나를 만족시켜 줘요. 당신은 그러지 못했지요.' 그녀는 스스로 남편의 모습을 보기 시작했네. 그래서 더 이상 내가 영매가 되어 줄 필요가 없었지. 운전사는 무릎을 꿇고 울기 시작했네. 그의 눈에는 보이지 않았지만 그는 용서를 빌었지. 이렇게 아내를 만난 후로 죽은 남편은 안식을 찾았네."

다스칼로스는 몇 분 후에 계속해서 이야기했다. "또 다른 사례가 있지. 여러 해 전에 죽은 어떤 남자가 나를 찾아와서 자살하려는 자기 아들을 구해 달라고 부탁했어. 그는 아들이 여섯 살 때 죽었지. 죽은 아버지는 나를 아들의 집으로 데리고 갔네. 나는 오토바이를 타고 갔지……."

"오토바이를요? 당신이 오토바이를 타고 가는 모습을 상상할 수가 없는데요?" 코스타스가 고개를 흔들면서 웃었다.

다스칼로스는 이야기를 계속했다. "나는 오토바이를 타고 트라코나스(베네치안 안쪽에 있는 구 니코시아 시가지)로 갔다네. 아버지가 가르쳐 주는 대로 나는 아들의 집으로 곧바로 찾아갔지. 나는 문을 밀고 들어가서 테이블에 앉아 편지를 쓰고 있는 그를 발견했다네. 내가 그에게 외쳤지. '네가 생각하고 있는 것은 바보짓이야.' 그는 놀란 표정이었어. '누구세요?' 그가 중얼거렸지. '네 아버지가 너를 정신차리게 하려고 날 보내셨어. 그가 네 베개 밑에 있는 권총을 집 밖으로 집어던지라고 하셨어.' '하지만 선생님…….' 나는 권총을 집어서 집 밖으로 나가 오물 구덩이에다 던져 버렸지. 그는 무섭다면서 자기를 혼자 두고 떠나지 말라고 부탁했어. 그는 자신을 수습할 수 있는 상태가 아니었다네. 나는 그에게 자전거를 타고 나의 집으로 따라오라고 했어. 우리의 도움으로 그는 자신의 문제를 극복하고 결혼해서 지금은 두 아이와 살고 있지. 죽은 아버지가 자기 아들의 생명을 살린 걸세."

다스칼로스는 '볼' 수만 있으면 죽은 자와 접촉할 수가 있다고 주장했다. 그 자신도 죽은 아내와 끊임없이 대화하고 있다고 했다. "아내는 작은딸이 담배를 끊도록 하라고 나를 재촉하기도 한다네. 하지만 나로서는 그 애에게 명령을 할 수가 없다네. 아내는 시대가 변했다는 사실을 깨닫지 못해. 그녀를 이해시키기는 쉽지 않지. 그녀는 가끔 리아(작은딸)를 찾아가서는 그 애를 불안하게 만든다네."

"다스칼레, 당신이 주장하시는 대로 날마다 그렇게 많은 일들을 처리해 낸다는 것은 저로서는 이해하기가 정말 어렵습니다." 내가 몇 분 후에 이렇게 물었다.

"초의식적 자아의식을 발달시키면 자네도 이해하게 될 걸세. 당분간은 머리를 너무 고문하지 말게나. 자네를 이해시킬 수 있는 말을 찾을 수가 없다네." 다스칼로스의 이 말은 코스타스가 제자들에게 자신의 경험을 전할 수 있는 말을 찾을 수 없는 것이 그의 삶에서 가장 힘든 노릇이라고 불평하던 것을 생각나게 했다. "언어는 정말 형편없는 도구랍니다." 그는 종종 이렇게 말하곤 했다.

"어렴풋이나마 이야기하자면, 나는 강력한 치유의 염체를 만들어 도움이 필요한 사람들에게 보낸다네. 나는 염체들이 스스로 알아서 일하게 하지. 그러면 마치 내가 거기에 있는 것과 마찬가지가 되네. 염체가 수명을 연장시킬 필요가 있으면 스스로 나를 찾아와서 새로운 에너지를 받아들이고 환자의 상태를 보고한다네. 그것은 마치 공식 보고를 받는 것과 마찬가지지." 다스칼로스는 이렇게 말하며 웃었다.

"당신이 강력한 치유의 염체를 만든다고 하는 것은 저에게는 수호천사를 만드는 것과 비슷하게 들리는군요."

"맞네. 하지만 때로는 천사보다는 경찰처럼 행동하는 염체를 만들어야 할 필요도 있다는 것을 덧붙여야겠군."

"무슨 뜻이죠?"

"얼마 전에 있었던 일을 이야기해 주지. 그러면 내 말뜻을 이해할 걸세." 그는 이렇게 대답하고는 이야기를 꺼냈다.

"하루는 마리사라는 마을 사람이 잔뜩 겁에 질린 채 나에게 왔지. '스피로씨, 우리 신부님이 저에게 미쳤다고 했어요. 그는 내가 의사한테 가봐야만 한대요. 하지만 전 미치지 않았어요. 스피로 씨.' 그녀는 이렇게 호소했네. 그녀의 딸은 6년 전에 약혼했는데 약혼자가 딸과 결혼하기를 거절했지. 그는 모르포우에서 자동차 사고로 죽었다네. 그녀가 말했네. '스피로 씨, 그는 죽지 않았어요. 그는 딸을 찾아와요. 저는 마당에서 제 눈으로 똑똑히 그를 봤어요. 그는 문을 쾅 닫고는 말을 안 해요. 그가 제 딸을 겁탈하는 게 틀림없어요. 딸은 빙의됐어요. 그가 함께 있을 때 딸의 신음 소리와 거친 숨소리를 들을 수 있어요. 제가 신부님께 당신을 만나러 가겠다고 했더니 그는 내가 저주받을 거라고 경고했어요.'"

"어느 날 저녁에는 열 시가 다 됐는데 세 사람을 태운 차가 도착했다네. 또 마리사였지. 그녀는 울고 있었어. '스피로 씨, 그가 또 일을 저질렀어요. 그는 참 나쁜 사람이에요. 그는 나를 보더니 벽에서 못을 뽑아서는 손바닥을 찔렀어요.' 나는 그녀의 손을 보았는데 피를 흘리고 있었어. 나는 당장 병원으로 가서 파상풍 주사를 맞으라고 했어. 나는 그들과 함께 병원으로 갔다가 거기서 그들의 집으로 따라갔네. 딸은 아무 데도 없었어. 조금 후에 딸의 비명소리가 들렸다네. 그녀는 우물 안에 있었지. 그런데 놀랍게도 옷이 젖지 않았어. 왜 그런지를 도무지 알 수가 없었다네. 딸은 죽은 약혼자가 자기를 데리고 가기 위해서 머리채를 잡고 우물 속에 던져 넣었다고 말하더군. 그날 저녁 나는 그들과 함께 지냈지. 의자에 앉은 채 반쯤 잠들어 있는데 창문에서 소리가 들렸다네. 바로 그 못난 놈이 반물질화되어 나타난 거야."

"그것은 누구나 그를 볼 수 있다는 뜻인가요?" 내가 물었다.

"내가 그를 봤다는 것은 알지만 다른 사람들의 눈에는 어땠는지는 확실하지 않네. 그가 집에 들어오는 것을 발견하고는 내가 물었네. '어이, 형씨, 당신은 어디로 가고 있다고 생각하시오? 이리 와서 내 옆에 앉으시오.' '내가 왜요? 당신은 누구요?' '이리 와서 앉게.' 나는 이렇게 명령하면서 목소리를 높였네. '나에게 앉으라고 명령하는 거요?' 그는 이렇게 묻고는 떠나려고 몸을 돌렸네. '가지 말아' 하고 내가 명령했네. '나를 보내 주지 않겠다는 말이오?' 그가 대꾸했네. '그렇다네, 자넬 보내 주지 않을 걸세. 이 여자에게 무엇을 원하는 가?' '그녀는 6년 동안 내 여자였소.' 그가 대꾸했지. '자네는 자신이 신의 뜻을 거스르고 있다는 것을 아는가? 자네는 자네의 길을 가고 이 여자를 평화롭게 버려둬야만 해.'"

"그는 내 말에 귀를 기울이려고 하지 않았기 때문에 다른 방법을 써야 했다네. 보이지 않는 구원자가 나에게 그런 상황에 대처하는 법을 가르쳐 주었네. 나는 즉석에서 두 개의 염체를 만들었어. 하나는 그의 오른쪽에, 그리고 하나는 왼쪽에. 나는 이 염체들에게 그가 애초에 갔어야 할 심령계로 데려가는 임무를 주었네. 나는 이 염체들을 잘 생긴 천사의 모습으로 만들어 내었지. 하지만 그에겐 그들이 경찰복을 입고 있는 모습으로 보였다네. '형씨, 당신이 보낸 이 경찰들은 누구요?' 나는 함께 있을 동안 얌전하게 굴기만 하면 그들이 해치지는 않을 거라고 말해 줬지. 이 천사의 염체들이 보름 후에 보고하기로는, 그 사람은 심령계에서 사랑하는 사람들과 친척들을 만나 지금은 평화롭게 살고 있다고 했네. 그의 약혼자는 그제야 다시 정상적인 삶을 살 수 있었다네."

며칠 후에 나는 정신과 의사의 진단에 따르면 정신분열증으로 악화되고 있다는 마흔다섯 살의 여인을 다스칼로스가 어떻게 다루는지를 목격할 수 있었다. 다스칼로스는 그것을 흑마술에 걸린 사례로 진단했다.

미쳐가고 있다는 여인 스텔라는 오래전부터 알고 있던 사람이었으므로 나는 이 일에 개인적으로 관여했다. 그녀가 다스칼로스를 만난 것은 나를 통해서였던 것이다. 스텔라는 성공한 사업가와 결혼했다. 1974년에 터키가 키프로스를 침공한 이후 그들은 세 아이와 함께 그리스로 건너갔다. 그녀의 남편은 키프로스에서 사업을 유지하면서 그리스에서도 새로운 사업을 시작했다. 스텔라와 그 가족들은 키프로스를 자주 오가면서 아들이 대학을 마치기만 하면 곧장 영구 귀국할 계획이었다. 그들은 어떤 기준으로 보나 매우 부자였다.

스텔라는 키프로스에 왔을 때 나에게 지난 열닷새 동안 어떤 목소리가 들리는데 남편과 아들들에게 짜증을 부려 싸움을 걸라고 부추긴다고 호소했다. 실제로 가족이 모일 때마다 그녀는 그들을 공격하고 싶은 강한 욕망에 시달렸다. 그녀는 이 목소리의 힘에 저항할 수가 없었다. 가족생활은 악몽이 되었고, 그녀는 결혼생활이 무너지고 말 것 같아 두려웠다. 그녀는 몇 명의 정신과 의사를 찾아갔는데 그들의 진단은 아무런 이상이 없다는 것이었다. 하지만 환청은 끊이지 않았다.

"저는 아무런 이유도 없이 싸움을 걸고는 했어요. 하지만 가족들과 떨어져 있으면 괜찮아요. 머리가 끔찍하게 아프고 위와 창자도 아파요. 이 증상은 의사들도 확인했지요. 저는 미칠 것만 같아요. 내 안에 있는 누군가가 나는 아이들이 어른이 되는 것을 보지 못하고 곧 죽을 거라고 말해요. 지난밤에는 뱃속에서 새 같은 것이 위아래로 움직였어요. 손으로 그것을 잡을 수도 있었어요."

스텔라는 뒷마당에서 이상한 물건들이 자꾸 발견되는 것을 보면 누군가가 자신에게 흑마술을 걸고 있는 게 아닌가 하는 생각도 든다고 말했다. 며칠 전에는 리본이 달린 흰색 면사포를 발견했는데 거기에는 장례식에 쓰는 종이꽃이 핀으로 꽂혀 있었다는 것이다. 또 다른 날에는 문 앞에 간이 든 비닐 주머니가 있었다고 했다. 간에는 바늘이 꽂혀 있었고 비닐 주머니 속에는 파란 천 조각이 있었는데 그것은 성자 초상의 머리 위에 그려진 후광과 꼭 같이 생긴 모양으로 잘려져 있었다. 그녀는 또 바로 전날에는 파란 리본으로 맨 닭의 간이 든 비닐 주머니를 발견했다. 그녀는 그것을 다스칼로스에게 보여 주려고 가져왔다. 스텔라의 집은 다스칼로스의 집에서 몇 마일밖에 떨어져 있지 않았고, 그녀는 다스칼로스가 마법사라는 명성을 들어온 터였다. 하지만 그녀는 그가 흑마술 문제도 다룬다는 것은 모르고 있었다. 그녀가 그의 도움을 청해 보기로 한 것은 나의 누이가 충고한 후였다.

나는 그녀의 문제에 대해서 들은 그날 당장 스트로볼로스로 차를 몰았다. 우리는 먼저 그녀의 집으로 가서 닭의 간을 가져왔다. 스텔라는 자신의 벤츠 승용차를 몰고 가는 길에 자신의 상황을 더 자세히 털어놓았다. 그녀의 남편은 신비술에 대해 회의적이었지만 가족생활이 파탄 지경에 이르렀기 때문에 다스칼로스를 찾아가는 것을 반대하지 않았다고 했다. 또한 그녀는 몇 해 전에 새 집을 지을 때 남편이 이상한 여러 가지 물건들을 자주 발견했지만 그녀에게 알리지 않고 없애 버린 사실을 알게 되었다고 말했다. 예컨대 그는 스텔라의 머리카락인 듯한 것을 핀으로 꽂아 놓은 비누 등의 물건을 발견했다는 것이다.

다스칼로스는 평소와 마찬가지로 우리를 상냥하게 맞았다. 그는 마당에서 화초에 물을 주고 있었다.

"다스칼레, 손님을 모시고 왔어요." 나는 스텔라를 그에게 소개했다. "보세요, 닭 간도 가져왔어요."

"어이구, 정말 안 좋구만." 그는 이렇게 중얼거리며 고개를 흔들었다. "그걸 밖에다 놔두게, 내가 나중에 처리할 테니." 그는 우리에게 손짓으로 들어오라고 했다.

스텔라가 자신의 문제를 털어놓자 다스칼로스는 종이와 펜을 가져와서는 가족들과 그녀의 이름을 물었고, 그것을 산스크리트 문자로 받아적었다.

"당신은 매우 큰 타격을 받았어요. 누군가가 당신과 당신 남편에게 흑마술을 걸었는데 다행히 아이들에게는 걸지 않았군요. 당신은 머리와 가슴과 위에 타격을 받았어요. 그 힘이 악마는 아니고 염체이지만 사실상 동일한 타격을 미치지요." 다스칼로스는 나를 향하며 말했다. "이 레바논의 흑마술사들은 우리에게 정말 많은 문제를 일으킨다네."

다스칼로스는 전에 레바논 내전 이후로 키프로스에 마술이 성행하기 시작했다고 말한 적이 있다. 키프로스에 수천 명의 레바논 사람들이 들어왔는데, 그들 중에는 흑마술로 생계를 잇는 강력한 마술사들이 있다고 말했었다.

다스칼로스는 스텔라에게 짚히는 사람이 있는지를 물어보았지만,

그녀가 대답하기도 전에 그 범인이 누구인지를 밝히는 것은 중요하지 않다고 지적했다. 중요한 것은 그녀가 그 사람에 대해 가지고 있는 모든 증오의 흔적을 제거하는 것이라고 말했다. 다스칼로스는 그녀가 의심하고 있는 사람이 누구이든 화해하라고 했다. 그리고 스텔라에게 문제를 당장 처리하기 시작할 테니 이제부터는 전혀 걱정할 것이 없다고 안심시켰다.

"시내로 가서 흰 양초 일곱 개와 향과 석탄을 구해 오게. 오늘밤은 보름이니 일이 쉬울 걸세."

나는 스텔라와 함께 차를 몰고 시내로 가서 다스칼로스가 주문한 물건을 파는 가게들을 찾았다. 나중에 야코보스가 설명하기를 일곱 개의 양초는 그 사람의 일곱 차크라에 각각 사용되는 것인데, 이것이 필요한 이유는 흑마술이 상대방의 차크라에 대해 거는 것이며 염체나 영이 그 사람의 차크라를 점령하고 그것을 통해 그 사람의 심령체와 육체를 공격하기 때문이라고 했다. 투시가는 그 사람의 차크라에 달라붙은 영이나 염체를 볼 수 있다. 이런 경우에 달의 심령체가 지구의 심령체와 접할 때인 보름날에 퇴마를 행하는 것이 좋은데, 이유는 달의 심령체에 거주하는 힘이 그 과정을 도와 주기 때문이라고 야코보스는 말했다.

우리가 돌아오자 야코보스가 기다리고 있었다. 다스칼로스는 그에게 성소에다 일곱 개의 양초를 갖다놓으라고 했다. 그리고는 스텔라에게 십자가를 지니게 했다.

"옷 안쪽에 작은 십자가를 핀으로 꽂으면 돼요. 이제부터는 두려워할 것이 없어요." 그는 이렇게 말했다. 스텔라는 다스칼로스에게 감사를 표하고 나와 함께 돌아갔다.

나는 다스칼로스를 만난 지 사흘 후에 스텔라의 호화로운 저택을 찾아갔다. 그녀의 어머니가 문을 열어 나를 거실로 안내했다. 스텔라는 안락의자에 편안히 앉아 있었다. 그녀는 흰색의 긴 드레스를 입고 있었고 목에는 커다란 십자가가 걸려 있었다. 그녀는 환하게 미소를 지었다.

"대주교님을 생각나게 하는군요." 나는 커다란 십자가를 가리키면서 웃었다. 그러자 스텔라는 다스칼로스를 만난 이후로는 그 목소리가 들리지 않는다고 말해 주었다. 남편과의 관계도 역시 좋아졌다. 물론 다스칼로스를 만난 지 이틀 후에도 그녀의 마당에서 또 다른 흑마술의 징조가 발견됐다. 바늘을 찔러 놓은 세 개의 스페이드와 묘지에서 가져온 것 같은 흙이었다. 하지만 그녀는 육체적으로도 심령적으로도 영향을 받지 않았다. 스텔라는 며칠 후에 아테네로 돌아갈 계획이었는데, 그렇게 멀리 가 있으면 문제가 재발하지 않을까 걱정하고 있었다. 나는 다스칼로스의 가르침에 의하면 거리는 전혀 문제가 되지 않는다고 안심시켜 주었다.

내가 마지막으로 스텔라의 소식을 들은 것은 그녀가 마이애미 해변에 남편과 함께 휴가를 가서 전화를 건 때였다. 당시 나는 미국으로 돌아와 있었다. 그녀는 다스칼로스를 만난 이후로 그 문제를 다시는 겪지 않았다고 말했다. 그런데 큰아들이 결혼하려고 할 무렵, 결혼식 전날 밤에 견딜 수 없는 두통이 찾아와 괴로움을 당했는데 의사들은 원인을 해명하지 못했다고 한다. 스텔라는 다시 흑마술에 걸린 것이라 생각하고 다스칼로스를 찾아갔다. 다스칼로스의 도움으로 그녀는 즉시 고통에서 벗어났다. 두통은 다시는 재발되지 않았다.

이후로도 나는 다스칼로스가 흑마술에 걸린 사람을 치유하는 것을 몇 번 목격했다. 그가 귀신을 쫓아내는 데에 사용하는 방법과 절차는 사건의 성질에 따라서 달라졌다.

하루는 다스칼로스와 코스타스와 함께 잡담을 나누고 있는데 삼십대 후반의 괴로운 표정의 여인이 찾아와서 다스칼로스의 도움을 청했다. 그녀는 남편의 행동이 기괴하고 공격적인 것으로 보아 누군가가 흑마술을 건 것 같다고 의심했다. 다스칼로스는 흑마술이 맞다는 것을 확인해 주었다.

"당신과 남편은 지금까지 여섯 번을 당했어요. 누군가가 당신들을 떼놓으려고 하는 거지요." 여인이 울음을 터뜨리면서 늘 그렇게 느껴왔다고 말했다. 그녀는 지난 한 달 동안 마당에서 이상한 물건들이 발견되었다고 털어놓았다. 그녀는 그것을 발견하는 대로 태웠다고 했다. 다스칼로스는 그녀가 한 행동은 현명하지 못하며 그것을 자기에게 가져왔어야 했다고 말했다. 그는 아무것이나 좋으니 남편의 물건, 예컨대 사진 같은 것이 있으면 달라고 말했다. 그는 또 손수건이 있느냐고 물었다. 그녀는 매우 불안하고 떨리는 손으로 지갑을 더듬어 다스칼로스가 요구한 물건들을 꺼냈다.

"숨을 깊이 들이마신 후 손수건에다 내쉬세요." 그녀가 시키는 대로 하고 나자 다스칼로스는 종이에다 산스크리트 문자로 그녀와 남편과 아이들의 이름을 적었다. 그러고 나서 손수건을 종이 위에다 놓고 그것을 삼각형으로 접었다.

"이제 집으로 가셔도 돼요. 모든 것이 좋아질 겁니다. 흑마술을 풀어드릴 테니까요." 여인은 한숨을 내뱉고는 다스칼로스에게 감사를 표하고 떠났다. 그녀가 나가고 나자 다스칼로스는 속삭이는 목소리로 남편이 얼마 전에 다른 여자와 정분을 통한 것을 '보았다'고 말했다.

그가 관계를 끊으려고 하자 정부가 앙갚음을 하기 위해 흑마술사를 고용한 것이라는 얘기였다.

　여자가 떠난 지 반 시간이 지났다. 다스칼로스는 코스타스와 나와 함께 하던 잡담을 멈추며 이렇게 말했다. "그 여자가 다시 고통을 당하고 있어. 지금 당장 귀신을 쫓아내야겠어." 코스타스가 필요한 물건들을 챙겨왔다. 그는 컵에 물을 붓고 초를 켜고 종이와 펜을 갖다 놓고 성소에서 '날 없는 검'을 가져왔다. 다스칼로스는 흰 수도복을 입고 테이블 앞에 앉았다. 그는 짧은 기도를 올리고 나서 검은색 펜을 집어들었다. '날 없는 검'을 자로 사용하여 그는 육각별을 그렸다. 별의 각 구석에다 갈색 펜으로 십자가를 그려넣었다. 그는 또 내가 의미를 이해하지 못하는 상징 도형을 별 속에다 그려넣었다. 그러자 코스타스가 초록색 펜을 건네주었고 다스칼로스는 그것으로 별 위에다 여섯 마리의 뱀을 그렸다. 그것은 아마도 흑마술사가 남겨 놓은 사악한 원소를 상징하는 것 같았다. 그러고 나서 붉은색 펜으로 벼락과 불을 의미하는 지그재그 선을 각각의 뱀 위에다 그려넣었다. 그리고는 코스타스에게 촛불에 집중한 채 특별한 만트라를 외우게 했다. 다스칼로스 자신도 손바닥을 위로 향하게 하고 기도문을 중얼거렸다. 그러고 나서 마치 촛불을 손바닥으로 잡으려는 것처럼 손을 이리저리 움직였다. 그러더니 도형 위에서 손바닥을 활짝 펼쳤다.

　"그녀는 지금 울고 있어." 다스칼로스는 나지막한 소리로 환자의 심리 상태를 우리에게 알려 주었다. 그는 촛불 위에서 작업을 끝낸 후 도형이 그려진 종이 위에 여자의 손수건을 올려놓았다. 그것을 삼각형으로 접어서 그 한쪽 가장자리를 촛불에 대어 불을 붙였다. 코스타스가 그것을 밖으로 가져나가서 깡통 속에서 마저 태웠다.

나는 영문도 모른 채 다스카로스가 행하는 마법을 지켜봤다.

"이제 그들은 괜찮아. 언젠가는 자네도 내가 한 일의 의미를 알 수 있게 될 걸세."

다스칼로스는 옷을 벗으면서 이렇게 말했다.

9
The Initiation of the mystic

신비 입문

"진정한 신비가는 각 원소의 유혹을 초월하는 경지에
다다라야만 한다네. 원소를 지배할 수 있어야만 하지.
물질계에서 뿐만이 아니라 심령계와 이지계와
그 너머의 차원에서도 말일세. 원소를 지배하지
못하는 신비가는 심령계와 이지계의
여러 차원과 그 부차원들을 마음대로
다닐 수가 없다네."

"그러니까 자네는 런던에서 신비주의를 공부한다고 십 년을 보냈단 말씀이지. 말해보게, 유체이탈하는 방법을 배웠는가?" 다스칼로스는 그의 손님을 뚫어지게 바라보면서 물었다.

"아니오." 스테파노스가 부드럽게 대답했다.

"사람의 에테르 복체를 살펴보고 병을 진단할 수 있는가?"

"아니오."

"그러면 최소한 사념으로 상처를 치유할 수 있는가?"

"아니오." 스테파노스가 이렇게 대답하자 다스칼로스는 마치 화가 난 양 과장하며 양손을 치켜들었다.

"그렇다면 세상에, 그 세월 동안 런던에서 뭘 배웠다는 건가?" 다스칼로스는 이렇게 덧붙였다. 그의 목소리에는 실망과 빈정거림이 섞여 있었다. "가엾군, 자넨 자네 삶의 귀한 십 년을 허비했네."

나는 다스칼로스가 죄라고는 그를 만나 비밀 조직에 가입할 수 있을지를 타진해 보려는 것밖에 없는 내 친구 스테파노스를 계속 조롱해대는 공격적인 태도에 저으기 놀라고 있었다. 그러나 함께 있던 다스칼로스의 가까운 친구인 테오파니스는 그의 공격적인 태도를 아랑곳하지 않는 듯했다. 나는 스테파노스를 변호함으로써 다스칼로스의 태도가 나에게는 이해되지 않는다는 점을 지적하려고 속으로 마음먹었다. 나는 그런 태도가 그의 가르침과는 상반된다는 점을 지적하고 싶었다. 스테파노스가 런던에서 십 년이라는 세월을 탐구하지 않았더라면 다스칼로스의 비밀 조직에 가입할 수 있는 가능성을 타진해 볼 기회조차 갖지 못했을 것이다. 하지만 그때 다스칼로스는 어쩌면 내가 이해하지 못한 어떤 이유로 스테파노스를 시험해보고 있는지도 모른다는 생각이 언뜻 스쳤다. 나는 스테파노스가 말없이 앉아 다스칼로스의 도발적인 언사에 냉정하게 귀를 기울이고 있는 것을 발견했다. 그는 맑은 평정심을 유지한 채 부드러운 태도로 자신을 변호하려고 했다.

스테파노스는 마흔다섯 살의 남자로 런던에 본부를 둔 영적 단체인 '실천 철학(practical philosophy)'의 선생이었다. 이 단체의 가르침은 구제프와 오스펜스키, 그리고 한 힌두 스승의 가르침에 근거한 것이었다. 스테파노스는 나의 연구 내용에 대해 듣고는 다스칼로스를 만날 수 있을지 물어왔다. 그는 자신의 영적 탐구가 막다른 장애물에 부딪혀 스승의 인도가 필요한 것 같다고 털어놓았다. 다스칼로스를 만나보지는 못했지만 그가 바로 스승일지도 모른다는 느낌을 가지고 있었다. 스테파노스는 런던에서 이십 년을 살면서 대학에서 연구를 했다. 그리고 나서 그는 은퇴하여 고향인 키프로스에서 검소하게나마 생활할 수 있을 정도의 돈을 벌었다. 그의 주된 관심사는 오직 초월적인 것이었다. 지난 십 년 동안 그는 영국에서 대부분의 시간을 존재의 문제에 대한 해답을 구하기 위해 영적인 단체들을 이곳 저곳 전전하는 데 보냈다.

'실천 철학' 모임은 다스칼로스의 단체와 직접적인 연관이 없었다. 내가 그런 모임이 키프로스에서도 번성하여 도시의 지식인층을 끌어들이고 있다는 것을 안 것은 이 연구를 시작한 이후였다.

다스칼로스는 스테파노스에 대한 공격적인 심문을 반 시간 이상 계속해 댔다. 어느 순간 나는 다스칼로스가 연극을 하고 있다는 것을 분명히 깨달았고, 그래서 그가 비꼬듯이 하는 말을 고스란히 받아들여야 했다.

"테오파니, 자넨 어떻게 생각하나?" 다스칼로스는 갑자기 아무 말없이 앉아 있던 그의 오랜 친구를 향해서 말했다. "이 사람을 우리 모임에 받아들여야 할까?"

"그래야 한다고 생각하네." 테오파니스는 대답했다.

"자네는 우리의 조직에 받아들여졌네. 사랑으로, 형제로서 말일세." 다스칼로스는 손님을 향해 부드러운 목소리로 미소를 띠며 말했다. 스테파노스는 기쁜 표정이었다. 그가 겪어야 했던 고문은 다스칼로스의 제자가 되려는 각오에 아무런 영향도 미치지 않은 듯했다. 몇 번이나 그의 얼굴이 붉어지게 만들기는 했어도 말이다. 나는 다스칼로스가 스테파노스를 추궁한 것은 그의 예비 제자 앞에서 스승으로서의 법통을 확립하기 위한 것이라는 인상을 받았다. 스테파노스는 형제로서 온전히 받아들여지기에 앞서 하나의 입문식을 치른 듯했다.

나의 친구는 필요하다면 참여하던 다른 모임에서 빠져나올 각오도 되어 있다고 말했다. 하지만 다스칼로스는 다른 이들에게 봉사하기 위해서 그대로 머물러 있는 것이 좋겠다고 충고했다. "자넨 거기서 중요한 일을 하고 있네." 다스칼로스는 진지하게 덧붙였다. 나는 속으로, '그것 참 대단한 변덕이로군' 하고 생각했다. 조금 전까지만 해도 런던에서의 십 년에 걸친 영적 방황이 시간 낭비였다고 단정했던 다스칼로스가 아닌가. 이제 그는 스테파노스를 완전히 받아들여 지지해 주고 있었다. 다스칼로스는 다음날 나와 야코보스에게 이야기해 줄 네 가지 원소에 대한 신비가의 입문에 관한 강의에 참석하라고 초대할 만큼 스테파노스를 이미 인정해 주고 있었다. 그 주제는 '상급' 학생들을 위한 것이었다.

나는 나중에 스테파노스에게 다스칼로스를 어떻게 생각하느냐고 물어보았다. 그는 자신 있게 대답했다. "나는 그가 시험을 하고 있다는 것을 알았다네. 그는 내가 어떻게 반응하는지를 보고 싶었던 거야."
그리고 지금까지의 경험과 공부를 통해서 스승들은 진지한 예비 제자를 처음 만날 때 대개 그런 식의 행동을 한다는 것을 알고 있었다고 말했다. 그렇다면 내가 처음에 제자가 되어 그에 관한 책을 쓰고 싶다고 했을 때, 그가 나의 심기를 그토록 불편하게 만들었던 것도 그런 이유 때문이었나 하는 생각이 들었다.

다스칼로스를 만나본 후로 나의 친구는 그에 대해 아무런 의심도 하지 않았다. "다스칼로스가 하나의 인격으로서 거친 면이 있다는 것은 문제가 되지 않네. 물을 공급해 줄 파이프가 하나뿐이라면 그것이 좀 녹이 슨 것쯤은 문제가 아니지."

"기가 막힌 비유로구만." 나는 이렇게 놀라면서 웃음을 터뜨렸다.

다음날 아침 열 시에 스트로볼로스로 출발했다. 우리는 다스칼로스를 찾아온 손님이 떠날 때까지 반 시간 정도 작은 홀에서 기다려야만 했다. 직업적인 치료사들과는 달리 그는 예약을 받지 않고 일했다. 누구든지 그의 도움을 받고 싶은 사람은 그냥 그를 찾아왔다. 밤이든 낮이든 아무 때라도 좋았다. 손님들은 그를 만날 수 있을 때까지 여러 번 찾아와야만 하는 경우도 있었다. 그는 끊임없는 전화에 시달리지 않으려고 전화번호를 전화번호부에 올리지 않았다. 하지만 내가 그의 집에 있을 때 다스칼로스가 도움을 부탁하는 전화를 받지 않는 것을 본 적이 없다.

우리는 손님이 떠난 후 거실로 들어갔다. 야코보스가 다스칼로스와 함께 있었다. 나는 야코보스가 방금 끝난 치유 작업을 도왔으리라고 짐작했다. 대화를 시작하기 전에 내가 커피를 타오겠다고 나섰다. 그러고 나서 나는 녹음기가 잘 작동하는지를 점검했다. 다스칼로스는 안락의자에 편안히 기대 앉은 후 네 가지 원소에 대한 신비가의 입문에 관한 강의를 시작했다. 먼저 그는 우주를 이루는 재료인 네 가지 원소의 성질에 대해 설명했다. 그는 누차 말했는데, 신비가의 목표는 원소들을 지배하는 힘을 얻는 것이라고 했다. 그리고 이를 위해서는 그것에 매혹된 상태를 극복하는 일이 선행되어야 한다면서, 이는 수백 년, 수천 년이 걸릴 수도 있는 과정이라고 했다.

"물질계에서 우리는 흙, 물, 불, 그리고 에테르라는 네 가지 원소가 존재하는 것을 관찰할 수 있네. 신비가의 목표는 이 원소들에 대해 입문하는 것, 즉 그것에 대한 지배력을 얻는 것이지. 히브리인들이 신을 야훼, 혹은 여호와라고 부르는 것도 우연은 아니라네. 고대 히브리어에서 야훼라는 말은 이 네 원소의 첫글자에서 나왔지. 고대 히브리의 신비가들에게 신 여호와는 이 네 원소의 지배자로 인식되었다네."

다스칼로스는 앞에 놓인 종이에다 십자가 상징을 그리면서 말을 이었다. "십자가 모양은 이 네 가지 원소를 상징한다네. 중앙으로부터 위로는 에테르라네. 수평선은 각각 물과 불을 상징하지. 이 두 원소는 서로 인접해 있다네. 십자가의 아래 부분은 물질계인 땅을 상징하지. 네 가지가 모두 중앙에서 만나지. 십자가는 네 원소의 균형과 통합을 뜻한다네. 때문에 십자가는 창조계 안의 위대한 상징물이라네."

나의 질문에 답하여 다스칼로스는 예수가 십자가에 못 박힌 것도 우연이 아니라고 주장했다. 십자가는 원소의 지배자인 범우주적 로고스를 상징한다는 것이다.

"십자가는 아즈텍과 잉카, 이집트를 비롯하여 많은 고대문명의 상징물이었지. 이 문명들은 십자가를 움직임, 곧 '스와스티카'의 상징으로 삼았지. 나찌가 상징으로 삼는 바람에 더럽혀졌지만 말일세. 스와스티카는 파괴와 해체를 상징한다네. 이것이 반대 방향으로 놓이면 그것은 창조를 뜻하는 신성한 상징물이 된다네. 그것은 원소들의 균형을 통한 올바른 움직임을 뜻한다네. 창조계, 형상의 세계 안에 존재하는 모든 것은 운동, 균형, 해체, 재조합을 내포하고 있다네."

"네 가지 원소는 작용하는 에너지와 작용 대상이라는 두 개의 큰 범주로 나눌 수 있다네. 작용하는 원소는 불과 에테르이고 작용 대상인 원소는 흙과 물이라네. 또한 더 높은 차원에서는 흙과 물이 모두 불이지."

"어떻게 그렇게 되나요?" 내가 끼어들었다.

"흙의 원자를 쪼개면 무엇이 남나? 불이라네. 물의 원소인 수소를 쪼개면 무엇을 얻나? 역시 불이라네. 알겠는가?"

"네 가지 원소에 특징을 부여하는 것은 무엇인가요?" 내가 더 캐물었다.

"그것은 진동수의 차이일 뿐일세. 예를 들기 위해서 흙의 원소는 진동수가 1에서 10까지라고 가정하세. 그러면 10에서 20까지는 물이고 20에서 30까지는 불, 그리고 그 이상은 에테르라네. 에테르는 진동수를 한정할 수가 없어."

"물과 불은 육안으로도 볼 수가 있지. 하지만 작용하는 원소들의 에너지 진동은 눈에 보이지가 않는다네. 그것은 볼 수 없지만 느낄 수는 있지. 예컨대 공기는 움직임이 있을 때만 느껴지지. 종이를 얼굴 앞에서 저어보면 공기가 느껴질 걸세."

"당신은 에테르를 느낄 수 있나요?" 스테파노스가 물었다.

"물론이지. 나중에 자네도 연습을 반복하면 그것을 느낄 수 있을 뿐만 아니라 고체화시킬 수 있는 단계에까지 도달할 수 있을 걸세."

"네 가지 원소 너머에는 무엇이 있나요?" 스테파노스가 물었다.

"초질료인 '마음'이 있다네. 그것은 다른 모든 원소가 나오는 모태, 곧 근원이지. 법칙과 원인과 모든 창조물의 배후에 있는 이데아를 발견할 수 있는 곳이 그곳이라네. 진리의 탐구자는 네 가지 원소에 대해서 할 수 있는 모든 경험을 속속들이 다 거친 다음에야 거기로 들어갈 수 있네."

"당신이 '마음'이라고 할 때 그것은 신을 의미하는 건가요?" 스테파노스가 캐물었다.

"아닐세. 창조자를 현상계의 질료와 혼동하지는 말게."

"그렇다면 신은 무엇인가요? 그러니까, 신을 어떻게 인식할 수 있나요?" 스테파노스가 계속 캐물었다.

"자네가 마음속에 신의 이미지를 지어내는 순간, 그 이미지는 신이 아니라 환상이라네. 자네가 할 수 있는 유일한 것은 신은 총체적인 지혜, 선, 그리고 권능임을 받아들이는 것일세. 나는 신을 사랑이자 생명으로 이해한다네. 그 이상은 신에 대해서 아무런 말도 할 수가 없다네. 우리는 오직 자신이 테오시스의 경지 속에서 신이 되었을 때만 신을 알게 될 거라네." 다스칼로스는 다시 네 가지 원소에 대해 설명했다.

"물질계는 네 가지 원소가 각기 다른 비율로 조합하여 이루어졌다네. 예컨대 유칼리 나무의 씨앗을 살펴보세. 이 작은 씨앗은 그 속에 어떤 가능성과 개연성을 담고 있다네. 그것은 햇빛과 물과 흙과 공기가 적절한 비율로 조합되면 큰 나무로 변할 걸세. 나무가 죽으면 물의 원소가 증발하기 시작하지. 남는 것은 주로 흙과 불의 원소야. 죽은 나무토막 속에는 불의 진동이 있어서 그것이 연소와 함께 열의 발생이라는 현상을 가져온다네.

열은 원소가 아니라 불이라는 원소의 결과물이지. 불은 다른 모든 원소들과 마찬가지로 허공(void) 속의 진동이라네. 열은 어떤 것, 혹은 어떤 사람이 특정 파장으로 진동할 때 발생하지. 불의 원소가 높은 수준의 진동을 하면 대상은 점점 더 가열된다네. 그러다가 어떤 시점에서 발화가 일어나고 원소가 해체된다네. 이 임계점에서 불의 진동이 가해진 물질은 발생한 열을 견뎌 내지 못하는 거지.

어떤 대상은 발화가 일어날 때까지 낮은 수준의 진동밖에 흡수할 수가 없지. 예컨대 마른 나무는 물 원소의 비율이 매우 낮고 불의 활성화된 원소의 비율은 매우 높으므로 아주 쉽게 발화된다네. 흙과 물과 아주 적은 불의 원소로 이루어진 물질, 즉 철이나 기타 금속들은 해체되는 임계점에 도달하려면 매우 높은 수준의 진동이 필요하다네. 반면에 나무나 올리브유, 휘발유와 같은 물질들은 발화점이 매우 낮다네. 실제로 휘발유는 액체 상태의 불일세. 이런 물질에는 물과 매우 높은 수준의 불, 그리고 매우 적은 흙의 원소가 들어 있다네. 내가 든 예들은 자연계에 존재하는 모든 것이 이 네 가지 원소들의 다양한 조합으로 이루어져 있음을 보여 주지. 이것이 신비가들이 관찰하고 연구해야 할 물리적 법칙이라네."

"네 가지 원소는 죽은 물질을 의미하는 것이 아님을 이해하도록 하게. 우리가 살고 있는 우주는 원자끼리 서로 부딪히고 있는 생명 없는 기계가 아니라네. 바로 이 때문에 고대의 신비가들이나 교회의 교부들이 이 원소들을 지배하는 지성에 이름을 붙여놓은 것이라네. 그들은 불의 지배자를 미카엘이라고 불렀고 나머지 원소들의 지배자를 각각 가브리엘, 라파엘, 오우리엘 등으로 불렀다네."

"왜 그토록 의인화된 이름을 붙여야만 했을까요?" 내가 물었다.

"아마도 이 원소들이 지적인 존재라는 것을 강조하기 위해서일 거야. 이들은 눈멀고 생명 없는 물질이 아니라네. 그것은 자연의 균형을 유지하게 하는 지성이라네. 언젠가 자네들이 스승으로 성장하면 이 원리를 체험으로 검증해 볼 수 있게 될 걸세."

나는 그런 경험, 특히 다스칼로스 자신의 체험에 대해 물어보려고 했지만 스테파노스가 다시 질문을 퍼부었다.

"이 네 가지 원소는 거친 물질계에만 존재하나요?"

"아닐세, 그것들은 범우주적이지. 네 가지 원소는 현실의 모든 차원에 존재한다네. 거친 물질계, 심령계, 저차원 이지계, 고차원 이지계 등. 각각의 우주에서는 한 원소가 지배적이어서 나머지 세 가지 원소들을 둘러싸고 있다네. 이 거친 물질계에서는 모든 원소들이 각기 다른 조합으로 존재하지만 흙의 원소가 지배적이지. 심령계의 지배적인 원소는 물일세. 저차원 이지계에서는 불이, 고차원 이지계에서는 에테르가 지배적인 원소라네. 우리가 염체를 엘리멘탈(elemental)이라고 부르는 이유도 이 때문일세. 염체는 네 가지 원소로 이루어져 있다네."

"저는 다른 차원계에서 흙의 원소가 어떤 상태로 존재하는지 상상하기가 힘들어요."

"설명해 주지. 심령계에서는 네 가지 원소가 거친 물질계와는 다른 성질을 지닌다네. 하지만 유사점을 가지고 있지. 자신이 심령계에 가 있는 것을 알아차렸을 때에는 마치 단단한 땅을 딛고 있는 것처럼 느낀다네. 하지만 이런 차원에서 흙 원소의 진동은 매우 다르다네. 우리는 심령계와 그 부속계들 속을 걸어다니면서 여러 물체들을 만져보곤 하지. 간단히 말해서 우리는 흙의 느낌, 곧 고체의 느낌을 알고 있다네. 심령계에서 흙의 원소를 인식하는 것이 바로 이런 방식이지. 심령계에서 흙의 원소는 거친 물질계의 것과는 사뭇 다르지만 이 두 차원은 공통의 접점을 지니고 있어. 흙, 고체라는 개념 말일세."

"마찬가지로 심령계의 다른 원소들도 관찰해 볼 수 있지. 예컨대 불은 허공 속에 퍼져 있는 하나의 진동이라네. 이것은 저차원 이지계의 지배적인 원소지. 심령계에서 불의 원소는 물의 원소와 결합하여 분노, 공격성, 질투 등 다양한 감정을 만들어낸다네. 그런 감정들이 불과 물 등의 원소들과 관계한다는 증거가 있느냐고 물어 볼 수 있겠지. 육체를 이루고 있는 원소들에게 그런 감정이 미치는 결과를 관찰해 볼 수 있다네. 극도의 분노가 치밀어 오를 때 우리는 피가 '끓어오른다'고 말하지. 분노는 체온을 올려놓는다네. 그것은 불의 성질이 나타난 것이지. 동시에 심장이 격렬히 뛰고 혈액순환이 빨라지지? 이것은 물의 원소가 나타난 것이라네. 불은 또한 자연발생 현상을 가능케 하는데, 이것은 창조적 에너지의 한 형태라네."

"이제 불의 원소를 저차원 이지계에서 살펴보세. 가만히 앉아서 생각하고 어떤 것에 집중해 보게. 무슨 일이 일어날 거라고 생각하나? 체온이 올라간다네. 생각은 불과 빛의 조합이야. 이지계에서는 불의 원소가 우리로 하여금 생각하고 집중할 수 있게 해준다네. 물질계에서 태양이 늪을 바짝 말리는 것처럼 내면의 태양 – 불(sun-fire)에 담긴 생각은 자신과 타인에게 해로운 사념을 중화시켜 준다네."

"또한 생각은 불과 에테르를 의미하네. 내가 '생각'이라고 할 때, 그것은 이지적 심상을 만들어 내는 것만을 의미하는 것은 아닐세. 그것은 또한 엑스터시에 이르는 모든 조건과 그것에 이르게 하는 지식을 의미하네. 이 모두가 인체에 영향을 미치는 에테르와 불의 표현물들이지."

"진리의 탐구자로서 우리는 이 네 가지 원소를 잘 살펴서 그것의 힘과 가치를 확실히 알고 창조적으로 활용할 수 있는 방법을 찾아야만 한다네. 또한 그것이 가져올 수 있는 폐해에 대해서도 잘 알아서 피할 수 있어야 하지. 예컨대 이지계와 심령계에서 물과 불 원소의 특정한 조합은 이기심이나 자기도취라는 현상을 만들어 낸다네. 우리는 이런 상태를 연구하고 분석해서 알고 있어야만 하지. 그리고 우리는 통찰력으로 이런 원소들의 에너지를 생산적이고 아름다운 것으로 변환시킬 수 있게 될 걸세. 우리가 사는 상대계에서 모든 원소들은 두 가지 상반된 상태를 만들어 낸다네. 즉, 창조와 해체가 그것이지. 햇볕은 우리에게 생명과 건강을 제공하기도 하지만 동시에 그것은 화상과 일사병을 일으킬 수 있다네. 실제로는 원소의 해체는 창조를 위한 새로운 조건을 만들어 내기 위해서 있는 것이지만……."

"진정한 신비가는 이러한 원소의 유혹(enchantment)을 초월하는 경지에 다다라야만 한다네. 그는 원소를 통제할 수 있어야만 해. 물질계에서뿐만이 아니라 심령계와 이지계와 그 너머의 차원에서도 말일세. 원소를 통제하지 못하고는 신비가는 심령계와 이지계의 여러 차원과 부차원들을 마음대로 다닐 수가 없다네."

"당신은 전에 신비가는 원소의 한계를 극복하고 그것을 통제하는 힘을 얻도록 도와주는 시험이나 경험을 거쳐야만 한다고 하셨지요? 그것은 어떤 것인가요?" 내가 끼어들었다.

"영적 스승들은 초심자에게 여러 가지 시험을 겪게 한다네. 그것은 각 원소의 다양한 성질을 익히게 하려는 거야. 예컨대, 불의 원소와 관련된 여러 가지 체험을 겪게 하지. 그는 불을 통과하여 자신이 타지 않는다는 것을 깨달아야 한다네. 신비가는 물질 차원에서 불을 지배하기 전 더 높은 차원에서 불을 지배할 수 있어야만 하네. 심령계와 이지계의 불을 다스리지 못하면 물질계의 불은 그의 말을 듣지 않을 걸세."

그러고 나서 다스칼로스는 나의 재촉에 자신이 그의 스승 요하난을 따라 지구의 속으로 가서 겪었던 강렬한 체험을 털어놓았다.

"어느 날 성부 요하난께서 나를 지구의 중심부로 데려가셨네. 나로 하여금 불을 체험하게 하고 불의 원소를 책임지고 있는 대천사들을 만나게 하기 위해서였지. 나는 거대한 주황색의 냄새 없는 불꽃을 보았네. 지구 어떤 곳에서도 찾아볼 수 없는 미묘하게 붉은색이었지. 그 찬란한 색깔의 불꽃이 타오르는 공간에서 너무나 숭고하고 완전한 존재들을 보았네. 나는 그 광경을 그림으로 그리고 싶지만 스승들이 허락을 해주지 않으셨어. 아마 언젠가는 허락을 하실 거야. 내가 그들을 보았을 때 요하난께서 말하셨네. '이들은 너의 종으로서 네 안에서 너의 피가 잘 흐르도록 감독하는 일을 한다. 이들이 그대를 육신 안에서 살 수 있게 해준다.' 그들은 대천사 미카엘의 방사체일세. 그들이 일하는 영역은 물질의 가장 큰 측면에서 가장 작은 측면까지 두루 미친다네. 그들은 태양과 지구 내부와 우리의 혈구 속에 산다네. '그대 역시 이들 중의 하나다. 그대도 하나의 대천사다.' 요하난께서 말씀하셨어.

'스승님, 제가 지금 어떤 모습인지를 보고 싶습니다.' 내가 말했어. 스승은 나에게 따라오라고 하시고는 손을 움직여 거대한 불의 벽을 펼쳐놓으셨어. '보라.' 그가 명령하셨지. 나는 그것을 바라보며 내가 그 불로 된 벽의 안과 밖 모두에 있는 것을 깨달았지. 마치 내가 그들 중의 한 존재인 것처럼 대천사의 모습을 띠고 있었다네.

바로 그 순간 나는 요하난께서 왜 비밀 조직의 강의에서 우리를 '영의 아들, 불의 아들'이라고 불렀는지를 이해하게 되었다네. 또 세례 요한이, '나는 너희를 물로써 세례하지만 내 뒤에 오실 그는 영과 불로써 너희를 세례하리라'고 말한 의미를 이해할 수 있었지. 얼마나 많은 사람이 이 말의 의미를 이해할까? '영과 불로써'라는 말이 무엇을 의미하는가? 이제야 나는 이해하기 시작했다네. 내부 서클에서 우리는 조금씩 조금씩 불로써 세례를 받고 있는 걸세. 이 진리를 이해하려면 단계적으로 수행을 해야 하는 것이지. 신비가의 입문식은 스승이 입문자의 머리 위에다 검을 대고 몇 마디를 중얼거리는 그런 의식이 아닐세. 입문이란 영적으로 진보해가는, 여러 해 심지어는 수백 년 동안 지속될 수도 있는 하나의 과정이란 말일세."

다스칼로스는 몇 분 동안 침묵 하다가 나지막한 목소리로 다시 말했다. "오늘 우리는 외부에 알려서는 안 될 내용에 대해 이야기했네. 하지만 자네들이 신성한 지혜를 그처럼 갈구하니까 길을 알고 나아가는 것이 더 나을 테지. 야코보스는 벌써 내가 너무 많은 것을 이야기하고 있다고 생각하고 있을 걸세."

"그가 당신에게 그렇게 말하고 있다구요?" 내가 이렇게 소리치며 야코보스에게 날카로운 눈빛을 쏘아보냈다. 야코보스는 악의 없는 미소를 띤 채 바라보고만 있었다.

다스칼로스는 모든 원소들에 대한 입문을 전생에 다 거쳤다고 말했다. 다만 방금 이야기한 경험은 현생에서 일어난 일이라고 했다.

"야코보스도 아마 이와 비슷한 경험을 직접 했을 것이야." 야코보스는 그렇다고 고개를 끄덕였다. 다스칼로스는 스승들이 예비 제자에게 다양한 원소에 대해 훈련시키는 방법을 이야기했다.

"때로는 지진이 일어나고 있는 동굴 속에 제자가 갇히는 수도 있다네. 입구에 흙이 무너져 쌓이고 말이야. 나갈 구멍이 없지. 제자는 갇혔다고 생각하고 빠져나가려고 온갖 수를 쓰지. 그러다가 문득 자신이 동굴 밖에 나와 있는 것을 발견한다네. 스승들은 제자가 흙의 원소에 매여 있지 않음을 보여 주기 위해 그런 경험을 시키는 걸세. 또한 제자를 바다 속 깊은 곳에 데려다놓고 빠져나오게 할 수도 있지. 그런 시험을 겪지 않으면 어떻게 사람들이 배를 타고 가다 익사할 때 그들과 동행해 줄 방법을 배울 수 있겠나? 제자는 그들을 안심시켜 심령계로 안내할 수 있는 능력을 얻고자 하는데 말일세."

"저는 처음 그런 경험을 했을 때 빠져 죽을까봐 겁에 질려 몸이 꽁꽁 얼어붙었지요." 야코보스가 거들었다.

"야코보스는 흙과 물과 불에 대한 체험을 이미 겪었네. 하지만 그는 아직도 불과 에테르를 겁내고 있어. 우리가 유체이탈하여 에테르체로 바다 위의 배가 성냥갑처럼 보이는 상공에 떠 있을 때 야코보스는 겁에 질려서 내 팔 밑으로 기어들곤 한다네. 나는 그가 공포를 극복하도록 아래를 내려다보라고 부추기지. 테오파니스와 코스타스에게 아래를 내려다보도록 안심시킬 수 있는 방법은 없다네. 그들은 너무나 두려워해. 오직 어린 내 손자만이 겁 없이 수면 위까지 곧장 떨어져 내려간다네. 그가 왜 겁이 없는지는 나도 잘 모르겠어. 어쩌면 하도 어려서일지도 모르지. 그 앤 말릴 수가 없어. 그런데 저들에게는 두려움을 극복하는 것이 정말 힘든가봐. 그들은 균형을 잃을까 두려 위해. 내가 그들을 진정시키기 위해 하는 것은 대개 매우 밝은 오각별을 만들어 그들 속에 심어 주는 것이지. 그것이 그들에게 안정감을 주어서 두려움을 잊어버리게 한다네. 그래서 신비가들이 옛날부터 오각별을 유체이탈의 상징으로 사용한 게 아닐까?"

다스칼로스는 미소를 띠며 낮은 목소리로 말했다. "이제 자네들이 내부 서클의 비전에 입문했으니 야코보스는 심상으로 몸의 여러 부위에다 오각별을 만들어 몸을 보호하는 방법을 가르쳐 줄 수 있게 되었네. 그 다음엔 오각별의 형체를 버리고 의미만이 남아 있게 하는 법도 배울 것일세. 야코보스에게서 그것을 배우도록 하게. 그는 살아 있는 사람에게서 이것을 배우지는 않았지만 이미 알고 있지. 그는 유체이탈 중에 나와 요하난에게서 그것을 배웠다네. 심령계에서 배울 때는 자신이 물질차원에서는 들어 보지도 못한 것까지 이미 알고 있음을 종종 발견하게 된다네."

"정말 그래요." 야코보스가 매우 진지하게 맞장구쳤다.

"다시 말하지만 진정한 신비가는 결국 네 가지 원소의 유혹을 극복해서 그것을 통제할 수 있어야만 하지. 말하자면 그는 자신의 노력을 통해 특정한 영적 단계로 진보를 이룬 사람이라네."

"신비가가 네 가지 원소를 지배해야 한다고 말할 때, 그것은 감각을 복종시키는 것을 뜻하나요?" 스테파노스가 물었다.

"아닐세. 그것은 자신이 육신의 노예로 있기를 그쳐야 한다는 뜻일세. 감각을 복종시킨다는 것은 원소가 이끄는 힘에 저항하는 것을 뜻하지. 신비가는 네 원소와 싸우는 사람이 아니라 그것의 유혹에서 벗어난 사람일세. 원소의 유혹에서 해방되는 것이 물질계의 스승이 되기 위한 전제 조건이라네. 그래야 마침내 원소에게 복종을 명령할 수 있게 될 걸세. 물질은 여신과도 같다네. 인간을 돼지로 변하게 만드는 여신 키르케(Circe) 말일세."

다스칼로스는 이어서 신비가도 다른 인간들처럼 육신의 요구를 느끼기는 하지만 보통 사람들이 욕망과 육체적 쾌락의 마법에 빠져 있는 데 반해 스승들은 그것에 초월해 있다고 말했다. "예컨대 신비가에게 음식이란 육신을 생존케 하기 위해 필요한 것일 뿐 그 이상의 아무것도 아니라네. 섹스 또한 그 자체가 목적이 아니라 절대자와 함께 창조의 과정에 참여하기 위한 수단일 뿐이지."

나는 섹스에 관한 그의 말이 금욕주의적인 삶의 지침처럼 들린다고 지적했다.

"그렇지 않네. 금욕주의자는 자신의 욕망을 억누르고자 하는 반면에 높은 스승은 욕망을 초월해 있다네."

전에 다스칼로스는 나와 이야기하던 중에 자신은 성적 욕망을 결코 느끼지 않는다고 털어놓았다. 자신의 몸은 성적 욕구를 일으키는 데에 필요한 만큼의 호르몬을 만들어 내지 않는다고 설명했다. 그는 결혼하여 출산 외의 다른 어떤 목적으로 섹스를 한 적이 없다고 했다. "내가 성적 욕구를 억눌러야 한다고 주장하려는 것은 결코 아닐세. 자네들에겐 그것이 필요해. 내가 자네들에게 그것을 그만두라고 강요할 수는 없지. 자네들은 성적 쾌락이 필요한 단계에 있는 걸세. 자네들이 좋아하는 맛있는 음식을 먹지 말라고 강요하는 것도 아닐세. 나의 경우엔 빵이나 끓인 밀죽으로 충분히 영양분을 섭취할 수 있다네. 나에게 음식이란 내 몸을 유지하는 데에 필요한 것일 뿐일세. 이제 이해하겠는가? 육신의 쾌락은 환상이라고 말할지도 모르지. 하지만 그것이 필요한 사람들에겐 그것은 멋지고 아름다운 환상일세. 그것은 남녀 사이의 조화로운 관계를 만들어 내지. 난 육체적 욕망을 과소평가하지 않는다네. 단지 내가 그것에 빠져들지 않을 뿐이지."

"진정한 신비가는 소유라는 환상과 열정을 극복해야만 한다네. 진정한 소유는 가지고 있는 물질의 양에 있는 것이 아니라 우리 안에 쌓아놓은 참된 지혜라네. 그러므로 물질에 대한 집착은 영적 진보에 장애가 되지. 꽃을 즐기기 위해서 그것을 소유할 필요는 없다네. 아름다운 꽃을 즐기기만 하면 온 세상의 정원이 다 내 것이 되지. 결코 그것을 소유할 필요는 없는 것이라네. 실제로 자신이 소유하는 것은 가지고 있는 것이 아니라 보고 느끼는 것이라네. 어떤 것을 붙잡고 그것을 '내 것'이라고 부르는 순간 그 사람은 아주 가난한 사람이 되어 있는 거라네. 쥔 손을 놓고 '모든 것이 내 것'이라고 말해 보게. 손 안에 있는 것만 자기 것이라고 한정짓지 않을 때 그 사람은 정말 부유한 사람이 되는 거야."

다스칼로스는 이어서, 네 가지 원소 각각에 대해 몇 차례의 입문식이 있다고 말했다. 처음 몇 차례의 입문은 흙 원소에 관한 것이었다고 한다. 진리의 탐구자들이 서클에 가입할 때 하는 일곱 가지 서약이 첫 입문식이다. 그것은 자신의 인격 도야와 덕성 함양, 그리고 물질의 유혹을 초월하려는 최초의 진지한 시도에 초점을 맞추고 있다. 그리고 나아가서 현상세계와 자아를 의식하는 자신의 영혼의 배후에 절대적 지성이 존재함을 깨닫는 것도 포함되어 있다.

첫 입문식에서 신비가는 관용, 인내, 몸과 인격에 대한 지배력, 분노의 극복과 같은 여러 가지 덕목을 배운다. 나아가서 그는 타인에 대한 봉사의 필요성을 인식하게 된다. 지상의 스승은 초심자가 이러한 덕목들을 적절한 훈련과 자기분석을 통해 얻을 수 있도록 도와 준다. 그 이후의 입문식들은 대개 지상의 세계에 살지 않는 스승들에 의해 주어진다. 예컨대 내부 비밀 조직에 누구를 가입시킬 것인가 하는 결정은 대개 '위로부터 온다'. 그것은 심령계의 지배적 원소인 물 원소에 관한 두 번째 입문식에 속한다.

"지상의 스승에게서 의식을 치르지 않고 2차 입문에 들어갈 수가 있다는 말인가요?"

"물론이지. 2차 입문식에는 힘을 얻는 첫 단계가 포함되어 있다네. 신비가는 자신의 육신을 벗어나서도 완전한 의식을 가지고 살 수 있다는 것을 깨닫는다네. 처음에는 유체이탈을 경험하지 못할 수도 있지. 하지만 그의 잠재의식은 몸을 벗어나서도 살 수 있다는 것을 알고 있다네. 그는 아주 생생하게 기억해낼 수 있는 자각몽을 꾸기 시작하지. 게다가 그는 꿈속에서 생각을 하기 시작하고 꿈꾸는 상태에서도 그것을 의식하게 된다네. 그리고 첫 번째 입문 과정에서 성취한 다양한 덕목들을 표현할 수 있게 되지. 심령계에서는 이런 덕목들이 매우 강하게 표현된다네. 포용력은 훨씬 더 커지고 집중력도 완전해지지. 2차의 일련의 입문 과정을 통해 신비가는 자신의 현재인격과 영구인격 간의 차이를 해소시키기 위해 노력하게 된다네."

"저차원 이지계, 그러니까 불의 원소에 입문하는 동안에는 어떤 일이 일어나나요?" 내가 물었다.

"이 덕목들을 좀더 널리 표현하기 시작하고, 또 심령 차원의 능력이 확대된다네. 사념과 이해와 의지의 집중력도 계발되지. 무슨 뜻인지 설명하면, 물질계에서 우리는 시각을 통해 어떤 경치에 집중하는 능력이 있네. 우리는 특정한 인상을 받아들이지만 그 중의 아주 작은 부분만이 의식 속에 남아 있다네. 첫 번째 입문식 이후에는 심령이지적 훈련을 통해 거친 물질계의 경험을 기억 속에 보존할 수 있다네. 반면에 2차 입문 과정의 전반부 단계에서는 유체이탈 중에 시야가 훨씬 더 넓어지고 더 많은 인상과 경험을 받아들이게 된다네. 오감에 한정되지 않고 깨어 있는 상태에서 현 상황을 의식한다네. 2차 입문 과정을 거쳐가는 동안 심령계의 여러 차원들을 자유롭게 다닐 수 있게 되고, 각 심령계 안에 속박되지 않고 동시에 여러 사람을 도울 수 있게 된다네. 하지만 이런 능력조차도 한정된 능력일세. 이지계에서의 3차 입문 과정에서는 자신의 능력을 더욱 확대시킬 수 있다네. 3차 입문의 전반 단계에서는 '마음'의 능력을 키우게 된다네. 의식을 더 넓은 영역으로 확대시킴으로써 모든 것을 경험하고 알 수 있는 능력을 계발하지. 3차 입문 과정의 높은 단계에 이르면 테오시스의 문턱에 다다르게 된다네."

"3차 입문 과정 너머에는 무엇이 있나요?" 내가 물었다.

"무한을 향한 빛나는 상승이지."

"예수는 이런 입문 과정을 거쳤나요?" 스테파노스가 물었다.

"아닐세, 그리스도는 테오시스를 성취한 인간이 아니라네. 그는 신의 화신이지." 다스칼로스는 이 문제에 대해서는 늘 그랬듯이 단정적으로 대답했다. 거듭된 환생을 통해 완성을 이룬 붓다와 기타 여러 위대한 스승들과는 달리 그리스도는 절대자의 로고스적 측면의 화신으로서 지구에 단 한 번 화현했다는 것이다.

"제자들은 모두 이와 비슷한 방식의 입문 과정을 거쳐야 하나요?" 내가 물었다.

"아닐세, 이 모든 입문 과정을 동시에, 단번에 거치는 경우도 종종 있다네. 하지만 흙의 원소에 대한 입문을 먼저 하고 그 다음으로 넘어가는 것은 불가피하지. 어떤 사람은 첫 번째 입문 과정에서 이지계로 넘어갔다가 물, 곧 심령계의 입문을 하려고 돌아오기도 한다네."

"그렇다면 3차 입문 과정은 물의 입문보다 높은 과정이라고 할 수 있나요?" 내가 캐물었다.

"예수께서 '온유한 자는 복이 있나니'라고 하시지 않았는가. 여기서 온유한 자란 일부 단순한 사람들이 생각하는 것처럼 바보와 멍청이를 가리킨 것이 아니라 교활함과 악당 근성이 없는 순수한 사람들을 가리킨 것이라네. 자아의 실현으로 이끄는 것은 영리함도 아니고 지식의 축적도 아니라 순수한 가슴이라네. '마음이 깨끗한 자는 복이 있나니 하나님을 볼 것이니라' 그는 이렇게 말하셨지. 그리스도께서는 일부 사람들이 주장하듯이 감성을 이성 위에다 놓지 않으셨네. '깨끗한 마음'이란 우리의 본성인 사랑을 가리킨다네. 3차 입문 과정을 통해 이루어지는 깨끗한 마음을 가지지 않고는 신을 알 수가 없다네. 자신의 마음이 맑은 것을 스스로 인식할 수 있는 단계에 이르러야 하는 것이지. 하지만 3차 입문 과정에서 필요한 올바른 사고란 잔꾀나 영리함 같은 것과는 아무런 상관도 없다는 것을 유념하게. 오히려 그것은 진리를 알고자 하는 열망에 가깝네. 개인적인 이익을 추구하기 위해 수천 명의 사람들을 서슴없이 희생시키는 과학자는 인간 속의 사탄 이상 아무것도 아니지. 이런 종류의 지식은 신비가의 3차 입문 과정과는 아무런 관계도 없다네."

"진리의 탐구자 비밀 조직의 회원이 되지 않고도 이런 입문 과정을 거칠 수 있나요?"

"모든 인간은 자기 안에 지상에 내려오는 모든 인간을 비추고 있는 빛을 품고 있다네. 알든 모르든 자신의 스승과 안내자를 자기 안에 가지고 있는 거지. 모든 인간에게 나날의 삶은 스스로를 이 세 가지 입문 과정으로 이끄는 훈련이라네."

"그러면 세상에 현존하는 스승으로부터 도움을 받지 않고도 신성을 이룰 수 있다는 말씀인가요?" 내가 더 캐물었다.

"안 될 게 뭐 있나? 인류의 위대한 스승들에게 지상의 스승이 있었는가? 단지 로고스와 연결되기만 하면 지상의 스승은 결코 필요하지 않다네."

"이데아의 세계에 들어가는 데는 육체가 장애가 되나요?" 다스칼로스가 결혼 문제로 상담을 하러 온 한 쌍의 연인들과 이야기하느라 반 시간이 지난 후에 스테파노스가 이렇게 질문했다.

"물론 그렇다네. 하지만 신비가는 자신의 육신을 지배하는 마스터가 되어야 한다네. 그는 의지로써 육신뿐만 아니라 심령체와 이지체를 벗어나는 방법을 알아야 해. 그래야만 이데아와 법칙의 세계인 고차원 이지계로 들어갈 수 있다네. 그런 단계를 성취하려면 한 번의 생으로는 충분하지가 않다네."

"높은 경지의 신비가는 자신이 전생에 어떤 인물이었는지를 기억할 뿐만 아니라 자신의 존재 목적이 무엇인지도 안다네. 우리의 목표는 오랜 세월 이전에 이미 정해졌으며 각 생마다 그의 길은 서두름도, 차질도 없이 끈기 있게 조용히 준비되어온 것이라네. 우리는 우리 자신이 곧 길(The Way)이 되어야만 한다네. 예수께서 말씀하셨듯이 말일세. '나는 길이요, 진리요, 생명이니라.' 이것이 시공간적 사건들의 지배자가 되고, 사건들의 배후에 어떤 목적이 놓여 있는지를 아는 방법이지. 우리는 자신을 알고 신뢰하고 자신의 길을 가로막는 '의심'을 제거해야만 한다네. 자기 자신을, 그리고 삶이라는 현상을 지배하지 못하고는 높은 경지의 신비가가 될 수 없다네."

"다스칼레, 어떤 종류의 의심을 말씀하시는 건가요?" 내가 끼어들었다.

"자신의 능력에 대한 의심이지. 높은 경지의 신비가들은 그렇지 않지만 많은 신비가들은 자신이 영혼 치유 작업을 통해 하는 일이 과연 진짜인지를 의심한다네. '내가 할 수 있을까? 다시 해도 성공할 수 있을까?' 그들의 마음속에는 종종 이런 의심이 떠오른다네. 높은 경지의 신비가들은 이런 의심을 가지고 있지 않지. 왜냐하면 그들은 알기 때문일세. 그들의 능력은 바로 여기에 있는 거라네. 그는 삶과, 삶의 본질이 무엇인지를 알고 있지. 그는 자신이 어디로 가는지를, 또 자신이 이 지상으로 온 목적을 알고 있다네."

"자신이 누구인지를 기억한다면 그는 그것을 평소에도 끊임없이 인식하나요?"

"물론이지."

"자신이 누구인지를 알지만 망각이 자아인식을 덮을 수도 있지 않은가요?"

"아닐세. 망각은 모른다는 뜻일세. 진정한 신비가는 수천 년 전에 자신이 최초로 물질 속으로 상승한 것까지도 기억한다네. 어떤 신비가들은 전생의 단편들을 기억해 내고는 흥분하지. 하지만 그들은 아직도 걸음마를 하고 있는 걸세."

"다스칼레, 비범하거나 초자연적인 것으로 보이는 현상을 만들어 내는 능력을 지녔다면 그것이 곧 그가 높은 경지의 신비가임을 뜻하는 건가요?" 내가 물었다.

"전혀 아닐세. 나는 그와 같은 자칭 신비가들을 많이 봤지. 사실

바로 얼마 전에도 그런 사람이 자신의 능력으로 나를 감탄시키려고 찾아왔었다네. 그는 염력으로 테이블 위의 물컵을 들어올려 그것을 내 앞의 바닥에다 내려놓았네. 나는 그에게 다시 테이블에 올려놓아 보라고 했네. 그는 내가 시키는 대로 했지만 물을 반이나 쏟았지. 나는 또 그에게 한 번 더 해보라고 했네. 그는 무진 애를 썼지만 이번에는 할 수가 없었어. 내가 마음속으로 반대의 힘을 만들어 내었기 때문에 물컵을 움직일 수가 없었던 거야. 나는 그에게 다시 내 앞에 갖다놓으라고 했네. 그는 마침내 기운이 빠져 녹초가 되어 버렸다네. 내가 말했지. '친구, 당신은 에테르체를 왜 이렇게 혹사하나요?'"

"그는 이 능력을 얻기 위해 한 요기와 몇 년을 함께 지냈다고 뽐내었네. 그래서 내가 이렇게 물었지. '당신은 누구인가요?' '아까 소개하지 않았나요?' 그가 대답했네. '아까 한 말은 기억하지만 난 이름에는 별 관심이 없어요. 다시 묻겠는데, 당신은 누구인가요?' 그는 다시 자신의 지식으로 나를 감탄시키려고 자신의 현재인격을 자찬하기 시작했네. 그는 인도의 히말라야로 가서 요기들과 6년을 함께 지냈다는 거야. 그는 이름과 직함이 적힌 자신의 명함을 나에게 줬지. '이것이 당신이 자신이라고 생각하는 것입니까?' 내가 물었지. '예' 하고 그가 대답했네. 나는 그의 명함을 찢어서 쓰레기통에 던져 버렸네. '당신이 가지고 있는 나머지 명함도 다 찢어 버리세요. 당신은 자신이 진정으로 누구인지를 모르고 있으니 자신을 발견하도록 말이에요. 당신이 오늘 보여 준 그런 능력은 어린아이 같은 짓이에요. 당신이 성취한 것에는 진지한 열망이 없어요.'"

"나는 그가 자신의 현재인격에 대한 애착을 얼마나 초월해 있는지를 시험해 보고 싶었다네. 내가 끝없이 파고들자 그는 화를 내며 자신을 계속 떠벌여 자랑했네. '친구, 당신의 말은 물질에 매혹된 자의 아우성이에요. 정신 차리세요.' 그는 마음이 상했어. '내가 실수를 했소. 여기에 오질 말았어야 하는 건데.' 그는 화가 나서 말했어. '커피나 한 잔 하고 나서 이야기를 계속하는 것이 어떻겠어요?' 내가 커피를 타서 가지고 왔네. 나는 그의 머리를 손으로 건드렸네. 그는 나를 바라보며 눈물을 글썽거렸어. '내가 당신의 말을 이해하고 있다는 것을 못 깨달으시겠나요? 내가 뭘 하기를 바라나요? 나의 우상을 집어 던져 박살을 내라구요?' '용기가 있다면 자신을 발견하기 위해서 그렇게 하세요.' 내가 대꾸했네. '겁이 나요.' '뭐가 두려운가요? 우상을 깨고 자신이 진정 누구인지를 알기가 두렵다구요?' '전 아직 준비가 안 되었어요.' 그는 진실한 어조로 중얼거렸네. '가겠어요.' 그러면서 그는 계속 울었네. '전 사랑해요.' '무엇을? 당신의 그림자를?' '예, 제 그림자를요.' '준비가 되면 오세요. 우리 함께 당신을 괴롭히고 앞으로 나아가지 못하게 막고 있는 당신의 그 우상을 부수어 버립시다.' '우리가 전에도 만나서 오늘처럼 당신이 똑같은 고통스러운 교훈을 주었던 것만 같은 느낌이 들어요.' '다음에는 더 고통스러운 것이 될 거예요. 왜냐하면 난 당신을 사랑하기 때문이오.' 그도 언젠가는 자신의 우상을 깨버릴 수 있게 될 걸세. 환상으로 자신을 괴롭히는 것은 정말 가여운 일이야. 그는 빛을 보고 있지만 그것을 향해 앞으로 나아갈 용기가 없어. 나는 그를 불러서 우상을 깨뜨리고 흰 수도복을 입을 수 있도록 나와 함께 몇 주일을 지내게 했네. 그는 성소로 들어가서 흰 수도복을 들고 입을 맞추고는 눈물을 닦았네. '스승님, 저는 아직 우상을 깨뜨릴 준비가 되지 않았어요.' 그는 이렇게 탄식했네."

나는 다스칼로스에게 그가 말하는 '우상'이라는 개념과 그것을 어떻게 깨뜨리는지를 설명해 달라고 했다. "우상을 깨뜨리기 위해서는 먼저 자신을 발견해야만 하네. 육신과 생각과 감정으로 이루어진 현재인격은 우리에게 그 '우상'을 비춰주는 거울 역할을 한다네. 만일 이 거울이 더럽다면 거기에 비친 상도 모호하고 희미하겠지."

"고요하고 맑은 호숫가에 서 있다고 해보자구. 우리는 물속에 비친 자신의 모습을 또렷이 볼 수 있지. 거기에 작은 흔들림만 생겨도 우리의 모습은 더 이상 보이지 않는다네."

"신비가로서 우리의 목표는 생각과 감정의 균형을 잡아서 물을 잔잔하게 만들고 거울을 닦아서 우리의 진정한 자아를 더 또렷이 볼 수 있게 하는 것일세. 궁극적인 목표는 우리의 모습을 일그러지게 하는 거울을 깨고 삼각형의 균형을 잡는 것이라네."

"삼각형의 균형을 잡는 것이요?"

"그렇다네. 전에 절대자는 이등변 삼각형으로 상징된다고 했었지. 각 변은 절대자의 세 가지 속성을 상징하지. 즉, 전지, 전능, 절대선 말일세. 자연계와 거대한 우주에서 삼각형은 언제나 균형이 잡혀 있다네. 하지만 우리 내면에서는 아직 균형이 잡히지 않았지. 이것을 잘 살펴보자구. 우리 내면에 지식과 힘만 있고 선이 없다면 사악한 기운이 판을 칠 걸세. 악마란 사실 불완전한 신이라네. 사랑과 능력은 있는데 지식이 없다면 이 또한 삼각형에 균형이 잡히지 않은 것이라서 비참한 결과를 가져올 수 있다네. 예컨대 힘과 선은 있는데 지식이 없는 사람은 무지로써 자신의 주변에 혼돈과 비극을 일으킬 수 있지. 사랑과 지식은 있는데 능력이 없다면 그것은 평온하고 자비로운 상태이긴 하지만 그래도 삼각형은 불완전하다네. 그런 사람은 크게 이룰 수가 없지. 자신의 삼각형의 균형을 잡아갈수록 그는 자아실현을 향해, 신성의 실현을 향해 다가가고 있는 것이라네."

이등변 삼각형의 비유가 스테파노스와 다스칼로스 사이에 열띤 토론을 불러와서 나는 거기에 끼어들어 다시 '우상'에 관한 단조로운 질문을 던졌다. "흰 수도복을 입기 전에 자신의 우상을 깨야만 하나요?" 내가 물었다.

"꼭 그렇진 않네. 어떤 사람을 올바른 길에 올려놓기 위한 방법으로, 먼저 입문시켜 수도복을 입힐 수도 있다네. 하지만 히말라야에서 6년을 보냈다고 말하면서 가소로운 능력을 과시하는 사람에게는 더 큰 것을 요구할 걸세. 방금 초등학교를 마친 사람에게서 대학교를 마친 사람과 같은 것을 기대할 수는 없지. 그는 예외적인 경우였다네. 높이 올라갈수록 더 많은 것을 이해하게 되고 책임도 커진다는 것을 명심해야만 한다네."

"자신의 우상을 깬다는 것은 단계적으로 일어나는 일이 아닌가요?" 스테파노스가 물었다.

"자신도 의식하지 못한 상태에서 그 우상을 깨는 사람들도 있는데, 그들은 시공간 속에서 살아가기 위해 그것을 마치 가면처럼 들고 있다네. 그들은 최소한 그 가면 너머에 다른 어떤 것, 즉 진정한 자신이 있다는 것을 인식하는 단계에 있다네. 이러한 사실을 의식하게 되면 그때는 이웃 인간들에게 봉사할 필요를 느끼게 되지. 신비가가 되는 잣대는 초능력이나 심령 능력이 아니라 그의 영적 성장의 수준이라네. 사람들을 심령 능력을 갖게 하고 영매가 되게 훈련시키는 것은 매우 쉬운 일일세. 하지만 그의 영적 성장이 멈춘 채로 있다면 그게 무슨 소용이 있겠는가? 심령 능력의 획득은 자신의 영적 성장과 발맞추어 가야만 하는 것일세. 그러지 않는다면 흑마술사로 전락하기가 쉽다네."

"한 인간으로서 당신은 세속적인 문제에 휘말리지 않나요?" 스테파노가 캐물었다.

"나도 시공간 속에서 살고 있기 때문에 물론 영향을 받는다네. 하지만 나는 더 깊이 바라보지. 나는 사랑 이외의 것에 유혹 받지 않는다네. 비록 그것이 매우 세속적인 사랑이라 할지라도 말일세. 거듭 말하지만, 내가 '사랑'이라고 할 때 거기에는 내 개인적 삶 속의 매우 사랑하는 사람들만이 아니라 적이라고 간주될 수 있는 사람들도 포함된다네. 오랜 세월이 나에게서 증오의 힘을 앗아갔다네. 증오하고 싶어도 난 할 수가 없어. 왜냐하면 나는 내가 누구인지, 내가 무엇을 할 수 있고 할 수 없는지를 알기 때문일세."

"당신은 '나는 누구인가?'라는 질문에 대답할 수 있다는 뜻인가요?" 스테파노스는 약간 당혹스러운 표정으로 그를 바라보며 이렇게 물었다.

"물론 대답할 수 있지. 난 내가 누구인지 아네. 하지만 그것을 어떻게 말로 이야기해 줄 수 있겠나? 그것을 이해시킬 수 있는 말이 없다네. '나'는 어떤 이름도 아니고 직함도 아니야."

"그러니까 두 사람이 같은 수준에 있을 때만 이해가 가능하단 말씀이시군요." 스테파노스가 말했다.

"바로 그걸세. 매우 소수의 사람들만이 내가 누구인지를 아네. 이들은 수천 년 동안 함께 살고 함께 일했던 사람들이라네. 우리는 하나의 이름을 가지고 있고 우리는 그 이름으로 서로를 부른다네."

"그게 어떤 이름인가요?" 내가 물었다.

"사랑이라네. 이 말이 무엇을 의미하는지 정말 이해할 수 있겠나? 보통 사람들은 이 말에 세속적인 의미를 붙이고 있기 때문에 우리가 이 이름으로 서로를 부를 때 우리는 흔히 오해를 받게 되지. 사랑의 본질을 이해할 수 있었던 소수의 사람들 중 하나는 성 바오로일 걸세. 나는 사랑에 대한 그의 해설에 언제나 감명받는다네."

"다스칼레, '나는 안다'고 말할 때 자신에 대한 우상을 강화할 위험성은 없나요?" 스테파노스가 끼어들었다.

"그렇지 않다네. 자신을 진정으로 알 때 그는 가면과 허위에는 관심이 없지."

"하지만 그것은 완벽하게 '나는 안다'는 상태에 도달했을 때만 가능한 것이고, 우리로서는 알 수 없는 것이지요. 차라리 평범하게 '나는 모른다'로 시작함으로써 위험을 피하는 것이 낫지 않을까요?"

"좋아. 자네는 '나는 모른다. 하지만 나는 알고 말겠다는 믿음을 가지고 있다'로 시작하게. '나는 결코 모르겠다, 끝' 대신 말일세. 나는 태양이 특정한 방향에서 뜬다는 것을 아네. 왜냐하면 어제 그것을 보았기 때문이지. 지금은 어둡네. 하지만 태양이 다시 떠오를 것이라는 확신이 있기 때문에 기다릴 것이네. 안다는 것은 경험적인 확신이라네."

"제게는 자신을 안다는 것은 범주화하는 것과는 관계 없는 일로 보입니다. 저는 그저 그 무엇도 아닌 '내가 있다'라고 말하는 것으로 족할 것 같습니다." 스테파노스가 말했다.

"그걸론 충분하지 않네." 다스칼로스가 대답했다. "그것을 알기 위해서는 이 '나(I am)'를 분석해야만 하네. 이것이 자기 분석의 목적이지."

"하지만 누가 그것을 판단합니까? 자격 없는 저 자신이요?" 스테파노스가 응수했다.

"그건 각자가 판단하는 거야. 다만 그는 진리를 탐구하는 자가 되어야만 한다네."

"하지만 사실 그렇지도 못한 자신의 '나'에 최상급 형용사를 덧붙이면서 진리 운운하는 이들도 많지 않습니까. 저는 '나'라고 하는 사람들을 많이 보아왔지만 거기에는 오류가 있는 것을 깨닫게 되지요. 그걸 느껴요."

"좋아. 나는 이 오류, 이 착각을 받아들일 수 있네. 그러나 나는 그를 더 나아가도록 부추기겠네. 그러고는 질문을 제기하지. '당신은 스스로 자기라고 생각하는 그것이 진정으로 자기라고 확신하나요?' 그를 놀라게 하거나 충격을 주진 않겠네. 이해하겠나?"

"당신은 전에 우상에 반대한다고 하셨지요. 그러니까 자연히 당신은 범주화에도 반대하시겠지요." 스테파노스가 대답했다.

"아닐세, 나에게 범주화는 우상을 서서히 파괴해갈 힘을 주는 과정이라네. 온갖 수많은 우상들이 있지. 우상은 언젠가는 바람에 날아가 버릴 걸세. 내가 하려는 말을 이해하겠는가? 전에 키리아코스에게 말했지만 내가 사다리를 올라 맨 꼭대기에 다다랐다고 해보세. 그러기 위해서는 모든 계단을 밟고 가야만 하지. 내가 어떤 높이에 다다랐다는 이유만으로 지나온 계단을 무너뜨리지는 않을 걸세. 그것을 밟고 올라와야 할 다른 사람들이 있다네. 그리고 나는 낮은 곳에서 한 계단 더 올라오려고 애쓰는 형제들을 보는 것이 행복하다네. 나는 그의 노력과 진지함과 목적을 추구하는 의지를 가장 높이 산다네."

10
Right thinking

올바른 사고

"우리는 올바른 사고를 통해 욕망과
그것을 둘러싸고 있는 생각들을 분석해야만 합니다.
그리고 그 생각들이 얼마만큼 해로운지, 혹은 이로운지,
그것이 어떤 목적을 가지고 있는지,
혹은 그것이 어떤 손실을 가져다 줄 것인지를
확실히 알아야 합니다. 올바른 사고를 통해서
자신의 생각들을 분석한 후에는
그에 상응하는 결론을 내려야 하지요."

다음날인 월요일에 다스칼로스의 집을 방문했을 때는 어쩐지 무거운 분위기였다. 먼저 온 세 사람의 손님을 나에게 소개했을 때 그의 표정은 어두웠다. 다스칼로스 옆의 의자에 앉은 50대의 가냘프고 창백한 표정의 남자는 숨조차 잘 쉬지 못하고 고개를 똑바로 가누지도 못했다. 그들이 대화를 나누는 동안 나는 환자 옆에 앉아 있었다.

"내가 말했듯이 당신의 문제는 마음속에 있어요." 다스칼로스는 환자에게 이렇게 말했다. "부정적인 생각에 빠져들지 마세요."

"맞아요, 맞아요." 그의 아내가 다스칼로스의 진단에 맞장구를 쳤다. 나로서는 그것이 환자의 육체적인 상태에 비추어볼 때 터무니없는 말같이 들렸다.

"예, 그건 제 마음속에 있지요." 남자는 자신이 마음 깊이 알고 있는 무엇을 부인이라도 하려는 듯이 한숨을 쉬며 말했다. "자꾸만 나쁜 생각이 떠올라요. 어떻게 하면 좋지요?"

잠시 아무 말 없다가 환자는 물을 좀 달라고 했다. 내가 얼른 물을 갖다 주었다. 그는 컵을 쥘 수조차 없었다. 내가 그것을 입에다 갖다 대어 주었다. 나는 다스칼로스가 의도적으로 환자의 진짜 상태를 말하는 것을 피하고 있다는 것을 어렴풋이 느꼈다.

환자가 물을 남김없이 마시고 기운이 빠져 의자에 다시 몸을 기대었을 때 다스칼로스가 말했다. "당신에게 부탁할 것은 의사가 처방해 준 약을 규칙적으로 복용하고 부정적인 생각에 빠져들지 말라는 것입니다." 그리고 그는 환자가 곧 좋아질 것이라고 안심시켰다.

"갈 시간이 됐네요." 그의 아내가 몇 분 동안의 불안한 침묵 끝에 말했다. 그들은 다스칼로스의 충고에 감사를 표하고 나는 환자가 차에 오르는 것을 부축했다. 다스칼로스는 자리에 앉은 채로 생각에 잠긴 모습이었다.

"다스칼레, 당신은 어떻게 그에게, 문제가 그의 마음속에 있다고 말할 수가 있나요?" 내가 돌아와서 항의했다. "제가 보기엔 그는 이미 한 발을 무덤 속에 넣고 있던데요."

다스칼로스는 고개를 저으며 슬픈 듯이, 그는 암으로 '머리 끝부터 발 끝까지' 덮여 있어서 죽을 날을 손꼽고 있다고 말했다. 그는 '자기만의 방식으로' 그가 겪어야 할 고통을 덜어 주는 것 외에는 할 수 있는 일이 없었다. 다스칼로스는 환자에게 그의 상태를 사실대로 말해 줄 수가 없었다고 했다. 그는 진실을 대면할 준비가 되어 있지 않았다는 것이다. 이 문제에 대해서는 더 깊이 논하지 않고 우리는 다른 이야기를 나누다가 헤어졌다.

나는 저녁에 더 편안하고 쾌적한 분위기에서 다스칼로스를 다시 만났다. 나의 친구 네오피토스와 그의 아내 카테리나가 음식을 차려놓고 우리를 초대했다. 이 지역의 정신병원에서 심리상담가로 일하고 있는 카테리나는 오늘 저녁의 이 만남을 얼마나 기대하고 있었는지를 거듭 강조했다. 그녀는 특히 자신의 직업과 관련된 문제를 포함해서 다스칼로스에게 물어 볼 것들이 너무나 많다고 했다.

아침에 만났을 때와는 달리 다스칼로스는 쾌활했다. 특히나 지역의 지식인들이 자신의 가르침에 관심을 보이기 시작했다는 사실이 그를 기분좋게 했다.

네오피토스는 다스칼로스와 나와 에밀리 외에 스테파노스와 그의 아내 에라토도 초대했다. 우리가 모두 거실에 앉았을 때 카테리나의 일과 관련된 대화 끝에 다스칼로스는 늘 그러듯이 이야기 보따리를 풀어놓았다. 카테리나가 이렇게 말했다. "환자의 문제를 다룰 때는 신경이 어느 정도 예민해지는 것은 피할 수가 없어요."

다스칼로스가 그 말을 이었다. "한 번 잘 살펴봅시다. 만약 당신이 말하는 예민함이 주의를 집중하게끔 만드는 상태를 의미한다면 나도 받아들일 수 있어요. 하지만 그것이 자기통제력을 잃는 것을 의미한다면 나는 그것을 인격적 결함이라고 부르겠어요. 전자의 경우, 내가 스스로 마음의 평정을 유지할 때는 어느 정도의 예민함이 보통의 마음 상태에서는 발견하지 못한 것까지도 더 면밀히 살필 수 있게 도와줄 것입니다." 이렇게 말하고 나서 다스칼로스는 의자에 몸을 기대고 카테리나와 몇 마디를 교환한 다음 치료자와 예비 환자와의 관계에 대해 이야기하기 시작했다.

"무엇보다도 누구를 도와 줄 것인가에 대해서는 결코 분별을 해서는 안 됩니다. 우리를 찾아오는 사람이 위대한 과학자이든, 어부이든 그것은 상관이 없습니다. 누군가를 돕고자 한다면 이것을 꼭 유념해야만 합니다. 누가 우리를 찾아오든 먼저 그의 심리를 분석해야 합니다. 이 말은 우리가 그를 느껴서 알아내야 한다는 뜻입니다. 타인을 도울 수 있는 입장이 되려면 먼저 이것을 해야만 하는 것입니다. 대다수의 정신분석가나 심리치료가들이 모든 환자에게 적용하는 한 가지의 방법만을 가지고 있습니다. 그리고 그 방법에 의거해서 몇 가지 틀에 박힌 질문을 하고, 그것으로 판단을 내리지요." 이렇게 말하고 그는 목소리를 높여서 그것은 바보 같은 '재앙을 불러올 치료법'이라고 소리쳤다.

"모든 면에서 똑같은 두 사람은 결코 찾아볼 수가 없습니다." 그는 두 손가락을 쳐들면서 말을 이었다. "누군가를 도우려면 먼저 그가 지적, 심령적으로 어떤 발달 수준에 있는지를 파악해야만 합니다. 이것은 대단한 인내심과 진지한 연구를 필요로합니다. 하지만 성공을 거두려면 이 길밖에 없어요. 모든 사람에게 똑같은 방법을 적용해서는 안 됩니다. 왜냐하면 모든 사람은 저마다 독특하며 그러므로 그에게 알맞은 한 가지 방법만이 사용되어야 하기 때문이지요."

이때 현관에서 벨이 울려 다스칼로스는 말을 중단했다. 네오피토스가 새로운 방문객 야니스를 소개했다. 그는 마흔세 살의 사업가로 스테파노스처럼 '실천 철학' 단체에 속해 있었다. 야니스는 이야기로만 들었던 다스칼로스를 처음으로 만난 사실에 기쁨을 표했다. 집 주인 네오피토스가 우리의 잔에 맥주를 채워주고 나자 다스칼로스가 말을 이었다.

"정신분석가는 환자에게 질문을 할 뿐만 아니라 그의 이야기를 경청하여 삶에서 어떤 고통을 겪고, 어떤 반응을 했는가 등 그가 어떤 종류의 경험을 했는지를 깊이 이해할 수 있도록 자신을 수련해야만 합니다."

다스칼로스는 몇 가지 질문에 대답하고 나서 치료가들이 환자들로 하여금 '하염없이 털어놓게' 하는 경향에 대해 비판했다. 그는 이것이 매우 해로울 수 있다고 말했다. 왜냐하면 전통적 치료가들이 자기 암시의 위력을 늘 인식하고 있는 것은 아니기 때문이라는 것이다. 이러한 인식 부족 때문에 치료가들은 종종 환자가 벗어나야만 할 그런 병적인 생각을 무의식 속에 심어놓곤 한다고 다스칼로스는 지적했다.

"심리상담가는 반응 없이 경청하는 법을 배워야만 합니다. 그는 암시와 자기암시가 작용하는 메커니즘을 알고 그것을 이용할 줄 알아야만 합니다." 이때 다른 사람들처럼 말없이 듣고 있던 네오피토스가 끼어들었다.

"다스칼레, 당신이 방금 말씀하신 자기암시에 관해 여쭤 볼 게 있습니다. 당신은 부정적인 자기암시를 줄 수 있으므로 환자로 하여금 '하염없이 털어놓게' 해서는 안 된다고 했습니다. 제가 이해하기로는 누군가를 도우려면 그가 자신의 문제를 이야기하도록 만드는 그런 접근법이 필요하다고 생각되는데요."

"아닙니다. 늘 그렇진 않아요." 다스칼로스가 부드럽고 낮은 목소리로 대답했다. "한 가지만 유념하십시오. 과거와 불쾌한 경험에 관한 병적인 생각에 잘 빠져드는 사람들이 있습니다. 예컨대 그들은 어떤 수술을 받았던 고통을 과장해서 말하곤 하지요. 이것은 병적인 형태의 자기암시입니다. 그들이 그런 부정적인 생각에 빠지게 놔두지 마세요. 나는 간단한 수술을 한 가지 받고는 그것을 몇 번이고 되풀이해서 이야기하는 의사를 본 적이 있습니다. 하루는 나도 지쳐서 이렇게 말했습니다. '의사 선생님, 도대체 당신은 피학대음란증 환자입니까? 그런 이야기를 하면 즐거우신가요? 무엇을 일으키고 싶은가요? 동정심을요?' 그러자 이렇게 대답하더군요. '그렇군요, 그 점을 한 번도 생각해 보지 않았네요.'"

이 점에 대해 좀더 이야기가 오고간 후에 귀를 기울이고 있던 에밀리가 치료의 목적을 위해 환자에게 거짓말을 하는 것이 바람직한 것인지를 물어보았다. 특히 치명적인 병에 시달리는 환자의 경우에 대해서 물었다.

다스칼로스가 대답했다. "사실 오늘 아침에 당신 남편도 있는 자리에서 그런 경우를 대했습니다. 이 점을 살펴봅시다. 며칠 전에 한 여자가 찾아왔어요. 그녀는 남동생의 사진을 가지고 왔는데 나는 사이코메트리[27]를 통해 그에게 어떤 문제가 있는지를 찾아봤지요. 그녀는 처음에는 말을 하지 않았어요. 사실 그녀는 동생에게 심각한 문제가 있으리라고 믿지 않았지만 정말 문제가 없다는 것을 확인하고 싶었던 거지요."

전에 다스칼로스는 이런 식으로 그에게 투시 능력이 있는지를 시험했으며, 이런 태도가 그를 매우 화나게 한다고 말한 적이 있었다.

"내가 그 사진을 손에 들었을 때 무엇을 봤는지 알아요? 암이 전신에 퍼져 있었어요. 폐, 간, 동맥, 이자. 그리고 그것은 뇌로 번져가고 있었지요. 그는 너무나 약해서 걷는 것조차도 힘들었어요. '말해 보세요. 그를 의사에게 데리고 갔나요?' '예.' 그녀가 할 수 없이 대답했어요. '그럼 의사들은 뭐라고 하던가요?' 내가 다시 물었습니다. '글쎄, 우린 당신이 말해 주시길 기다리고 있는데요.' 그녀가 말했지요. '말해 주지요. 당신은 의사들을 바보로 아시나요? 왜 그렇게 순진하세요? 당신은 그들이 그토록 많은 검사와 분석과 조직검사를 하고도 착오를 했으리라고 생각합니까? 잘 들으세요. 그는 며칠밖에 더 못 삽니다. 어쩌면 몇 주일밖에요. 내가 약속할 수 있는 것은 그가 자신에게 어떤 일이 일어나고 있는지를 깨닫지 못하도록 나만의 방법으로 고통을 멈추게 해주는 것밖에는 없어요. 그 밖에는 아무 일도 할 수 없어요. 아무것도.' 그걸로는 만족스럽지 않다는 듯이 그녀는 그 다음날 환자를 아내와 장인과 함께 나에게 보냈어요. 그 순간 내가 '맞아요, 친구. 당신은 며칠밖에 더 살지 못할 거예요' 하고 말했어야 한다고 생각하나요?"

---

27 사이코메트리(psychometry) : 특정 대상을 통해 그 대상과 관련된 시공간적 사건들을 투시하는 능력, 혹은 행위. (옮긴이 주)

"그랬어야 한다고 생각하지 않나요?" 에밀리가 그 상황에서 어떻게 반응해야 할지는 생각해 보지도 않은 채 혼잣말처럼 이렇게 중얼거렸다.

"아니오." 다스칼로스가 큰 소리로 대답했다.

"환자도 자신이 어떤 상태인지, 언제쯤 죽을지를 알 권리가 있다고 생각하지 않으세요?"

"들어 보세요. 그가 성숙한 사람이라서 인내심 있고 아름답게 자신의 운명을 받아들이리라고 느꼈다면 나는 그의 상태를 있는 그대로 말했을 거예요. 말하자면 그 순간 그에게 사실을 말하면 어떤 결과가 나타날지를 판단해야만 하는 겁니다. 나는 내가 진실을 말한다면 그는 신경질적으로 소리를 지르면서 절망감에 빠지리라는 것을 알았어요. 그는 미국에 있는 아들과 런던에 있는 다른 아들을 불러들이고 주변의 모든 사람들을 괴롭혔을 거예요."

"자, 말해 보세요. 내가 이 사람에게 진실을 말해 줄 그 어떤 권리가 있단 말이요?" 그는 에밀리를 향해 손을 벌리면서 이렇게 말했다. "난 그를 지금보다 더 비참한 지경에 빠뜨렸을 거예요." 그러고 나서 다스칼로스는 한참 쉬었다가 어조를 바꿔서 말을 이었다. "사실 나는 그에게 있는 그대로 말해줬어요. 이렇게 말했지요. '잘 들어요, 친구. 이제 당신은 곧 완전히 나을 거예요. 고통이 사라지고 기운 없는 상태도 사라질 거예요.'"

"내가 거짓말을 했나요?" 평소 같으면 무거운 침묵에 빠지게 만들었을 문제에 대해 우리는 불안 섞인 웃음을 터뜨렸다. 그가 말을 이었다. "난 거짓말을 하지 않았어요. 사실 그의 고통은 곧 사라질 거예요. 내가 왜 그토록 불행을 안겨 줄 사실을 말해야 합니까? 잊지 마세요. 진실은 불과 같아서 때로 진실을 말해야 한다는 이유로 우리의 친구들을 불에 태울 권리가 없다는 것을요."

그런 다음 다스칼로스는 카테리나를 향해서 치료가가 갖추어야 할 조건에 대해 이야기를 이어 나갔다.

"당신은 치료가로서 그토록 다양한 사례들을 어떻게 처리할 겁니까? 당신은 무엇보다도 먼저 인간의 본성을 지배하는 법칙을 배워야 합니다. 예컨대 반복의 법칙을 말입니다. 누구도 이 법칙을 벗어날 수 없습니다. 과학자도, 농부도, 성자도, 범죄자도 말입니다. 예컨대 성자는 만트라를 외움으로써 자신의 믿음을 강화시켜 주는 지속적인 자기암시에 몰두합니다. 범죄자 또한 날마다 반복되는 생각과 행동방식을 통해 범죄적인 생활방식을 강화시키는 자기암시를 합니다."

"이 반복의 법칙은 카르마의 표현인가요?" 스테파노스가 물었다.
"어떤 면에서는 그렇습니다. 반복의 법칙은 우리가 생각을 지어 낼 때마다 실현됩니다. 우리는 무엇을 믿습니다. 이 생각은 자동적으로 우리에게서 떠났다가 다시 돌아옵니다. 그리고 그것은 당신의 일부가 되기 쉽습니다. 이것이 우리가 매 순간마다 만들어 내는 염체입니다."

"그러면 그 반대를 반복하는 것이 이런 생각으로부터 벗어나는 데에 도움이 되겠군요." 스테파노스가 다시 물었다.

"나는 이 문제를 매우 깊게 연구했어요. 당신의 태도 여하에 따라서 그것이 염체에 더 많은 에너지와 수명을 불어넣을 수도 있고, 에너지를 뺏을 수도 있지요. 치료에 임해서 자신이나 타인을 돕기 위해 우리가 배울 것은 바로 후자의 방법입니다. 나는 한 강의에서 우리가 염체와 맞붙어 싸워서는 그것을 해체시킬 수 없다고 지적한 적이 있어요. 그것은 우리를 이길 것입니다. 가장 좋은 방법은 무관심, 냉담입니다."

"무관심이란 것은 주의를 다른 데로 돌리는 것을 말하는 건가요?" 스테파노스가 물었다.

"그 점을 조심해야 합니다. 주의를 딴 데로 돌릴 수는 있어요. 하지만 잠시 후에 그 염체는 다시 돌아와서 머리에 부딪힐 것입니다."

"맞아요. 그러면 이 경우에 무관심과 냉담이란 무엇인가요?" 스테파노스가 고개를 끄덕이며 물었다.

"무관심이란 무엇인가?" 다스칼로스는 질문을 반복하면서 대답을 준비하는 듯했다. "유일한 방법은 오소로지스모스(orthologismos), 즉 올바른 사고입니다. 우리는 올바른 사고를 통해 우리의 특정한 욕망과 그것을 둘러싸고 있는 생각들을 분석해야만 합니다. 그리고 그 생각들이 어느 만큼 해로운지, 혹은 이로운지, 그것이 어떤 목적을 가지고 있는지, 혹은 그것이 어떤 손실을 가져다 줄 것인지를 확실히 알아야 합니다. 올바른 사고를 통해서 자신의 생각들을 분석한 후에는 그에 상응하는 결론을 내려야 하지요. 반복의 법칙을 통해 이 생각에 에너지를 더 불어넣을 것인지, 아니면 그 반대의 생각을 만들어 내어 역시 반복의 법칙을 통해 의식적으로 에너지를 빼앗을 것인지를 말입니다. 만일 우리가 머릿속에서 되풀이하는 생각이 해로운 것이라고 판단한다면 자기암시를 통해 자신에게 그 생각이 해롭다는 것을 가르쳐야 합니다."

"반복의 법칙은 두 방향으로 모두 작용하는군요." 스테파노스가 고개를 끄덕이며 말했다.

"물론이지요. 이제 나는 나 자신의 이익을 위해 반복의 법칙을 사용하겠노라! 이렇게 확신을 가지면 나는 이미 제거하기로 한 그 염체의 에너지를 뺏은 겁니다."

"에너지를 뺏어도 흔적이 좀 남지 않나요?" 스테파노스가 물었다.

"그래도 상관없어요. 염체가 우리를 파멸시키도록 놔두는 것보다는 낫지요."

"다스칼레, 아까 올바른 사고라고 말씀하셨는데, 우리가 그것이 올바른 사고라는 것을 과연 어떻게 알 수 있을까요? 우리는 자신의 사고방식이 올바르다고 상상하기가 십상인데요." 네오피토스가 이렇게 물어서 우리는 이 역설적인 질문에 모두들 웃음을 터뜨렸다.

"잘 들으세요. 바로 이 점에 대해서 예수께서 길을 가르쳐 주셨지요. 위대한 가르침을 지나치지 맙시다. 자, 올바른 사고란 무엇을 뜻하나요? 그것은 근본적 법칙, 즉 모든 인간에게 해당되는 동일한 잣대를 뜻합니다. 그것은 제멋대로 변해서 자신의 선호에 따라 적용되는 그런 특수한 잣대가 아닙니다. 예수께서 뭐라고 하셨나요? '네가 싫어하는 일을 다른 이에게 하지 말라.' '남이 네게 해주기를 바라는 그것을 남에게 행하라.' 이것이 우리가 올바로 가고 있는지를 확실히 판단하는 데에 이용할 수 있는 확고하고 믿을 만한 잣대입니다. 그러면 우리는 스스로 올바른 사고라고 생각하는 그것이 사실은 타인을 해치는 자신의 이기심을 가리기 위한 가면인지 아닌지를 알 수 있습니다. 예컨대 터키 출신 키프로스 지도자들은 북부지방을 자기들이 점령하고 그리스 출신 키프로스인들을 쫓아내는 것이 자기들의 권리라고 주장합니다. 그들의 '올바른 사고'에 따르자면, 그리스 출신 키프로스인들이 1974년의 침공 이전에 터키인들을 학대했으므로 그렇게 하는 것은 그들의 특권입니다. 모든 사람이 자신의 이기심을 합리화할 이유를 찾는 경향을 가지고 있습니다. 모든 사람이 '올바른 사고'에 대한 저마다의 개념을 갖고 있지요."

"당신의 말씀은 이해하겠어요. 하지만 올바른 사고에 대한 자의식의 함정을 어떻게 피할 수 있는지는 아직도 알 수 없는 걸요. 예컨대, 사회학에서 특별한 관심은 하나의 버젓한 사고체계를 만들어 내어서 사람들이 어떤 짓을 하든 그것을 합리화할 수 있다는 것을 당연시하거든요."

"그것을 올바른 사고라고 부를 수는 없어요. 그것은 근본적 법칙이 아니라 개인적인 관심에 근거한 하나의 사고방식일 뿐이에요. 오늘날의 사회생활이 이렇게 혼란스러운 것도 그 때문이지요."

"네오피토스가 하려는 말은, 올바른 사고란 것이 주관의 함정에 빠지게 된다는 것이에요." 스테파노스가 나서서 뜻을 분명히 했다.

"빠질 수가 없어요." 다스칼로스가 목소리를 높이며 힘주어 말했다.

"함정에 빠지지 않았다면 인간은 이미 영적 진화의 가장 높은 단계에 와 있어야 해요. 우리는 지금 함정에 빠지기 쉬운 우리 자신과 같은 보통 사람들에 대해서 이야기하고 있어요."

"자, 잠깐만. 신분이나 교육 정도와는 상관없이, 다른 사람에게서 물건을 가져가는 것이 도둑질이라는 것을 모르는 사람이 있나요?"

"그런 경우는 매우 분명하고 간단하지요, 다스칼레." 에밀리가 나섰다. "하지만 그보다 훨씬 더 판단하기가 힘든 미묘한 일들이 있어서요."

"내가 말하지요." 다스칼로스가 에밀리의 말이 끝나기도 전에 나섰다. "우리는 자신을 비난하는 자학적 성향으로 올바른 사고를 시작해서도 안 되고 그 반대로 해서도 안 됩니다. 그보다는 우리가 겪는 것은 미래에 더 분명한 사고를 하도록 어떤 교훈을 주는 경험임을 명심해야 합니다. 우리의 사고와 행동 너머에는 양심이라고 불리는 어떤 것이 있습니다."

"하지만 다스칼레, 양심은……." 에밀리가 재빨리 나섰다.

"양심은 양심입니다." 다스칼로스가 그 말을 가로막고 말했다. "우리는 잘못을 저지를 수 있습니다. 그리고는 그것을 정당화할 온갖 변명을 짜냅니다. 그리고는 자기가 옳다고 믿지요. 잠들었을 때 우리는 내면의 누군가가 네가 잘못했다고 말하는 소리를 듣습니다. 이것을 믿으세요. 나는 양심이라는 현상을 매우 깊이 연구했습니다. 우리가 행위의 잣대로 삼아야 할 것은 바로 양심입니다."

"다스칼레, 하지만 저는 아직도 당신이 하시는 말씀에 문제를 느낍니다." 네오피토스가 말했다. "가령 한 사업가가 평생을 열심히 일해서 백 명이 넘는 사람들에게 일자리를 줬습니다. 그는 백 가족을 먹여 살렸으니까 자신이 좋은 일을 하고 있다고 믿습니다."

"그가 옳아요." 다스칼로스는 자명한 일이라는 듯 대꾸했다.

"그 중 스무 명의 직원은 공산주의자여서 이 자본가가 자신들의 노동을 착취하고 있다고 믿습니다." 네오피토스가 이어서 덧붙였다.

"그들도 옳아요." 다스칼로스는 큰 목소리로 이렇게 말하며 웃고는 재빨리 자신의 모순적인 대답을 해명했다.

"내가 무엇을 말하려고 하는지 살펴봅시다. 그리고 이 경우 진정 올바른 사고란 무엇인지 살펴봅시다. 우리는 사업가의 진정한 동기와 공산주의자의 진정한 동기가 무엇이었는지를 검토해 봐야만 합니다. 공산주의자들은 사업가에게 착취를 당하고 있다고 외칩니다. 그리고 그의 관점에서 그것은 맞습니다. 그렇지 않나요? 그는 착취당하고 있다고 느낍니다. 자본가는 또 스스로 이렇게 말합니다. '내가 머리를 짜내어 이런 고용기회를 만들어 내지 않았다면 이 가족들은 모두 굶어 죽었을지도 몰라.' 이 또한 그의 관점에서는 맞습니다. 그러므로 나는 이들 각자에게 가치 있는 교훈을 줄 수 있는 두 가지의 다른 삶의 상황을 발견합니다. 여러분은 어떤 가치 있는 교훈이냐고 묻겠지요? 공산주의자는 자신에게 이렇게 물어볼 수 있을 겁니다. '좋아, 나의 고용자는 백만장자이고 이 공장을 소유하고 있어. 그도 한 방안에 앉아 있고 나도 그래. 그라고 해서 한꺼번에 열다섯 개의 방에 앉아서 즐길 수는 없잖아?' 공산주의자는 올바른 사고를 통해 이렇게 깨달을 수 있을 겁니다. '좋아, 나도 두 개의 눈을 가지고 세상을 즐기고 있어. 나도 몇 해를 더 살 거고 그도 그럴 거야. 그 다음엔 우리는 모두 이 지구를 떠나겠지.' 사업가가 자신이 소유하고 있는 것에 주의를 돌려 되살펴본다면 그는 자신의 일이 어리석고 덧없는 일임을 깨우쳐 주는 내면의 가르침을 듣지 않을 수가 없습니다. 그의 내면의 목소리는 이렇게 이야기할 거예요. '이것을 모두 어디로 가져갈 거야? 넌 결국 이 땅을 떠나야 할 텐데.' 세월이 흐를수록 사업가의 고민과 불안은 더 깊어질 것입니다. 그러므로 그들은 양쪽 다 진짜 올바른 사고를 시작해야만 하지요." 다스칼로스는 잠시 쉬었다가 부드러운 목소리로 말을 이었다.

"진정으로 올바른 사고가 되려면 어디서부터 시작해야 하는지 아세요? '사랑의 힘'에서 시작해야 합니다." 다스칼로스는 목소리를 높여 이어나갔다. "공산주의자는 자본가를 사랑해야 합니다. 그는 자신에게 이렇게 말할 수도 있습니다. '그래, 우리 고용주는 우리를 돌봐 주지. 우리에게 임금도 잘 줘.' 그는 자기의 내면의 평화를 위해서,

끊임없는 심리적 혼란에서 벗어나기 위해서는 세상을 이렇게 바라보아야 합니다. 그리고 사업가는 또 그 나름으로 일꾼들을 돌보고 대가를 충분히 지불하는 자신의 진정한 역할을 인식해야 합니다. 그도 자기 내면의 평화를 위해서 그렇게 해야만 하는 것입니다. 그리하면 그들에게 정신적 혼란이 일어날 가능성이 있을까요? 있지요. 어디서? 그들 내면에서지요." 다스칼로스는 부드럽게 말하며 자신의 가슴을 가리켰다.

"세속적인 환경과 조건에 채색된 인간적 사고가 아닌 올바른 사고가 진정 무엇인지를 더 분명히 판단하는 그 자신으로부터지요. 그리고 그것은 다름 아닌 진실한 사랑의 마음입니다."

"하지만 그렇게 생각하게 되기 위해서는 엄청난 준비가 필요하지 않나요?" 스테파노스가 물었다.

"그래요. 하지만 이 엄청난 준비는 늦든 빠르든 갖추어질 것입니다. 보통의 올바른 사고를 통해서든 카르마의 채찍에 의해서든 말입니다. 우리는 살아가면서 두 가지 길을 통해 교훈을 얻습니다. 하나는 올바른 사고를 통해서입니다. 보통의 올바른 사고라도 시간이 지나면 더욱 분명해지지요. 그리고 하나는 카르마의 법칙을 통해서이지요. 예수께서 심은 대로 거두리라고 말씀하셨을 때, 바로 이것을 가르치신 것입니다. 그는 베드로가 로마 군인의 귀를 잘랐을 때 이렇게 말씀하셨습니다. '조심하라. 칼을 가지고 살면 칼에 의해 죽으리라.' 그가 예수의 제자라는 사실과는 상관없이 말입니다. 누구도 카르마의 법칙을 피할 수가 없습니다. 그러므로 자신이 부당한 일을 저질렀다는 사실을 알든 모르든 상관없이 자신의 행위의 결과를 겪어야만 합니다. 눈을 크게 뜨고 정확히 보면 이성적인 결론에 도달할 것입니다.

세상은 비합리적인 절대자에 의해 지배되지 않거든요."

"우리가 올바른 사고를 할 가능성이 없다면 진리의 탐구자가 되는 것도 소용이 없겠군요." 내가 덧붙였다.

"세상은 정글이 되었겠지." 다스칼로스가 진지하게 말했다.

"우리는 모두가 다소 비이성적이라는 전제에서부터 출발하지요. 왜냐하면 우리는 올바른 사고에 대해 무지하니까요." 내가 말을 이었다.

"하지만 왜 그렇게 말하나? 왜 우리는 올바른 사고를 가로막고 있는 충동을 극복하고 더 분명하게 생각하도록 애써야겠다고 노력하지 않는가?" 다스칼로스가 이렇게 덧붙였다. 그러고 나서 그는 다시 설명하기 시작했다. 즉, 진리의 탐구자라면 누구든 날마다 자신의 생각과 행위를 객관적이고 냉정하게 관찰하는 습관을 가져야 한다는 것이다.

"우리는 모두 동일한 법칙에 지배받고 있습니다. 우리가 위대한 과학자이든 철학자이든 청소부이든 상관이 없습니다. 예컨대 우리는 모두 일정 온도를 넘으면 땀을 흘리는 육신을 가지고 있습니다. 몸을 며칠 동안 씻지 않으면 냄새가 나기 시작합니다. 육신을 씻기 위해서는 높은 차원계의 매체인 물이 필요합니다. 모든 인간의 몸에는 물이 필요하지요. 우리의 심령체도 이와 비슷합니다." 그는 목소리를 더 높여서 설명했다. "우리는 심령체로부터 이기적인 욕망의 낮은 파동을 규칙적으로 씻어 내야만 합니다. 우리의 육신은 높은 차원의 매체인 물로 씻어 냅니다. 마찬가지로 우리는 자신의 심령체를 높은 차원의 매체인 '올바른 사고'로 씻어 내야 합니다. 진리의 탐구자로서 우리는 '탄생의 순간부터 자신의 욕망을 점검하기로' 서약했습니다. 이것이 심령체를 깨끗이 하기 위해 필요한 바로 그것입니다. 진리의 탐구자가 아닌 보통 사람들은 반복의 법칙을 통해서 자신의 잠재의식 속에 온갖 욕망이 뿌리내리도록 내버려 둡니다. 진리의 탐구가 우리에게 요구하는 훈련은 이것입니다. 즉, 올바른 사고를 이용하여 자기 분석을 함으로써 우리의 심령체를 정기적으로 깨끗이 씻는 것 말입니다. 말하건대, 심령적으로 더러운 상태나 방종한 욕망이 빚어낸 결과는 씻지 않은 몸보다 더 고약한 냄새를 풍깁니다. 그래서 콘스탄티노플의 성 소피아 입구에 고대인들이 '그대의 악을 얼굴에서만 씻어 내지 말라'고 새겨 놓았던 것입니다."

"올바른 사고는 이지체와 심령체의 성숙과 상응합니다. 곧, 사고와 정서의 성숙이지요. 인간적으로 올바른 사고는 의식의 높은 차원에서 볼 때는 종종 일종의 몰이성입니다. 마찬가지로 높은 차원의 올바른 사고는 인간적인 의식의 차원에서 볼 때는 비이성적으로 보입니다."

"후자의 보기를 들어 줄 수 있나요?" 내가 물었다.

"예수께서는 '다른 쪽 뺨을 대주어야 한다'고 가르치셨습니다. '눈에는 눈'이라는 히브리 법의 관점에서 본다면 이것은 말도 안 되는 소리이지요. 그렇지 않나요? 여러분은 예수의 가르침이 어떻게 올바른 사고라고 할 수 있느냐고 묻겠지요."

"그 시대 사람들은 칼, 단검 등의 무기를 가지고 다녔지요. 어떤 사람이 화가 나서 상대방의 뺨을 때리면 상대방은 칼을 뽑아 그를 죽였을 겁니다. 실질적으로는 반격하지 않는 것이 더 합리적입니다. '다른 쪽 뺨을 대주는' 것은 수동주의가 아닙니다. 올바른 사고를 하려면 사고와 감정의 균형을 맞추어야 합니다. 예수의 말씀에서는 이 둘이 균형을 맞추고 있습니다. 생각의 면에서 보자면 '다른 쪽 뺨을 대는' 것은 더 많은 증오와 폭력을 불러올 복수의 불길을 누그러뜨리는 방법입니다. 감정의 면에서 보자면 이 가르침은 '원수를 사랑하라'는 예수의 가르침과 같습니다. 그런데 실제로 어떤 원수를 말하는 건가요? 비이성적 충동에 사로잡힌 나의 형제인가요? 진정 올바른 사고는 로고스께서 가르치신 보편적 사랑에 뿌리를 두고 있습니다. 오직 그것뿐입니다."

다스칼로스가 말을 마친 후 네오피토스가 우리의 맥주잔을 채우는 동안 잠시 이야기가 끊겼다. 에밀리가 다시 말문을 열었다.

"다스칼레, 형이상학에 대한 중요한 비판은 그것이 종래의 관점을 영속화시킨다는 것입니다. 제가 이해하기로는 현대심리학은 자신의 욕망이 무엇인지를 알아내야 하며, 사람의 불만 중의 하나는 자신의 진정한 욕망이 무엇인지를 결코 알아낼 수 없다는 것이라고 말합니다."

"하지만 아까 내가 뭐라고 했나요? 욕망을 억누르거나 그것과 맞서 싸우는 것으로는 아무런 이득도 없습니다. 그것을 알아내고 그것을 무시해 버리는 것이 성공하는 길입니다. 그런데 형이상학이라고 할 때 그게 도대체 무엇을 의미하나요? 이 말을 어떤 맥락에서 사용하는 건가요? 사실을 말하자면 나는 형이상학이란 말을 받아들이지 않습니다."

다스칼로스는 소위 형이상학이라고 하는 것은 전통과학이 이해하지 못하는 것을 가리키는 것일 뿐이라고 지적했다. 실제로는 모든 것이 자연의 일부이므로, 형이하학과 형이상학, 과학과 종교를 나누는 것은 실재에 대한 인간의 무지로부터 나온 인위적인 상정물이라는 것이다.

에밀리가 말을 이었다. "다스칼레, 제가 느끼는 문제는 이것입니다. 네오피토스가 사업가와 노동자의 예를 꺼냈을 때 당신은 실제로는 그들 간에 근본적인 차이는 없다고 말하셨습니다. 당신은 사랑을 앎으로써 사회적 불의는 어떻게든 사라지리라고 하셨습니다."

"사회적 상황이나 불의는 사라질 수가 없습니다. 내가 말하고자 하는 것은, 서로를 받아들임으로써 그들이 인식을 당분간 변화시킨다는 것이지요."

"받아들인다고 말씀하실 때 그것은 동시에 그런 상황의 영속화를 의미하는 것이 아닌가요? 달리 말해서 부당한 체제를 참아내고 있으면 그는 어떤 면에서는 그것이 지속되도록 부추기고 있는 것이 아니냐구요."

"하지만 사람들이 서로 사랑하는 것을 배우고 특별한 능력을 가진 사람이 그렇지 못한 사람을 기꺼이 도우려고 할 때 어디서 불의를 찾아볼 수 있나요?" 다스칼로스가 의아하다는 표정으로 물었다.

"하지만 그것은 유토피아라고 생각하지 않으세요?" 에밀리가 이렇게 대꾸하자 카테리나가 끼어들려고 했다. 하지만 다스칼로스가 가로막고 나섰다.

"잠깐만." 그는 오른손을 앞으로 뻗치면서 큰 소리로 말했다. "그보다 더 나은 어떤 상황을 들 수 있나요? 지금까지 우리는 프랑스 혁명, 온갖 불의, 길로틴 등을 경험했습니다. 러시아 혁명, 헝가리 혁명도 겪었습니다. 그것이 무엇을 가져왔나요? 말 좀 해보세요."

"다스칼레, 그것은 우리가 사회 정의를 위해 싸워서는 안 된다는 뜻인가요? 이런 혁명들이 바라던 결과를 가져오지 못했다는 사실만으로 지금의 상황이 옳다는 것이 증명되나요?"

"나는 절대로 그런 뜻을 비춘 적이 없어요. 변화는 매 순간 오고 있습니다. 진정한 변화를 가져오는 것은 사랑입니다. 폭력과 전쟁과 소위 투쟁이란 것이 가져오는 것은 기껏해야 더 많은 폭력뿐입니다. 나는 진정한 변화를 가져올 수 있는 것은 오직 사랑과 영겁에 걸친 영적 진화뿐이라고 믿습니다. 물론 우리는 변화할 수 있습니다. 변화는 피할 수 없습니다. 내가 든 예에서처럼 사업가와 노동자가 서로를 사랑하고 서로를 위해 봉사한다면 변화는 즉각 옵니다. 이것이 바로 변화를 가져오는 진정한 비결입니다."

"하지만 다스칼레, 현실이 정말 그럴까요?" 에밀리가 덧붙였다. "아주 특별한 노사관계에서는 그런 경우를 찾아볼 수 있을지도 모르지요. 사랑 속에서 일하고 결국은 고용주의 마음속에 양심이 깨어나서 올바른 사고가 번지겠지요. 하지만 현실 속에서 이 문제를 살펴본다면, 사회구조의 관점에서 바라본다면 오직 불의만 보입니다. 예컨대 우리는 큰 힘을 가진 나라들이 작은 나라를 착취하고 압박하는 것을 보고 있습니다."

"좋아요, 그렇다면 당신의 생각은 뭔가요?" 다스칼로스가 이렇게 말하고는 손을 포개고 의자에 기대어 에밀리의 대답을 기다렸다.

"제가 할 수 있는 말은 단지 당신이 말씀하신 것을 받아들인다면 현실을 있는 그대로 받아들여야만 한다는 말이지요. 예컨대 우리는 초강대국들이 작은 나라들과 이해와 사랑으로 관계를 맺는 그런 상태가 오리라고 믿어야 하나요?"

"그러지 못할 이유가 있나요?"

"다스칼레, 왜냐하면 우리는 정치라는 것이 어떤 것인지를 알기 때문입니다." 에밀리가 이렇게 대꾸했다. 모든 사람들이 이 논쟁이 사못 흥미롭다는 표정들이었다.

"나에게는 소위 정치라는 것이 부도덕과 이기주의와 멍청함의 표본 이상의 아무것도 아니에요." 다스칼로스가 말했다.

"하지만 그건 당신의 개인적 견해이지요."

"아니, 그건 사실이에요. 잘 들어봐요. 내가 두 사람 간의 이기적인 행동을 발견하든 두 나라간의 이기적인 행동을 발견하든 그건 똑같은 거예요. 결과는 비슷하단 말이에요. 나는 개인적으로 사랑과 이해를 통하지 않고는 어떤 변화의 가능성도 볼 수 없습니다."

네오피토스가 나서서 교통정리를 했다. "다스칼레, 에밀리가 말하는 것은 니카라과와 같은 경우를 이야기하는 겁니다. 니카라과는 독재자 소모사를 제거했습니다. 그런데 레이건 행정부는 니카라과가 미국을 위협하고 있다고 판단했어요. 니카라과는 키프로스보다 조금 큰 나라예요. 그런데 미국인들은 어떤 짓을 하는지 아십니까? 그들은 항구를 파괴하고 범죄자들에게 많은 돈을 주어 사람을 죽이고 그들의 마을을 불태우게 하고 있습니다."

"그것 참 안됐군." 다스칼로스는 삼가야 할 말을 명심하려는 듯한 태도가 되어 말했다. 그렇게 말하는 그의 순진함에 우리는 모두 킥킥거렸다.

"자, 이 니카라과 사람들이 미국인들을 사랑함으로써 상황을 바로잡을 수 있겠나요?" 네오피토스가 물었다.

"당분간은 아마 안 되겠지요. 하지만 늦든 빠르든 니카라과와 미국은 서로를 사랑함으로써만 문제를 해결할 수 있을 것입니다. 새로운 인권 정책은 역사상 매우 긍정적인 발전입니다. 나는 이 도그마 속에서 문제 해결로 나아가도록 도울 수 있는 새로운 요소를 발견합니다.

이것이 진보이지요."

"니카라과 같은 곳에서 태어난 사람은 아이들이 굶주리고 불행하게 사는 것을 지켜보면서 언젠가는 자기 나라에도 정의가 찾아오기를 앉아서 기다리든지, 아니면 일어나서 사람들을 부추겨 저항하고 반란을 일으키든지, 둘 중 하나를 선택할 것입니다."

"그런 경우엔 선택의 여지가 없지요. 그는 그런 방법으로는 자신이 처해 있는 상황을 자신이 바꿔놓을 수 없다는 사실을 받아들여야 하겠지요. 그는 일어나서 저항하고 싸우겠지요. 하지만 이것이 그가 결국은 진실을 깨닫지 못하리라는 뜻은 아닙니다. 일을 바로잡는 것은 사랑과 이해라는 것을, 언젠가는 그렇게 되리라는 것을 그도 알게 될 겁니다. 내가 하려는 말을 이해하시겠어요? 바라는 결과를 가져오는 것은 투쟁 자체가 아닙니다. 투쟁을 계속해야 할 수도 있어요. 달리 선택의 여지가 없다면요. 나도 그런 투쟁에 가담한 적이 있습니다. 내가 그 싸움을 즐겼으리라고 생각하나요? 내가 오모르피타 지역에서 터키군의 공격을 방어하는 일을 즐겼으리라고 생각하나요? 나는 좋아하지 않는 그 일을 했어요. 더 이상 피를 흘리는 것을 막기 위해서 그 일을 했어요. 때로는 더 나쁜 일이 일어나지 않게 하기 위해서 태풍 속으로 뛰어들어 사람들을 위험에서 구해 내지 않을 수가 없는 때도 있지요. 하지만 신께 감사하고 싶은 다행한 일이 한 가지 있어요." 다스칼로스는 손을 앞으로 내밀면서 말했다.

"내 손에 총을 맞았을 때를 제외하고는 내 손을 피로 더럽힌 일이 없다는 일이에요. 주장하건대, 폭력과 총으로는 아무것도 해결할 수 없어요. 힘으로 더 악한 일, 예컨대 침공이 일어나는 것을 막을 수는 있겠지요. 우리는 혼란 속에 있고 다른 선택의 여지가 없어요. 하지만 그런 상태는 계속될 수가 없다는 것을 알아야만 해요. 그것은 영속되어서도 안 되고 그럴 수도 없어요."

다스칼로스는 나에게 이렇게 말한 적이 있다. 전쟁이나 혁명이나 기타 사회적 참상과 같은 악은 언제나 자비로운 결과를 가져온다고. 역사상의 비극들도 잠자는 인류로 하여금 현실의 본질을 깨우치게 하기 위한 자극제라는 것이다. 그것이 환생하는 존재들에게 영적 진화를 위한 경험과 교훈을 주기 위해 카르마가 역사의 전경에 작용하는 방식이다.

"다스칼레, 사랑의 문제와 관련하여 한 가지 의문이 있습니다." 잠시 말이 멎은 동안에 스테파노스가 끼어들었다. "당신은 사랑을 교환의 한 형태라고 보시나요, 아니면 그저 아낌없이 자신을 주는 것이라고 보시나요?"

"사랑은 스스로 드러나려고 애쓰는 인간의 본성입니다."

"하지만 그것은 평형을 가져오기 위한 교환의 문제인가요, 아니면 그저 자신을 주는 것인가요?"

"그런 식으로 생각한다면 그것은 하나의 계산이지요. 나는 그런 것을 원하지 않습니다. 나는 가슴의 자발적인 표현을 원합니다. 내가 하려는 말을 이해하나요?"

"예, 그런 상태에서는 불의를 당하고 있다는 느낌은 전혀 들지 않겠군요."

스테파노스의 말에 다스칼로스는 그렇다는 뜻으로 고개를 끄덕거린 다음 터키 출신 키프로스인들과의 그 모든 말썽에도 불구하고 그는 아직도 그들을 사랑하며 그를 아는 사람들은 그 사랑에 보답해 온다고 말했다.

"그들이 당신을 사랑하지 않는다 해도 상관없나요?" 스테파노스가 의아하다는 표정으로 이렇게 반문했다.

"상관없어요. 하지만 사람들을 사랑하면 자연히 그들도 나를 사랑하게 되어 있어요." 그러고 나서 다스칼로스는 터키군이 점령한 마을인 키레니아를 다스리던 한 터키인이 제삼자를 통해 여동생의 건강에 대해 물어보는 메시지를 보냈던 일을 이야기하기 시작했다. 그 터키인은 전부터 다스칼로스를 알고 있었다. 터키 여인의 사진을 보고 다스칼로스는 그녀의 상태를 진단하고는 즉시 여동생을 영국으로 보내서 유방절제수술을 받도록 하라고 재촉했다.

"그때 내가 볼 수 있었던 것은 단지 한 인간이 여동생의 건강을 걱정하는 것, 그것뿐이었습니다." 그는 이렇게 결론을 내렸다.

처음에 다스칼로스가 터키인들과 자신의 관계에 대해 이야기하는 것을 들었을 때 내 마음속에는 그가 과장하고 있는 것이려니 하는 생각이 스쳐갔다. 하지만 허황하게만 들리던 그의 다른 이야기들과 마찬가지로 그것은 후일의 사건들에 의해 진실성이 증명되었다.

나는 전혀 예기치 않은 곳에서 터키인들이 다스칼로스에게 호감을 가지고 있다는 사실을 발견했다. 1974년 터키의 침공 이후로 서로 떨어져 있던 그리스계 키프로스인과 터키계 키프로스인들 사이의 매우 드문 회합에서 한 터키계 키프로스인이 내게 말하길, 그는 최근까지도 사티 씨가 터키인인 줄 알았다고 했다. 그가 그렇게 느낀 이유는 다스칼로스가 터키계 키프로스인들 사이에서 너무나 유명하기 때문이라고 했다. 그는 농담조로 다스칼로스가 그리스인이라는 사실을 알고는 실망했다고 말했다. 그때 우리의 이야기를 어깨 너머로 듣고 있던 다른 터키계 키프로스인이 끼어들어서는 흥분된 어조로, 자신이 다스칼로스를 만나러 갔을 때 그가 바지 밑에 가려져 있던 오른발의 흉터까지 포함해서 '모든' 사실을 이야기해 줬다고 말했다. 그 또한 다스칼로스가 터키계 키프로스인들 사이에 얼마나 널리 알려져 있는지를 증언하면서, 다스칼로스야말로 사실 '터키인들이 사랑하는 유일한 그리스인'이라고 했다.

"사랑이란 배워가는 건가요, 다스칼레?" 1974년에 터키가 침공해 온 이후로 서로 갈라진 그리스계와 터키계 키프로스인들 간의 가슴아픈 사건들에 관한 이야기로 시간이 얼마간 지난 후에 카테리나가 이렇게 물어보았다.

"아닙니다. 사랑은 우리의 본성입니다. 그것은 우리 안에 있어요. 우리가 할 일은 단지 그것이 드러나도록 놔두는 것뿐이에요."

"그렇게 하는 것을 어떻게 배울 수 있나요?" 카테리나가 물었다.

"이 또한 올바른 사고를 통해서지요." 다스칼로스는 잠시 멈춘 다음에 대답했다. "어떤 올바른 사고냐고 묻겠지요? 가령 터키계 키프로스 청년인 아흐메트와 그리스계 키프로스 청년인 안드레아스가 반복의 법칙을 통해 서로 상대방을 적으로 생각하게 되었다고 합시다. 이들은 서로를 죽이는 것이 너무나 당연하다고 생각합니다. 이것은 비이성적인 짓이지만 그들 자신은 그것이 합당한 일이라고 생각하는 것입니다. 하지만 그들이 올바른 사고를 통해 자신의 느낌이 사랑으로 표현되도록 놔둔다면 이 두 착한 청년들은 서로 총부리를 겨누지 않고 함께 축구를 하거나 테니스를 칠 수 있을 것입니다." 그리고 나서 다스칼로스는 니코시아의 터키 점령 지구에서 그가 행한 강연에 참석했던, 터키의 유명인들에 대해 이야기했다.

"하루는 터키 쪽에 건너가서 강연을 했습니다. 그것은 문제가 발생하기 전이었지요. 강연이 끝난 후에 내가 그들에게 이렇게 말했습니다. '여러분에게 질문이 하나 있습니다. 내가 가령 모스크(회교 사원)의 한 귀퉁이를 파괴하고는 세계의 모든 수피(회교 수행자)들을 다 불러모아 날마다 하루종일 무릎을 꿇고 기도하게 한다면 인간의 손길과 노력이 없이 그것이 저절로 다시 지어지나요?' 그들은 물론 지어지지 않는다고 대답했지요. '좋아요, 다스칼레.' 한 영리한 친구가 대꾸했어요. '우리가 교회의 한 귀퉁이를 허물어놓고 세계의 모든 주교와 대주교들을 불러모아 날마다 하루종일 무릎을 꿇고 기도하게 한다면 교회가 다시 지어질까요?' '물론 그렇지 않지요.' 제가 대답했습니다. '그런데 질문을 한 가지 더 해보지요. 아흐메트와 안드레아스가 둘 다 사고로 다리를 다쳤다고 해봅시다. 의사가 감염은 되지 않았다는 것을 확인했습니다. 그들의 상처는 나을까요?' '물론이지요.' 청중 중의 하나가 대답했습니다. '아주 좋습니다. 그러니까 모스크도, 교회도 신께서 복구시켜 주시지 않습니다. 하지만 아흐메트와 안드레아스의 몸은 신의 사원입니다. 그 사람이 아흐메트라고 불리건 또 안드레아스라고 불리건 상관없이 그들 내면에는 신성이 깃들어 있습니다. 그렇다면 그들이 서로를 총으로 쏘아 죽일 어떤 권한이 있는 겁니까?' 그러자 유명한 알리 베이가 일어나서 이렇게 말했습니다. '다스칼레, 당신의 말이 절대적으로 옳습니다. 제발 이것을 그리스인들에게 가르쳐 주십시오.' 내가 대답했습니다. '좋지요. 하지만 당신은 이 진리를 터키인들에게 가르쳐 주겠다고 약속할 수 있겠습니까?'" 다스칼로스의 이 말에 우리는 모두 한바탕 커다랗게 웃음을 터뜨렸다.

"이것이 올바른 사고입니다." 그가 말을 이었다. "하지만 애국심이라고 불리는 저주가 당신을 가로막고 있는데 이것을 어떻게 사람들에게 가르칠 수 있겠습니까?"

"사람들은 자신들의 애국심이 그들이 적이라고 부르는 사람들의 애국심 또한 부추긴다는 사실을 깨닫지 못하고 있습니다. 애국심은 전체 분위기를 극단적으로 몰아가는 염체입니다. 그리스인들이 3월 25일 독립기념일에 깃발을 날리고 북을 치며 경축 행진을 하면 그들의 흥분된 애국심은, 말하자면, 그리스계 키프로스인들의 특성이 체화된 염체를 만들어 냅니다. 하지만 이 그리스인들의 염체에는 그것의 오라가 있고, 그것은 터키계 키프로스인들에게 흡수됩니다. 그러면 그들도 애국자가 되어 그리스계 키프로스인들이 하는 짓을 하나 하나 본받게 됩니다. 그러므로 사람들이 이런 애국적 광란극에 몰두할 때, 그것은 실질적으로 기대하는 것과는 반대의 결과를 가져옵니다. 터키계 키프로스인들을 터키인으로 만든 것은 우리란 말입니다. 한편의 애국적 감정은 상대편의 애국적 감정을 자극하고 기름을 부어 주는 성질을 가진 에테르의 파동입니다. 그리고 이것은 애국심에만 해당되는 원리가 아닙니다. 종교에도 마찬가지로 적용됩니다. 사람들은 모스크와 교회에서 기도를 하고 자신들의 신에 대해 광신도가 됩니다. 날마다 얼마나 많은 괴물 같은 염체들이, 즉 '믿음과 국가'라는 염체들이 만들어지고 있는지 아십니까? 사람들이 염체의 법칙을 이해하면, 이지적 심상이 어떻게 만들어지는지를 이해한다면, 그들은 자신이 무엇을 만들어 내든지 그것이 결국 자신의 머리 위에 되돌아와 내려앉으리라는 사실을 깨달을 것입니다. 인과의 법칙, 카르마의 법칙은 함부로 건드릴 수가 없습니다. 마음, 곧 우리 모두가 그 속에서 헤엄치며 살고 있는 무한한 파동의 대양은 함부로 건드릴 수가 없는 것입니다. 애국심의 파동을 일으키는 바로 그 순간 모두가 그것의 영향력에 노출될 것입니다. 국군의 날 행진과 경축행사보다 더 어리석고 범죄적인 일은 없습니다. 따라서 우리는 날마다 사람들이 광신주의로 끊임없이 만들어 내고 있는 이 괴물들을 중화시키기 위해 고군분투해야 합니다."

"이 괴물 같은 염체들이 그토록 강력하다면 그것을 어떻게 중화시킬 수 있나요?" 내가 물었다.

"균형을 맞추기 위해 그에 상응하는 사랑과 이해의 염체를 투사하는 것이지요."

"하지만 당신이 만들어 내는 사랑의 염체가 전통과 역사가 만들어 내는 증오와 폭력의 염체들만큼 강력한가요?" 내가 다시 물었다.

"다행스럽게도 선이 악을 물리치는 것이 사물의 이치입니다. 악은 악끼리 대적하지요. 그러는 과정에서 그들은 서로 지치고, 또 선은 선을 돕기 때문에 이들은 서로를 북돋아 줍니다. 증오심을 가진 사람은 상대방에게도 비슷한 감정을 일으켜놓기에 이들은 둘 다 고통을 겪지요. 그들은 서로를 벌한답니다. 이것이 카르마가 작용하는 법칙입니다. 사랑은 사랑을 강화시킵니다. 증오는 증오를 소모시킵니다."

"우리 키프로스의 경우에는 악한 염체가 쌍방에서 만들어져서 분쟁의 평화스러운 해결을 가로막고 있지요. 이런 식으로 계속 가다가는 군사적 대치의 가능성이 매우 높아지지 않을까 걱정됩니다." 내가 더욱 깊이 캐물었다.

"우리는 가능한 한 많은 악한 염체들을 중화시키고 있습니다. 비밀 조직의 의무 중의 하나는 정기적으로 사랑의 염체를 만들어 내어 이 섬 전체에 투사하는 것입니다."

"그것은 어떻게 하나요?"

"유체이탈 중에 우리는 섬 전체로 퍼져나가 백장밋빛의 사랑으로 덮지요. 우리가 이 파동을 만들어 내면 예컨대 광신적인 터키계 사람들이 무의식중에 영향을 받아 이유도 없이 마음이 진정되지요. 그리스의 광신자들도 비슷하게 영향을 받을 것입니다. 나는 내부 서클이 이 섬에서 일어나고 있는 어리석은 일들에도 불구하고 평화를 유지하는 데에 결정적인 기여를 하고 있다고 믿습니다. 전에 이야기했듯이 보이지 않는 구원자인 우리의 작업은 민족과 종교와 인종을 초월합니다. 우리는 차별을 하지 않습니다. 목마른 사람이 물을 마실 수 있게 물을 흘려 보낼 때는 그가 터키인이든 그리스인이든 아르메니아인이든 미국인이든 상관하지 않습니다. 그 사람이 범죄자든 성자이든 그것은 여러분의 관심사가 아닙니다. 그들을 심판하는 것은 여러분이 아니라 카르마입니다. 여러분이 퍼뜨리는 사랑은 모든 사람을 위한 것입니다."

"당신은 악한 염체는 비슷한 다른 염체와 싸워서 서로 파괴되고 중화된다고 말씀하셨습니다. 하지만 이와 같은 싸움은 지구라는 행성에서는 전쟁으로 이어집니다. 그러니 실제로 파괴되는 것은 어느 편입니까?" 내가 물었다.

"파괴되는 것은 악입니다. 내가 말하건대 여러분은 전장의 한복판에 있게 될 수도 있습니다. 하지만 카르마가 허락하지 않는다면 여러분에게는 어떤 일도 일어나지 않을 것입니다. 여러분을 보호하는 것은 절대자의 지혜입니다. 카르마의 법칙에 따라 갚아야 할 것이 있는 사람이 갚는 것입니다."

그리고 나서 다스칼로스는 거친 물질계에서 벌어지는 전쟁은 심령이지계에서 벌어지는 전쟁의 반영이라고 말했다. 이 때문에 다스칼로스에 의하면 '이런 문제에 대해 알고 있던' 그리스 정교의 성찬식에서 고대 교회의 신부들은 이렇게 찬송했다고 한다. '오 주여 높은 천계의 평화와 우리 영혼의 구원을 비나이다.'

"악은 모든 차원 모든 곳에, 거친 물질계뿐만 아니라 심령이지계에서도 판을 치고 있지만 결국 승리하는 것은 선입니다. 이것이 법칙입니다. 언제나 이와 같지요."

"다스칼레, 당신이 방금 말씀하신 그 이유로 저는 아직도 사람이 어떻게 올바른 사고에 도달할 수 있는지를 알 수가 없습니다." 네오피토스가 말했다.

"나도 몰라요." 다스칼로스는 어깨를 으쓱이고 미소를 띠며 말했다. "하지만 우리가 다른 사람들로 하여금 이 진리를 알게 할 방법을 모른다고 해서, 우리 자신이 사랑을 표현하지 말아야 하는 것은 아니지요."

"만일 우리 그리스인들이 머리가 비지 않았다면 지금쯤은 터키계 키프로스인들을 형제처럼 대하고 있었을 것입니다."

"이제 잠시 토론을 미루고 음식을 먹기로 해요." 네오피토스가 말했다. 이 지역의 별미로 상이 차려져 있었다. 우리는 쟁반에 음식을 담기 시작했다.

"여러분이 진리를 알고는 있다고 해도 장애물을 극복하지 못할 수도 있습니다. 올바른 사고를 얼마나 잘 하고 있느냐와는 상관없이 성숙을 이루려면 시간이 필요합니다." 우리가 음식을 먹기 시작하자 다스칼로스가 다시 입을 열었다.

"그것이 비극입니다." 네오피토스가 말했다. "개인적 인간관계에서나 정치적 문제에서나, 현재의 지배적인 상황이라는 장애물을 어떻게 극복하느냐 하는 것이 저를 괴롭히는 문제입니다. 당신은 주관의 문제를 어떻게 초월해서 그와 같은 사랑의 표현에 도달할 수 있나요? 그것 또한 올바른 사고의 작용이겠지요."

"이제 우리는 사랑과 올바른 사고를 구름에 가려져 있는 태양 속의 진리로 인식할 수 있습니다. 그 구름이 곧 흩어지기를 바랍시다. 지금은 구름 때문에 따뜻하지가 않습니다. 하지만 그것이 태양이 존재한다는 우리의 믿음을 버려야 하는 것을 뜻하지는 않습니다."

"저는 처음에는 우리가 사회적, 국제적 문제들을 사랑으로 해결할 수 있다는 데 대해 의심을 가졌습니다만, 사랑이 우리의 모든 문제를 해결해 주지는 못한다고 하더라도 다투고 싸우는 방법으로는 문제를 더욱 해결할 수 없다는 것을 깨달았습니다. 하지만 사랑 그 자체로 우리의 모든 문제를 풀 수 있을지는 의심스럽습니다." 네오피토스가 말했다.

"한번은 러시아 대사관의 고위직 인사가 참석한 어떤 파티에 끼게 된 일이 있습니다." 다스칼로스가 음식을 먹으면서 말했다. "그는 매우 지적이었고 그리스어를 잘 했지요. 우리는 잡담을 나누기 시작했고 몇 사람이 다가와서 우리의 대화에 귀를 기울이고 있었습니다. 그가 말했지요. '러시아에서는 아무도 배고프지 않고 굶주려 죽는 일이 없습니다. 우리 체제는 미국이나 영국보다 낫습니다. 그런데 이런 나라에서는 추위 속에서도 사람들이 길거리에서 잠을 잡니다. 우리는 힘으로 더 나은 사회를 건설했습니다. 좋지 않습니까?' 내가 말했습니다. '아니요, 저는 세상을 변화시키는 방법으로 폭력을 받아들이지는 않습니다. 오늘날 당신네 러시아에서는 가슴으로부터 우러나온 것이 아닌 상태를 권력자들이 강요하고 있습니다. 러시아에서 자식을 둘 가진 의사나 엔지니어가 자식을 셋 가진 노동자보다 돈을 덜 번다면 나는 찬사를 보내겠습니다. 그런 경우라면 일의 가치에 대한 차별이 없는 것이지요. 의사는 배관공과는 다른 책임을 가지고 있습니다. 배관공은 형제자매들의 집을 손질해 주고 의사는 이웃의 건강을 돌보아 줍니다. 그리고 의사가 자신의 아이들과 배관공의 아이들을 모두 자신의 자식처럼 차별 없이 사랑하는 것을 보겠지요. 그리고 배관공도 의사의 자식들을 마찬가지로 대하구요. 이것에는 찬사를 보냅니다. 하지만 친구, 지금 러시아의 체제는 개인 자본주의가 아닐 뿐, 사실은 국가 자본주의지요.'"

"당신은 공산주의자들보다 더 급진적이군요, 다스칼레." 내가 이렇게 놀렸다.

"'예수 그리스도께서는 잔치를 통해 우리에게 그 길을 보여 주셨습니다. 네 이웃을 네 자신처럼 사랑하라고 하신 말씀의 의미가 이것입니다.' 나는 그 러시아 외교관에게 이렇게 말했지요."

"러시아 외교관이 뭐라고 하던가요?" 네오피토스가 물었다.

"'그래요, 맞아요. 하지만 그것은 시간이 걸릴 겁니다.' 하더군요. 그런데 그 다음날 나는 나보고 공산주의자라고 비난하는 익명의 편지를 받았습니다. 그것은 분명히 그날 우리의 이야기를 듣고 있던 어떤 사람의 짓이지요. 쯧쯧, 내가 무슨 말을 했길래 그랬을까요?" 다스칼로스는 쟁반을 치우면서 어깨를 으쓱하며 천진한 표정을 지었다.

네오피토스가 웃으며 말했다. "예수께서 지금 세상에 오신다면 주교들과 대주교들이 그를 바로 감옥으로 보내겠군요."

"틀림없어요. 그가 지금 오신다면 우리에게 가르친 그런 종교를 발견하지 못하실 거예요." 다스칼로스가 이렇게 대꾸했다.

스테파노스가 빈 쟁반을 식탁에 올려놓으면서 끼어들었다. "다스칼레, 저는 아직도 사랑의 문제에 대해 어려운 점이 있습니다. 저는 아직도 일종의 거래, 일종의 대차대조표가 아닌 사랑을 할 수 있을지 의구심이 듭니다. 만일 그것이 평형을 이루기 위한 것, 대차대조표라면 그것은 결국 진정한 사랑이 아니지요? 맞습니까?"

"맞아요."

"그것은 알겠습니다. 하지만 저의 한계를 생각한다면 저는 그것을 실천할 능력이 없습니다. 우리와 같은 보통 사람들은 타인에게 자신을 보낼 때 가치교환의 욕망에 사로잡힙니다. 솔직히 말하면 저는 우리가 진정한 자신이나 사랑을 알 능력이 있는지 종종 의심합니다. 당신을 예로 들어보겠습니다. 당신은 당신 자신이 사랑하는 사람이라는 이미지를 마음속에 가지고 있지 않으신가요?"

"그것은 만족에 관한 문제가 아닙니다. 나는 그저 그것이 나라고 느끼고, 인정이나 대가를 바라지 않고 나 자신을 표현합니다."

"그렇다면 우리는 모든 사람들을 동일한 방식으로, 같은 정도로 사랑해야만 하겠군요. 그것은 사랑에는 척도가 없다는 것인가요, 아니면 따져보면 절대적인 어떤 것이라는 뜻인가요?" 에밀리가 거들었다.

"잠깐만요, 물론 우리는 모든 사람을 사랑해야만 합니다. 하지만 예수조차도 다른 제자들보다 요한을 더 사랑하셨습니다. 그것은 괜찮아요, 그렇지 않나요? 이것은 불가피합니다. 어떤 사람에게 특별히 애정을 기울인다는 것, 어쩌면 그 사람은 당신의 사랑을 더 필요로 하는 것인지도 몰라요. 그것은 괜찮고 이해할 만합니다. 나는 이 현상을 잘 관찰해 봤습니다. 하지만 사실을 말하자면 아직도 딱 부러지는 결론에 도달하지 못했습니다."

"어떤 사람을 사랑한다는 것은 자신이 그 사람과 같은 주파수로 진동한다는 사실의 결과가 아닌가요?" 에밀리가 다시 물었다.

"사랑은 모든 주파수로 진동하는 것을 의미합니다." 다스칼로스가 대답했다.

"당신은 어떤 사람이 자신의 좋아하는 어떤 면, 예컨대 같은 관심을 지니고 있기 때문에 사랑하게 되지 않나요?"

"아닙니다. 저는 모든 인간이 내면에 신성을 지니고 있다고 믿습니다. 내가 사랑하는 것은 그들 속의 신성입니다. '지상에 내려오는 모든 인간을 비춰 주는 빛' 말입니다."

다스칼로스의 이 말은 내가 메인 주에 있는 한 심령치료가를 만났던 일을 상기시켰다. 그가 한번은 차를 고치러 정비소에 간 일을 이야기해 주었다. 정비공이 차를 수리하고 있는 동안에 그는 삶을 바꿔 놓은 어떤 황홀한 경험을 했다. 그는 주위에 걸어다니는 모든 사람들이 뒤집어진 달걀 모양의 눈부시게 빛나는 빛에 싸여 있는 것을 보았다고 말했다. 그것은 실로 엄청난 느낌이어서 그날 이후로 만나는 모든 사람들을 싫어할 수가 없게 되었다고 했다.

"하지만 당신은 자신의 사랑에 분별이 없음을 확신합니까?" 내가 물었다.

"분별하지 않으려고 노력합니다."

"그건 믿기가 어려운데요. 당신은 손자 또래의 다른 아이들보다 손자를 더 사랑하지 않는다는 말씀인가요?" 내가 다시 물었다.

"늘 그렇지는 못하지만 정말 노력한답니다."

그때 스테파노스가 재빨리 끼어들었다. "그러니까 당신도 분별을 하시는군요." 우리는 모두 스테파노스의 연역적 논법에 웃음을 터뜨렸다.

"좋아요, 물론 저도 분별을 합니다." 다스칼로스가 시인했다. "저도 물질 안에서 살고 있습니다. 선택의 여지가 없지요. 내 주위의 조건들이 나에게 영향을 미칩니다. 나는 완벽하지 않습니다. 거친 물질계 속에서 완벽을 성취하는 것은 가능하지도 않습니다. 환경의 진동은 내가 그것을 좋아하건 말건 상관없이 나에게 영향을 미칩니다. 하지만 언젠가는 우리도 이 진동들로부터 해방되어야 합니다. 내가 지금 그것에서 자유롭다고 말할 수는 없습니다. 하지만 이 말이 현재의 지배적인 상태가 우리의 올바른 사고 능력에 영향을 미치도록 내버려 둬야 하는 것을 의미하지는 않습니다."

"우리는 왜 모든 사람들을 동일하게 사랑하지 않고 평생을 함께 지내기로 결정한 한 사람만을 사랑해야 하지요?" 지금까지 말없이 듣고만 있던 야니스가 이렇게 질문을 꺼내어 토론에 활기를 불어넣었다.

다스칼로스가 대답했다. "나 자신의 이해와 경험에만 한정해서 말하자면, 자신의 어머니보다 나이가 많은 모든 여성을 어머니로서 사랑해야 합니다. 그리고 자신보다 나이가 어린 모든 여성을 누이동생으로 사랑해야만 합니다. 그들을 모두 사랑하십시오. 하지만 함께 이 세상에 아이가 태어나게 할 여성은 단 한 사람만을 사랑하십시오. 그렇습니다. 모든 여성을 똑같이 가슴으로 사랑하십시오. 성적 접촉을 가져올 다른 형태의 사랑은 분별이 없을 수가 없습니다. 예컨대 제가 여동생 테아노를 딸보다 덜 사랑한다고 생각하시나요? 내 아내가 아직 살아 있다면, 아내에 대한 사랑은 여동생에 대한 사랑과 전혀 다르지 않을 것입니다. 하지만 아내는 아내지요. 나와 그녀와의 관계는 이 세상에 두 딸이 태어나게 했습니다. 그것은 다른 관계이지요." 다스칼로스는 이렇게 말을 맺고는 의자에 몸을 기대었다. 그리고 잠시 후에 다시 말을 이었다.

"내 사고방식으로는 사람은 우주의 창조력에 협력하여 가족을 이루는 특별한 형태의 사랑을 남자와 여자 사이에 발전시키기 위해 결혼한다고 봅니다. 그것을 열 명의 여자나 남자와 할 수는 없습니다. 최소한 이것이 내가 이 문제에 대해 가지고 있는 생각입니다. 현재의 조건이 이것을 허용하느냐는 다른 문제입니다. 오늘날에는 모든 윤리적 기준이 무너졌습니다. 우리는 어떤 강압적인 규율을 폐지해야 했고, 그 과정에서 거의 모든 규율이 폐지되었습니다. 저는 오늘날과 같은 사회적 관습을 받아들이지 않지만 동시에 그것을 폐지해야 한다고 주장할 수도 없습니다. 그러면 모든 일이 혼돈에 빠져 버릴 것입니다."

그리고 다스칼로스는 무한한 시간 속에서 미래의 어떤 시점에서는 다부다처제로도 진정한 사랑을 표현할 수 있는, 지금과는 다른 성적 관계가 출현할 가능성을 배제하지는 않는다고 말했다. 하지만 지금까지는 현생에서도, 전생에서도 그런 것을 보거나 경험한 적이 없다고 했다. 자신에게 정통적인 사랑이라고 인식된 것은 오직 일부일처제뿐이라고 그는 주장했다.

"신성한 의식으로서 결혼에 대한 당신의 관점은 어떤가요?" 잠시 침묵 후에 스테파노스가 물었다.

"그것은 신성한 것입니다." 다스칼로스는 힘주어 말했다. "하지만 이것은 교회에서 하는 결혼식에 대해서 하는 말이 아닙니다. 결혼을 성사시키는 것은 목사의 찬송과 기도가 아닙니다."

"그 말씀의 뜻을 좀더 자세히 말해 주시겠습니까?" 스테파노스가 다시 물었다.

다스칼로스는 자신에게는 '결혼'이란 두 사람이 서로에 대해 가지고 있는 친밀함, 사랑, 헌신을 의미하며 그것은 거듭된 환생을 통해 발전되어 나가는 것이라고 설명했다. 옛날 교회의 신부들은 이 진리를 알았다고 그는 주장했다. 그리스 정교회의 결혼식에서 신부가 '오 주여 이들의 오고감을 축복하소서. 오 주여 이들의 천국의 화환을, 그리고 세월을 축복하소서, 아멘' 하고 찬송했던 것도 바로 이 때문이라는 것이다.

"한 쌍이 한 생에 기껏해야 삼사십 년을 함께 삽니다. 그러니 수백 년에 걸쳐 반복되는 환생 외에 무엇을 의미할 수 있겠습니까?" 다스칼로스는 우리에게 이렇게 물었다. 그리고 신께서는 두 사람이 함께 살면서 서로를 사랑한다면 그들을 '결혼한' 것으로 본다는 점을 강조했다. 결혼관계에 신성함을 부여하는 것은 사회적 관습과 법이 아니라고 또한 주장했다. 사실 법적으로는 결혼을 했지만 신의 관점에서는 결혼을 하지 못한 부부도 있을 수 있다는 것이다.

이 문제에 관해 토론이 더 이어진 끝에 카테리나가 물었다. "다스칼레, 에로틱한 사랑이란 무엇인가요?"

"나도 그걸 알았으면 좋겠어요." 다스칼로스가 웃으면서 이렇게 대답하자 폭소가 터졌다.

"그것은 환상이나 착각, 혹은 이기주의적인 무엇인가요, 아니면 플라톤이 말했듯이 뭔가 위대하고 심오한 어떤 것인가요?" 카테리나가 다시 물었다.

"환상과 자기도취가 판치는 오늘날의 현실에 비추어 본다면 에로틱

한 사랑의 의미는 그 색깔과 의미를 잃었다고 할 수 있습니다. 하지만 진정한 사랑은 존재하고, 우리는 그것을 찾아내야 합니다."

"우리 시대에 남녀는 타락했습니다. 그들은 환상과 자기도취 속에서 살며 이것이 문제의 핵심입니다. 남녀는 모든 것을 자신만의 척도, 그들만의 인간적 척도 안에 한정시켜 놓았습니다."

"당신은 삶의 위대한 사랑을 경험하셨나요?" 스테파노스가 이렇게 묻자 다스칼로스는 잠시 생각에 잠겨 있다가 말했다. "예, 나에게 아이들을 낳아 준 아내와요. 나는 그녀와 십 년 동안 행복하게 살았는데 그 후 아내는 심한 병에 걸렸지요. 나는 온갖 노력으로 그녀가 십 년을 더 살 수 있도록 도왔지요. 그녀는 떠났습니다. 어떤 면에서 말하자면 그녀는 떠났습니다. 그로부터 지금까지 여러 해가 지났지요. 나는 재혼을 하지 않았습니다. 나는 다른 여자와 바보처럼 미친 듯이 사랑에 빠지지 않았습니다. 나는 아내를 사랑합니다."

"하지만 당신은 첫 아내와 이혼했잖아요." 에밀리가 지적했다.

"맞아요, 하지만 첫 아내는 '나의' 아내가 아니었습니다." 다스칼로스는 자신의 가슴을 손가락으로 가리키면서 말했다. "나는 당시에 열일곱 살이었고 아버지에게 뺨을 몇 대 맞고서야 그녀와 결혼했습니다. 그것은 양가 부모님들끼리 정한 중매결혼이었습니다. 그녀를 나의 아내처럼 사랑하기를 배울 수가 없었다고 말할 수는 없습니다. 하지만 그녀는 나를 실망시켰습니다. 그녀는 나를 사랑한다고, 마치 신처럼 흠모한다고 말해 놓고는 다른 남자들과 나돌아다녔습니다. 나는 그 모든 것을 참아 낼 수가 없었습니다. 결혼한 지 여섯 달 후에 이혼했지요. 내가 진짜 아내를 만나 결혼한 것은 그 이후 칠 년이 지나서였습니다. 그녀는 다른 여자들처럼 예쁘지도 않았습니다. 그녀는 부자도 아니었지요. 하지만 나는 그녀를 사랑했고 그녀는 나를 사랑했습니다. 그녀는 아픈 동안 매우 고통에 시달렸습니다. 나는 그녀 곁을 지켰지요. 이것이 내가 이해하는 사랑입니다. 그리고 수술 후 의사가 이후부터 그녀를 여동생처럼 대할 수밖에 없다고 말했을 때, 나는 그것을 받아들였습니다. 나는 마지막 순간까지 그녀를 내 품에서 놓지 않았습니다. 아내가 아픈 십 년 동안 우리는 한 번도 성관계를 가지지 않았습니다. 그녀는 끊임없이 피를 흘렸기 때문입니다." 다스 칼로스는 감정에 복받친 채 말을 이었다.

"하지만 그녀는 나의 사랑과 돌봄을 잃지 않았습니다. 이것이 나에게 사랑이 뜻하는 것입니다. 나는 그녀를 사랑합니다. 나는 그녀와 영적으로 만납니다. 나는 결혼서약을 지켰고 내가 떠나는 날까지 그것을 지킬 것입니다. 그녀는 나에게 자식을 낳아 준 이 생의 동반자였습니다. 내 삶에서 성은 결코 중요한 문제가 아니었습니다. 이것이 사물을 바라보는 나의 관점이고 사랑을 이해하는 나의 개인적 관점입니다. 사랑은 뭔가 힘 있고 위대한 것이지요. 나는 책에서 본 것을 가지고 이야기하는 것이 아닙니다. 그것은 내가 경험하고 내가 살고 있는 방식에 근거한 것입니다. 나 자신은 여성들을 사랑하지 않느냐구요? 많은 여성들을 사랑하지요. 그리고 그들도 나를 사랑합니다. 나는 그들이 어려운 순간에, 아플 때 그들과 함께 있습니다. 그리고 아까 말했듯이 나는 이 여성들을 마치 나의 어머니, 누이, 그리고 딸을 대하듯이 대합니다. 이 여성들을 대할 때 나는 나의 가슴 아래의 어떤 곳에도 관심을 두지 않고, 흥미도 느끼지 않습니다. 처음 보는 여성이 나를 찾아와 자신의 문제를 이야기할 때 나는 그녀의 손을 잡고 '딸아' 하고 부릅니다. 그 순간 내가 하는 말을 그녀는 받아들이고 그녀는 나를 신뢰합니다. 그리고 나는 정말 그녀를 마치 내 딸인 것처럼 느낍니다. 이것이 내가 이해하는 사랑입니다. 어떠한 보상을 바라는 계산도 없이 말입니다. 나에게 가장 큰 보상이란 내가 나 자신을 사랑으로 표현한다는 깨달음과 만족감입니다. 네오피토스, 말해 보세요." 다스칼로스는 감정에 겨워 주인장을 향했다. "삶에서 자신을 사랑으로 표현할 수 있는 기회를 갖는 것보다 더 큰 보상이 있나요? 이보다 더 큰 어떤 만족을 구할 수가 있을까요?"

네오피토스가 낮은 목소리로 천천히 말했다. "당신은 아까 영혼의 자연스러운 표현이라고 했습니다. 하지만 대부분의 사람들은 그렇게 하는 것에 어려움을 느낍니다."

"그들은 자신의 본성인 사랑을 자신이 살고 있는 조건과 계산으로 덮어 버렸습니다. 그 때문에 그들은 불행한 것입니다." 다스칼로스가 힘주어 말했다.

"하지만 저의 질문은, 이 사랑을 어떻게 드러낼 수 있는가 하는 것입니다."

"다시 말하지만, 그것은 올바른 사고를 통해서입니다. 바로 지금 이 순간 내 주변에는 나와 같은 남녀들이 있다는 것을 진정으로 깨닫는 것입니다. 그리고 태양이 나의 얼굴과 다른 모든 사람들의 얼굴을 부드럽게 만져 주듯이, 내 가슴의 태양도 모든 사람들을 만져 주어야 합니다. 태양이 그 온기를 누가 받는지 구별하지 않듯이 내 가슴의 온기 또한 내 길을 스쳐 지나가는 모든 사람들에게 거저 주어야 합니다. 내 안에 지상에 내려오는 모든 인간을 비추는 빛이 있을진대, 나의 사랑을 거저 표현하지 못할 이유가 어디에 있습니까? 그러면 우리는 진정 평화와 고요를 경험할 것입니다. 우리가 원하든 원하지 않든 상관없이 만족을 경험할 것입니다. 사랑 자체인 당신을 말입니다."

"그리고 상대방의 태도나 계산에는 아랑곳하지 않는단 말씀이지요?" 네오피토스가 덧붙였다.

"물론이지요. 우리 아이들조차도 가끔씩 계산을 합니다. 그렇다고 그들에게서 우리의 사랑을 철수해야 하나요? 아니면 그들을 무조건 사랑할 건가요? 사랑해야만 합니다. 그것뿐입니다."

"얼마 전에 나와 가까운 어떤 사람이 나에게 인간적인 가치 기준으로 볼 때 비난과 심지어는 저주까지 퍼부었습니다. 내 제자를 포함해서 많은 사람들이 그를 싫어하기 시작했습니다. 그들은 그가 배은망덕한 바보이고 거짓말쟁이라고 했습니다. 나중에 그는 과거의 행동의 결과로 고통을 겪기 시작했습니다. 그는 나를 찾아올 필요를 느꼈습니다. 그가 말했습니다. '난 부정직하고 나쁜 인간이에요.' 내가 호되게 물었습니다. '계속할 건가?' '당신은 몰라서 그래요.' 그가 말했습니다. '과연 그럴까?' 내가 물었지요. '그렇다면 왜 당신은 따귀를 몇 대 갈기든지 엉덩이를 걷어차지 않으시는 거죠? 아니면 최소한 당신은 저를 용서해줄 힘을 가지고 있나요?' 나는 일어서서 그를 껴안고 입을 맞추었습니다. '용서할 필요가 없네. 난 너를 사랑해.'" 다스칼로스는 부드러운 목소리로 이야기를 이어나갔다.

"그는 울기 시작했어요. 그런데 그가 누구인지 아세요? 내 가장 가까운 제자의 남편이었습니다. 그들은 이혼했어요. 그는 그녀를 늘 때렸지요. 그 전날 그가 나를 찾아와서 내가 커피를 끓여 주었습니다. '난 부정직했어요.' 그가 말했습니다. '쓸데없이 자신을 고문하지 말게. 용서를 빌 필요도 없네.' 내가 말했습니다. 나는 그의 아내에게 남편이 자신에게 한 일에 대한 증오로 자신의 가슴에 독을 퍼뜨리지 말라고 충고했습니다. '그는 그래도 당신 자식들의 아버지요.' 나는 이렇게 말했지요."

"실제로 당신은 그 사람을 용서했군요." 네오피토스가 말했다.

"그것은 용서의 문제가 아닙니다. 나는 그를 사랑합니다."

"좋아요. 하지만 그는 과거의 잘못을 뉘우치는 모습을 보여주었습니다." 네오피토스가 덧붙였다.

"꼭 그렇지만은 않아요. 그가 제 정신으로 돌아올 때, 그때가 그가 정말 고통을 당하는 때입니다. 그는 가슴 깊이 뉘우치지 않았습니다. 그는 계속 어리석은 짓을 하고 다니지요. 그는 끔찍한 짓들을 저질렀습니다. 그는 지금 정부를 만나고 있습니다. 옛날 친구의 전처였지요. 그는 또 이혼당할 이유를 만든 겁니다. 그리고 그는 정부와 함께 온 데를 다니면서 모든 사람을 약올리지요. 그것이 큰 스캔들이 되었습니다. 모두들 화가 났지요. 이것은 비극입니다. 그렇지 않은가요? 나에게 그의 짓은 지극히 인간적인 것입니다. 그는 조만간에 정신이 돌아올 것이고, 자신이 한 행위의 결과를 견뎌 내야만 합니다. 그는 어느 날 마치 나를 약올리려는 듯이 옆자리에 정부를 태운 채 내 집 앞을 지나갔습니다. 나는 화가 나는 대신 웃음이 나왔습니다. '이 바보야.' 나는 혼자서 말했지요."

"왜 화가 나지 않았나요?" 네오피토스가 물었다.

"왜냐하면 나는 그를 사랑했기 때문입니다. 내가 '이 바보야'라고 말했을 때, 그것은 그가 바보처럼 쓸데없이 고통을 겪고 있다는 뜻이었습니다. 내일 그는 나를 찾아와서 아무 일도 없었던 것처럼 나와 커피를 마실지도 모릅니다. 이것이 내가 이해하는 사랑입니다. 계산하고 분별하기 시작하는 순간부터 사실 우리는 사랑하지 않는 것입니다. 우리가 상처받고 상대방이 용서 빌기를 기대하는 순간부터 우리는 사랑하지 않는 것입니다."

"하지만 피해자인 그의 아내는 어떡하구요?" 에밀리가 은근히 항의하듯이 물었다.

"왜 피해자와 가해자라는 식으로 바라보나요? 왜 자신에게 어떤 일이 일어나고 있는지를 모르는, 이성을 잃은 인간으로 바라보지 않나요? 에밀리, 제가 질문을 할게요. 지금 당신은 그의 옛날 아내를 피해자로 생각하고 있습니다. 그렇지요?"

"그렇지 않나요?"

"그리고 또 당신은 남편을 가해자로 생각합니다. 하지만 지금 어느 쪽이 더 많은 고통을 당하고 있으리라고 생각하나요, 그의 전처일까요, 그 자신일까요?" 다스칼로스는 이렇게 묻고는 잠시 말을 멈추었다가 다시 이었다.

"그들의 딸이 결혼할 때가 되었을 때 친척들이 누가 신부를 교회로 데리고 가야 할지를 고민하고 있었습니다. 이혼소송 중에 있는 그가 그 일을 맡는 것이 적절할까 하구요. 그들은 해결책을 짜내기 위해 가족회의를 했습니다. 그들은 나도 참석해서 의견을 말해 달라고 초대했습니다. 나는 그가 아버지이므로 관습대로 그에게 딸을 교회로 데리고 가게 하는 것이 적절하다고 제안했습니다. 모든 사람들이 동의했습니다. 그들은 결혼식 날 신부가 교회로 갈 준비를 하는 동안 함께 커피를 마시자고 그를 불렀습니다. 그가 집 안에 있을 때 나는 무거운 느낌을 가슴에서 느꼈습니다. 싫어함도 아니고 분노도 아니었지요. 그런 것과는 거리가 멀었습니다. 그가 다른 방에 혼자 앉아 있는 것을 보았을 때 나는 큰 고통을 느꼈습니다. 그때 테오파니스가 다른 형제와 함께 파포스에서 왔습니다. 그래서 내가 말했지요. '제발 테오파니, 저 방에 가서 옛날에 그가 우리 서클의 회원이었을 때 그랬던 것처럼 입을 맞춰 주게.' 그가 내게 말했습니다. '다스칼레, 오직 자네를 위해서만 그렇게 하겠네.' '아닐세, 제발, 그렇게 생각하는 것은 좋지 않아. 내가 직접 하지 않는 것은 견딜 수가 없기 때문이라네.' 하기 싫어서가 아니라 할 수가 없을 것 같아서였습니다. 나도 한 인간이거든요." 다스칼로스는 이렇게 변명했다. 그리고 그 광경을 이야기할 때 그의 목소리는 감정에 북받쳐 거의 말을 잇지 못했다.

"그가 그것을 어떻게 받아들였는지는 모르겠지만 우리가 교회로 갈 준비를 하고 있을 때 그는 울면서 피아노에다 머리를 박기 시작했습니다. 나는 그를 진정시키려고 애썼지요. 그러자 그의 아내가 다가가서는 차가운 소리로 말했습니다. '연극 그만하고 울음을 멈추세요. 애가 교회 갈 준비가 됐으니 데리고 갑시다.'"

"에밀리, 이제 말해 보세요. 누가 더 고통을 당하고 있나요? 그인가요, 아내인가요? 왜 그를 가해자라고 부르나요? 왜 그를 자신의 나약함과 어리석음의 피해자라고 부르지는 않나요? 교회에서 식을 올리는 동안 그는 마치 '제가 무엇을 할 수 있나요?' 하고 묻듯이 깊은 슬픔에 잠긴 표정으로 나를 바라보았습니다."

"삶에서 우리는 사람들을 조건 없이 사랑하는 것을 배워야만 합니다. 우리는 심판하지 말아야 합니다. 상처받거나 분개를 느끼지 말아야 합니다. 그저 사랑해야만 합니다. 이것이 내가 이해하는 사랑의 힘입니다. 이 사람이 자신의 나약함의 대가를 톡톡히 치르고 있다고 생각되지 않나요? 그런데도 내가 또 그를 때려야만 할까요? 그가 이미 느끼고 있는 죄책감보다 더 깊은 죄책감을 일깨워 줌이 마땅하다고 생각하나요? 그리고 과연 그가 지금 이 순간 이보다 더 깨달을 만큼 양심이 깨어 있을까요? 그것이 그를 위해서 좋은 일일까요?"

　다스칼로스는 사랑과 올바른 사고에 대한 이야기를 이렇게 마무리하고는 다른 날 저녁에 다시 이야기를 계속하자고 했다. 벌써 자정이 가까워지고 있었다. 우리는 네오피토스와 카테리나의 초대와 다스칼로스의 가르침에 감사를 표하고 한 사람씩 아파트를 떠났다. 모두들 이타적인 사랑의 의미에 관한 다스칼로스의 영감에 찬 이야기에 고양된 표정이었다. 야니스는 우리를 반대 방향으로 끌어당기는 일상생활의 쳇바퀴 때문에라도 이런 이야기는 자주 들을 필요가 있겠다고 중얼거렸다.

11
Dreams and Fantasies

꿈과 판타지

"높은 경지의 스승들은 늘 존재의 모든 차원계 속에서
의식이 깨어 있는 채 있다네.
그러니까 꿈이란 비현실적인 것이 아니라네.
사실 거친 물질계를 포함한 모든 차원계에서의 경험은
꿈의 일종이라네. 사람들이
'현실'이라고 부르는 그것은 어디에도
존재하지 않아. 모든 것이 꿈이지."

나는 다스칼로스의 세계를 조사하기 위한 연구 방법으로 다스칼로스 자신의 언어와 신념을 차용하리라는 전제하에 몇 년 전부터 다스칼로스와 함께 작업을 시작했다. 그러나 연구를 해나가는 과정에서 나는 사회학자라는 내 직업이 요구하는 객관성과 냉철함을 유지할 수 있었는지를 스스로 자주 물어 보게 되었다. 솔직히 말하자면, 내가 사실은 사회학자라는 외투를 잠시 걸치고 있는 신비주의자인지, 아니면 연구 과제를 다루기 위해 잠시 신비주의자의 역할을 하고 있는 사회학자인지를 스스로 의문하게 될 때가 종종 있었다. 다스칼로스와 가까워져 갈수록 처음에 가졌던 회의적인 태도로 저만큼 떨어져서 객관적으로 바라보는 관찰자의 자세가 점점 더 흔들리고 있었음을 고백한다. 나는 종종 경험적 과학이 폭좁게 이해하고 있는 객관성이라는 것이 사실은 실재를 더 뚜렷이, 더 깊게 이해하지 못하도록 시야를 가로막는 벽이 아닐까 하는 의문을 가져 보았다.

나로서는 개인적인 경험 외에는 다스칼로스가 말하는 세계의 신빙성을 판단할 길이 없다. 우리 행성의 진화를 굽어보며 보살피고 있는 고차원의 지성체가 존재하는지, 혹은 다스칼로스가 오리겐과 스피로돈 등과 같은 인물들의 환생인지를 판단할 길이 없다. 반면에 내가 목격한 기적적인 영혼 치유 과정들의 신빙성을 의심만 할 수 없는 놀라운 사건들을 무시할 수도 없다. 그보다도 더 중요한 것은 다스칼로스와 가까워진 후로 나의 꿈속 경험이 너무나 달라져서, 아내 에밀리에게 내가 한 사람의 사회학자로서 남아 있으려고 낮 동안에 아무리 애를 써도 밤만 되면 어느새 신비가로 변해 버린다고 하소연한 적도 있다.

한번은 꿈속에서 악마와 마주친 적이 있었다. 그는 붉은 눈과 초록색 혓바닥, 뿔을 가진 암흑의 존재였다. 나는 겁에 질렸다. 바로 그 때 다스칼로스의 가르침이 마음속에 떠올랐다. 나는 사념으로써 흰색 십자가를 만들어 내었다. 그리고 그것을 악마의 눈앞에 내밀고는 숨 가쁘게 외쳤다. '신께서 구원하신다. 예수 그리스도께서 구원하신다.' 그것은 나를 키워 주신 이모께서 어린 나를 목욕을 시킬 때 머리 위에 물을 부으면서 늘 하시던 말씀이었다. (어쩌면 내가 꿈속에서 어린 시절로 '퇴행'했던 것일까?) 이렇게 말하는 순간 악마의 얼굴은 녹아내리듯이 사라졌다. 나는 사탄을 물리친 나의 승리에 의기양양한 기분을 느끼면서 깨어났다. 내가 이것을 다스칼로스에게 이야기하자 그는 예의 웃음을 터뜨리면서, 사탄의 염체를 물리치기 위해서 내가 할 일은 단지 '물러가라'고 명령하기만 하면 되었을 거라고 했다.

어느 날 밤에는 내가 아들 콘스탄틴이 짓궂게 장난을 치는 데에 화가 났다. 그는 잠도 자지 않고 우리를 괴롭혔다. 나는 그날 밤 끔찍한 악몽을 꾸었다. 고래의 모습을 한 거대한 괴물이 잠자고 있는 아들을 덮치려고 하는 것이었다. 괴물이 콘스탄틴을 막 덮치는 순간, 비명 소리에 잠을 깼다. 우리는 아이에게 어떤 일이 있었는지 모른 채 황급히 그를 진정시켰다. 아이에게 전에는 결코 그런 일이 없었다. 아들은 매우 흥분된 상태였다. 나는 죄책감을 느끼면서, 내가 화가 나서 어떤 알 수 없는 방법을 통해 괴물을 만들어 내어 그를 공격하게 했을지도 모르겠다고 생각했다. 어쩌면 그도 같은 꿈을 꾸었을지도 모른다고 생각했다. 한편 좀더 전통적인 해석을 하자면 그가 비명을 지르기 시작하자 그 순간 내가 괴물의 꿈을 만들어 내고는 깨어났을 수도 있다. 하지만 나의 경험은 그와는 다른 해석을 내리게 하였다. 다스칼로스는 내가 괴물을 만들어 내었을 리가 없다고 확언했다. 그보다는 우리와 함께 심령계를 떠도는 괴물의 염체를 '낚아서' 그런 꿈을 꾸었다는 것이다.

하지만 다스칼로스를 만난 이후로 지금까지 꾸었던 가장 매혹적이고 비범한 꿈들은 다음과 같다.

나는 남미 어딘가의 부둣가를 걷고 있었다. 나는 막다른 골목으로 접어들었다. 길의 끝에는 문이 하나 달린 높은 담이 있었다. 나는 서슴없이 그 문을 열고 좁은 복도 안으로 들어갔다. 그 순간에 나는 내가 꿈속에 있다는 사실을 인식하게 되었다. 야코보스가 나중에 말하기로는 문은 심령계로 들어가는 입구를 상징한다는 것이었다. 나는 몹시 흥분되었다. 숨이 거칠어지고 심장이 빠르게 뛰었다. 그것은 지극히 강렬한 체험이었다. 내 몸속의 세포 하나하나가 살아 있는 느낌을 느꼈다. 나는 이것이 '다스칼로스가 말하는 유체이탈일까' 하고 생각했다. 나는 내가 어디에 있는지를 알아내려고 애쓰면서 천천히 걸었다. 복도는 붉은 페인트로 칠해져 있고, 분홍색 불빛이 희미하게 비치고 있었다. 눈앞 가까운 곳에서부터 복도 양쪽으로 몇 개의 문이 나란히 나 있었다. 반라의 여자들이 실내복을 열어젖힌 채 그 문들을 들락거리는 모습이 또렷이 보였다. '젠장,' 나는 웃음을 터뜨렸다. '그 많은 곳 중에서도 하필이면 심령계의 사창가로 왔군. 프로이드가 뭐라고 했을지 궁금하군.' 문 앞에 서 있던 소녀 중의 하나가 나를 보고는 손을 흔들며 따라오라고 했다. 나는 그녀의 방으로 들어갔고 그녀는 몇 개 걸치지도 않는 옷을 벗기 시작했다. 그녀는 나를 기다리며 서 있었다. 그러나 내가 심령계에 와 있다는 사실에 대한 흥분이 너무나 압도적으로 밀려와서 다른 모든 욕망과 흥미를 흔적도 없이 뒤덮어 버렸다. 그녀는 매우 아름다운 몸매였지만 표정은 창백하고 슬퍼 보였다. 내가 입을 열었다. '당신은 자신이 죽었다는 사실을 알고 있나요?' 그녀는 괴로운 표정을 하면서 얼굴을 가렸다. 나는 그녀에게 심령계의 성질에 대해서, 그리고 사람은 심령계에서 자신만의 환경을 창조해 낼 수 있는 힘을 가지고 있다는 사실에 대해 설명하기 시작했다. 나는 시간이 한정되어 있고 언제 깨어날지 모른다는 것을 너무나 또렷이 인식하고 있었기 때문에 조금 급박했다. 나는 옷을 입은 채로 방 한가운데 서서 혼자말을 하고 있었고 그녀는 침대에 모로 누운 채 벽을 바라보고 있었다. 나는 내 연설이 그녀를 괴롭히고 있는 게 틀림없다고 생각했다. 그때 갑자기 턱수염 난 거인이 방안으로 들어오려고 하는 인기척을 느꼈다. 나는 그가 창녀를 찾아다니고 있다고 생각했다. '그를 어떻게 보내 버릴 수 있을까?' 하고 생각했다. 나는 내가 옷을 입고 있고 그녀와 자고 싶은 의사가 없기 때문에 그가 들어오고 싶어할 것임을 알았다. '다스칼로스가 4차원계에서는 어떤 것에 의식적으로 마음을 집중하면 그것이 실제로 일어난다고 가르쳐 줬었지. 내가 문 앞에 벗은 채로 나타나야겠다. 그러면 그는 갈 거야.' 나는 스스로 이렇게 말했다. 이런 생각이 마음속을 스치는 순간 나는 내가 옷을 홀랑 벗은 채 거인 앞에 서있는 것을 발견했다. 그러자 그는 '죄송합니다' 하고는 다른 방으로 가버렸다. 나는 몸을 돌려 소녀에게로 다가가서 그녀에게는 별로 흥미가 없어 보이는 연설을 다시 시작했다. 내가 그것을 그렇게 고집한 것은 그녀가 '깨달음'을 얻어서 사창가의 인생인 자신의 비참한 생활로부터 빠져나오도록 도와줄 수 있는 시간이 얼마 없다고 느꼈기 때문이다.

 그러다가 갑자기 잠을 깼다. 나의 심장은 얼마 후까지도 계속 빠르게 박동했다. 꿈에서 깨어나자 상실감과 실망감이 몰려왔다. 어째서인지 당시에는 꿈속의 경험이 깨어나서 돌아온 세계의 경험보다도 더 생생하게 느껴졌다.

또 한번은 내가 아는 사람들이 걸어다니고 있는 거리 위를 날아다니고 있었다. 나는 역시 꿈을 꾸고 있다는 것을 또렷이 인식하고 있었고 사람들에게 이곳은 심령계이기 때문에 걸어다닐 필요가 없고 날아다니는 것이 훨씬 더 편하다는 사실을 알려 주고 있었다. 나는 그 사실을 멋진 곡예비행으로써 시범보여 주었다. 그러다가 문을 하나 발견하고는 그 너머에 무엇이 있는지를 알아보기 위해서 그것을 열어 보기로 했다. '잠깐, 이건 심령계에 대해 다스칼로스가 말했던 내용을 시험해 볼 수 있는 좋은 기회로군.' 나는 이렇게 생각했다. 그는 심령계에서는 물체가 실질적인 장애물이 될 수 없으며, 마음만 먹으면 그것을 통과해서 지나갈 수 있다고 몇 번이나 가르쳤었다. 나는 눈을 감고는 겁에 질린 채 벽을 향해 돌진했다. 몇 초 동안 나는 공포에 휩싸였다. 나는 뭔가 끔찍한 일이 나에게 일어난 것이 틀림없다고 느꼈다. 어쩌면 몸으로 돌아갈 수 없을 것인지도 모른다. 짙고 밝은 흰색의 안개 외에는 눈앞에 아무 것도 보이지 않았다. 그러다 갑자기 안개가 걷히기 시작하더니 나는 레몬과 오렌지 나무가 서 있는 전형적인 키프로스의 정원에 있는 자신을 발견했다. 정원을 둘러싸고 있는 담은 눈부시게 희었다. 화창한 낮이어서 나뭇잎 사이로 푸른 하늘이 보였다. 정원의 한쪽 양지바른 곳에는 한 쌍의 노인이 앉아 있었다. 남자는 회색 바지와 흰색 셔츠를 입고 있었다. 그의 머리는 회색이었고 긴 콧수염이 자랑스러운 듯했다. 여자는 그리스의 전형적인 할머니들이 입고 있는 것과 같은 검은 옷을 입고 있었다. 나는 자신을 소개하고 나서 그들이 자신의 상태를 인식하고 있는지를 알아내기 위해 질문을 던지기 시작했다. '또 시작이군.' 나는 스스로 이렇게 생각하고는 웃음을 터뜨렸다. '나는 심령계에 와서까지 연구를 하고 있어.' 이 생각이 마음속에 스치는 순간, 나는 아쉽게도 몸으로 돌아와 있는 자신을 발견했다.

또 다른 한 꿈속에서 나는 화창한 낮에 내가 자랐던 마을의 거리를 행복하게 걷고 있었다. 나는 내가 '몸을 빠져나와' 있는 것을 완전히 의식하고 있었고 기분이 상쾌했다. '나는 원한다면 언제든지 돌아갈 수 있어. 그것을 증명하기 위해 깨어나겠어' 하고 생각했다. 그 생각이 미처 끝나기도 전에 나는 깨어났다. 그리고 나 자신이 그렇게 한 것에 화가 났다.

이와 비슷한 종류의 또 다른 꿈을 우리 가족이 막 키프로스를 떠날 준비를 하고 있던 시기에 꾸었다. 나는 대학교 도서관에 있었다. 학생들이 공부를 하고 있는 모습을 또렷이 볼 수 있었다. 그것은 낯익은 광경이었다. 그런데 다음 순간 놀랍게도 죽었다고 생각했던 사람과 눈앞에서 마주쳤다. 그때서야 나는 내가 심령계에 들어와 있다는 것을 깨달았다. 그리고 그 사람이 이전에 살던 곳의 이웃이었기 때문에 더욱 더 놀랐다. 그는 우리 아버지와 함께 커피를 마시다가 심장마비로 돌아가셨다. 어릴 때 나는 그의 아들과 함께 놀곤 했지만 그 외에는 거의 접촉이 없었다. 꿈속에서 그는 매우 젊은 20대 초반의 얼굴이었다. 나는 그를 노인일 때 알았었는데 말이다. 젊었을 때의 모습을 내가 알 길이 없는데도 그를 알아볼 수 있다는 사실이 신기했다. 그는 나에게 웃음을 지어보이면서 나에게서 멀어져갔다. '잠깐만, 기다리세요.' 나는 소리쳤다. '할말이 있어요. 당신에게 물어 보고 싶은 것들이 많아요. 당신이 사는 세계에 대해서요. 저에게 많은 것을 가르쳐 주실 수 있어요. 그 많은 사람들 중에서 제가 왜 당신을 만난 거죠?' '우리는 리드에서 룸메이트였어.' 그는 나에게서 멀어져 가면서 이렇게 대답했다. 그때는 그의 말이 무슨 뜻인지를 몰랐다. 나중에 나는 영국의 리드 시에 대학교가 있다는 사실을 알게 되었다. 나는 그를 따라가서 붙잡고 싶었지만 뭔가가 나를 끌어당기는 것을 느꼈다. 나는 숨을 가쁘게 몰아쉬고 있었다. '잠깐만, 왜 이런 문제가 생기지?' 하고 나는 생각했다. '다스칼로스는 심령계에 있게 되면 마음으로써 말 그대로 자기만의 현실을 창조할 수가 있다고 말했었지.' 그러자 지난번 꿈에서 내가 어떻게 했는지에 대한 기억이 떠올랐다. 현재의 꿈속에서 지난번 꿈에 대해 생각할 수 있다는 사실이 너무나 신기했다. '나는 아무런 어려움 없이 똑바로 걸어가겠다.' 나는 이렇게 스스로 다짐했다. 이 생각이 마음속을 스치는 순간 나는 아무런 어려움도 없이 걸으면서 정상적으로 숨을 쉬기 시작했다. 하지만 나는 따라가려고 했던 사람을 놓쳐 버렸다. 그래서 나는 도서관을 돌아다니다가 한 문 앞에 당도했다. 그 문을 열고 들어가자 작은 원형 극장이 있었다. 학생들이 영화를 보려 하고 있었다. '심령계에서 영화를 보면서 시간을 낭비하는 것은 정말 하고 싶은 일이 아니야. 시간이 없으니까 서둘러야 해' 하고 나는 생각했다. 나는 내가 곧 깨어나리라는 것을 알고 있었기 때문에 얼른 사람들을 만나서, 죽으면 느낌이 어떤지를 물어보고 싶었다. 불이 꺼지고 영화는 시작되었다. 극장을 떠나려고 하다가 맨 마지막 줄에 이상하게 생긴 남자가 앉아 있는 것을 발견했다. 그의 오른쪽 어깨 위에는 무섭게 생긴 까마귀와 비슷한 커다란 검은 새가 앉아있었다. 나는 생각했다. '저것은 진짜

일까, 아니면 내가 스스로 만들어 낸 것일까?' '형씨, 무슨 말도 안 되는 소리를 하고 있는 거요? 당신은 우리가 존재하지 않는다고 하는데, 당신, 바보요?' 새를 어깨에 앉히고 있는 사내가 나에게 말했다. 사실 나는 그에게 한 마디도 하지 않았는데 그는 나의 생각을 포착하고 있다는 느낌을 받았다. '친구, 당신이 어디에 있는지를 설명해 준다는 것은 나에겐 시간 낭비일 뿐이요. 게다가 나는 몇 분 내로 깨어나야 하는데 그건 몇 시간이 걸릴 테니.' 나는 혼자말로 중얼거리면서 극장 밖으로 나갔다. 나는 돌아다니면서 심령계에서 살고 있다고 생각되는 사람들을 만나 인터뷰를 벌이고 싶을 뿐이었다. 나를 노려보고 있는 한 소녀에게로 다가갔다. 나는 자신을 소개하고 손을 내밀어 악수를 청했다. 그러자 소녀는 겁에 질린 표정으로 손을 뒤로 뺐다. '당신은 우리 세계의 사람이 아니군요.' 그녀는 공포에 질린 채 말했다. '두려워하지 말아요, 아가씨.' 나는 그녀를 진정시키려고 애쓰면서 부드러운 소리로 말했다. '당신을 해치려는 게 아니에요.' 그러는 동안에 몇몇 다른 사람들이 몰려들어 내가 누구인지 알고 싶은 호기심으로 두리번거렸다. 그 순간 나는 잠을 깼다. 나는 정신이 얼떨떨한 채로 침대에 앉았다. 심장은 아직도 빠르게 뛰고 있었고 온몸이 땀에 흠뻑 젖어 있는 것을 발견했다.

위에 묘사한 꿈들과 그 후의 다른 꿈들은 그것을 경험했던 그날 밤만큼이나 생생히 내 기억 속에 들어 있다. 비록 내용은 달라도 이 꿈들의 성질과 특징은 본질적으로 동일하다. 나는 유사하다고 생각되는 점들을 요약해 보았다.
먼저, 그것들은 심리학자 매슬로우(Maslow)의 용어를 빌자면 '극치 체험(peak experience)'이었다. 대체로 그 꿈들은 매우 즐거웠고 여태까지 꾸었던 다른 어떤 꿈과도 판이하게 달랐다. 경험 자체의 성질 때문인지, 혹은 새롭고 신기한 느낌 때문인지는 몰라도 이 모든 꿈속에서는 심장박동수가 올라가고 숨이 가빠졌다. 마치 얼굴에 산소 마스크가 씌워져 있는 듯한 느낌을 느꼈다.

둘째, 네 가지 꿈속에서 모두 나는 내가 꿈을 꾸고 있다는 사실을 너무나 잘 인식하고 있었다. 나는 꿈의 상태와 깨어 있는 의식상태 간의 차이를 또렷이 알고 있었다. 이 모든 꿈속에서 나는 생각을 하고, 또 내가 생각을 하고 있다는 사실을 의식하고 있었을 뿐만 아니라 꿈속에서 나의 경험을 스스로 이끌어갈 수 있었다. 생각과 심령계의 성질에 관한 다스칼로스의 가르침을 마음속에 상기시킴으로써 그렇게 할 수가 있었다. 첫번째의 꿈을 경험하고 나서는 그 꿈속의 경험에 대한 기억을 그 다음의 꿈속으로 가져올 수도 있었다. 이런 점에서 앞선 꿈속의 경험은 다소간 그 뒤의 꿈들의 일부를 조절했다.

셋째, 네 가지 꿈에서 모두, 내가 들어선 세계가 어쩐 일인지 깨어 있는 상태보다 더 생생하다는 강한 인상을 받았다. 내 몸의 모든 세포가 살아 있는 느낌이었다. 그러므로 꿈의 상태를 가능한 한 오래 유지하고 싶은 욕망이 일었다. 하지만 꿈의 상태 속에 영원히 남아 있고 싶은 생각은 없었다. 거기에 한정 없이 남아 있고 싶은 생각은 추호도 없었다. 언젠가 그 생각이 마음에 떠올랐을 때 나는 공포에 사로잡혔다. 내 삶에서 가까웠던 사람들을 보자 그들이 심령계에서 사는 모습이 아무리 즐겁게 보일지라도 거기에 더 오래 안주해 살고 싶은 욕망이 사라져 버렸다. 나의 욕심은 어디까지나 더 많은 경험을 모아서 그것을 깨어 있는 상태로 가져갈 수 있을 만큼만 오래 머물러 있는 것이었다. 하지만 돌아오는 길은 언제나 실망을 안겨 주었다. 비교해 보면 깨어 있는 상태는 꿈속의 강렬한 체험만큼 그런 생생한 느낌이 없었다.

넷째, 나의 기억이 정확하다는 데에는 의심의 여지가 없었다. 경험이 너무나 생생해서 그것을 매우 또렷이 기억해 내는 데에 아무런 어려움이 없었다.

마지막으로, 그런 상태에 마음대로 들어갈 수 있다고 주장하는 다스칼로스나 그의 가까운 측근들과는 달리 나의 꿈은 완전히 무계획적이고 예상치 못했던 것이다. 내가 만약에 마음대로 그런 상태에 들어갈 수 있었다면 그 세계를 더 현실적이라고, 최소한 이 세계만큼은 현실적이라고 생각하고 싶은 유혹에 견딜 수 없었을 것이다. 하지만 아쉽게도 나의 의식은 삼차원 세계에 절망적으로 묶여 있어서 나는 의심 많은 도마의 역할을 연출하지 않을 수가, 혹은 연출하는 척하지 않을 수가 없었다.

마지막 꿈을 경험한 직후에 나는 에밀리와 함께 다스칼로스의 집에서 저녁시간을 함께 보내면서 꿈의 성질에 관해 자유분방한 대화를 나눌 수 있었다. 그것은 1986년 가을학기의 강의를 위해 메인 주로 돌아가기 전에 우리가 거의 마지막으로 만난 자리였다.

내가 마지막 꿈을 다스칼로스에게 이야기하고 나자 그는 재밌어하며 웃었다. "자네는 걸음마를 배우는 어린아이와 같아. 한 걸음 내딛고는 흥분해서 좋아하는 아이 말일세. 언젠가는 자네도 원하는 어떤 세계에든지 자신을 동조시켜서 그 세계에 사는 존재를 마음대로 택해서 만날 수 있게 될 걸세. 그러면 자네는 바로 지금 나와 이렇게 대화하듯이 그들과도 똑같이 대화할 수 있게 될 걸세. 그때는 자네도 모든 차원계란 같은 집의 각기 다른 방이라는 것을 깨달을 테지. 자네가 경험한 것은 단지 꿈이 아니라네. 그것을 물리적 경험이라고 부르지 못할 이유가 뭔가? 자네는 심령계의 한 부차원에 들어간 것이고 어떤 경험을 한 것일세. 하지만 그 경험은 자네가 원하는 방식대로 각인되었을 뿐이네. 그건 자네가 지어 낸 것이란 말일세. 자네는 거기에다 자네 멋대로 차례를 정한 것일세. 틀림없이 자네는 그 경험을 몇 부분으로 나눠서는 자네가 원하는 대로 짜맞춘 것이라네."

"제가 만난 사람들이 실제인물들이 아니라 제가 지어낸 환상이란 말씀인가요?"

"그들은 실제 인물이라네. 하지만 그것을 자네가 머릿속에 집어넣은 방식은 자네의 작품이란 말일세. 이건 초보자에게 흔히 일어나는 일이지. 자네가 경험한 것은 상대방도 경험했다네. 그것은 진짜 경험이지만 제대로 기억된 것이 아니란 말일세."

"왜 그것이 제대로 기억되지 않았을까요?" 내가 의아해서 물었다.

"방금 말했네. 자네는 초보자이기 때문일세. 초보자들은 대개 사건들을 제멋대로 마구 뒤섞어 놓는다네. 훈련을 열심히 한다면 자네도 그것을 더 올바로 기억하고 마음먹은 대로 그런 경험을 할 수 있게 될 걸세. 어쨌든 이런 한정된 경험조차도 자네에겐 다른 차원계들의 실재성에 대한 확신감을 줬을 거야."

나는 이 꿈들을 꾸는 동안 다스칼로스가 늘 말하던 다른 차원 세계의 실재성에 대한 확신의 느낌을 가질 수 있었다는 것을 시인했다. 하지만 내가 '몸으로 돌아왔을' 때는 3차원 세계의 무게가 나의 '의심 많은 도마'의 회의주의를 다시 일깨워 놓았다. 그럼에도 이 꿈들의 강렬한 내용은 너무나도 또렷하고 생생하게 마음속에 살아 있었다.

내가 꿈을 꾼 방식이나 꿈을 꾸는 동안 혼자서 했던 생각과 말들의 성격을 들여다보면 그것은 아무래도 내가 다스칼로스의 가르침을 접하지 않았다면 일어날 수 없는 일이었다. 내가 다스칼로스를 만나지 않았어도 그와 같은 꿈을 경험할 수 있을지 나는 자주 의문을 품어보았다.

다스칼로스는 꿈속의 인물들이 거의 틀림없이 실제 인물이었으리라고 설명했다. 그의 말로는 심령계에 사는 존재를 만날 때 그들의 모습은 언제나 젊다고 했다. 늙은 사람이 죽으면 그는 젊은 모습을 띠게 된다. 늙었을 때의 모습만을 봤던 아버지의 친구를 알아보았다는 사실은 실제 인물을 만났다는 증거였다. 그가 나에게서 멀어져간 것은 내가 그에게 충분히 마음을 동조시키지 못했기 때문이라고 다스칼로스는 설명했다. 내가 손을 내밀자 두려워하던 소녀의 경우에는 물질계에 대한 갈망이 성급하게 일깨워져서 그녀의 예민한 곳을 건드렸기 때문일 수 있다는 것이다.

나의 심령계 체험의 실재성을 증거하는 또 하나의 단서는 내가 스스로 꿈속의 경험을 이끌어갈 수 있었던 능력이었다. 진리의 탐구자는 결국 사람들이 꿈이라고 부르는 그 속에서 완전히 깨어서 사는 방법을 배우게 될 것이라고 다스칼로스는 말했다.

"높은 경지의 스승들은 늘 존재의 모든 차원계 속에 의식이 깨어 있는 채 살고 있다네. 그러니까 꿈이란 비현실적인 것이 아니라네. 사실 거친 물질계를 포함한 모든 차원계에서의 경험은 꿈의 일종이라네. 사람들이 '현실'이라고 부르는 그것은 어디에도 존재하지 않아. 모든 것이 꿈이지."

"꿈의 본질을 이해하기 위해서는 판타지의 성질과 인간의 잠재의식이 형성되는 방식을 살펴봐야만 하네. 전에 자네에게 설명했지만 자아를 의식하는 현재인격은 전생과 현생을 통틀어 끊임없이 염체를 투사하고 있다네. 이 염체들의 총합이 현재의 인격일세. 사람이 태어날 때 그는 새로운 인격을 만들어 낼 재료를 전생들로부터 가져온다네. 이것은 전생으로부터 특정한 인상이나 시시콜콜한 내용이나 생활 방식 등에 관련된 염체를 가져온다는 뜻이 아니라 경험, 혹은 성격과 기질의 총합물을 가져온다는 뜻이라네."

"우리의 잠재의식 속에는 무수히 많은 염체들이 잠든 상태로 남아 있다네. 하지만 그것은 어떤 순간에든 자극받아 활동할 태세가 되어 있지. 우리의 잠재의식 속에는 무수한 염체들의 마이크로필름이 있고 그 하나하나는 그것을 만들어 낸 에너지와 힘의 속성을 담고 있다네. 각자의 잠재의식 위에 각인되는 것은 그 염체가 만들어지게 자극한 이미지나 사건의 시시콜콜한 내용이 아니라 그것의 에너지 속성일세. 새로 환생했을 때 적절한 환경이 주어지면 이 염체의 에너지가 자극되어 그에 상응하는 심령이지적 이미지를 만들어 내는 것이지. 우리가 그 마음속에 있는 염체와 관련된 어떤 것에 끌릴 때 그 염체는 활동을 시작하여 의식의 표면에 떠오른다네. 이 염체들을 활동시키는 것은 우리의 의식이 모아지는 초점이라네. 그러면 판타지가 전개되는 것이지. 음악을 감상하고 있는 사람을 예로 들어 보세. 그의 마음속에는 이 음악과 관련된 많은 염체들이 있다고 가정하자고. 소리의 울림이 마음속에 그 음악과 관련된 경험을 준 먼 나라로의 여행의 기억을 떠오르게 할 수도 있을 거고, 또 그 음악과는 전혀 상관없는 다른 기억을 떠오르게 할 수도 있겠지."

"판타지가 전개되기 시작할 때 처음에는 상상하기조차 힘든 세계로

끌려갈 수도 있다네. 판타지의 동기는 뭐냐고 자네는 묻겠지? 대개는 쾌락이라네."

"불쾌한 판타지는 어떻습니까?" 내가 끼어들었다.

"악몽과 같은 판타지를 경험할 수도 있지. 어떤 사람이 사고를 목격하면 그것은 마음속에서 자신이 과거에 겪었던 비슷한 경험의 기억을 떠오르게 할 수도 있지. 그러면 그의 마음속에 비슷한 사고가 자신의 가족에게도 일어날 수 있으리라는 두려움이 엄습해올 걸세. 이 경우 판타지는 공포스러운 마음상태가 되는 것이지. 판타지는 각자의 마음속에 분노, 혼돈, 기타 등등의 모든 기본적인 감정들을 불러일으킬 수 있다네. 진리의 탐구자들은 이런 감정들을 인식하고 그것을 자기분석을 통해 뿌리뽑도록 노력해야 한다네."

"사람들의 판타지가 종종 물질계에 존재하지 않는 해롭고 비합리적인 염체도 만들어 낸다네. 고대인들은 페가수스나 켈베루스 등과 같은 환상 속의 괴물들을 많이 만들어 내었지. 인간은 자신의 잠재의식 속에 이미 존재하지 않는 것은 결코 만들어 낼 수가 없다네. 예컨대 페가수스가 그렇지. 누구나 말을 본 적이 있고 불과 흰색과 날개를 알고 있지. 이 네 가지를 갖다 붙이면 코에서 불을 뿜으면서 나는 흰 말이 되는 거야. 다른 예를 들어 볼까? 뱀과 개와 불과 이빨은 이미 있는 것일세. 인간은 이것을 섞어서 켈베루스를 만든 것이라네. 이런 것들은 심령이지계 속의 염체로서 밖에 존재하지 않는다네. 로크호 (Loch 湖)의 네스와 같은 신비에 가려진 괴물은 집단적 판타지가 만들어낸 염체로서 그것이 너무나 강력하다 보니 그 부근에 전기 에너지가 충전되어 있을 때는 물질적 형체를 취하게 되는 것이라네. 반물질화되는 셈이지. 인간들은 환상 속에서 이와 같은 악몽 속의 염체들을 무수히 만들어 내었지. 존재한 적이 없는 악마, 악령, 타르가 끓고 있는 지옥과 괴물들을 말일세. 하지만 그것들은 심령이지계 안에서 염체로서 존재한다네."

"이제 묻겠네. 우리는 판타지 속에서나 창조적인 생각을 통해서나 심상, 혹은 염체를 만들어 내는데 이 둘 간의 다른 점은 무엇일까? 판타지에서는 우리의 의지는 거의 아무런 역할도 하지 못한다네. 마음을 집중하여 스스로 지어내고 있는 마음속의 이미지를 지배하지 못하지. 자기가 만들어 내고 있는 대상에 흐트러짐 없이 집중을 하지 못하는 것일세. 판타지 속에서 마음은 특정한 목적도 없이 한 경험에서 다른 경험으로 제멋대로 건너뛰어 다닌다네. 판타지 속에 있을 때는 아주 미세한 흐트러짐조차 소위 사람들이 말하는 현실 속으로 우리를 되돌려 놓는다네."

"반면에 창조적 사고는 목적을 가지고 있지. 우리가 하는 이지적 심상을 만들어 내는 연습이 집중력을 길러 준다네. 예를 들자면 나는 학생들에게 눈을 감고 손에 오렌지를 들고 있는 심상을 그려 보라고 하지. 그 오렌지 껍질에 흠을 내어 그 냄새를 맡을 수도 있다네. 그것을 외부와 내부로부터 아주 자세히 관찰할 수도 있지. 우리는 이 오렌지에다 실제 오렌지보다 훨씬 더 마음을 집중시킬 수도 있다네. 심지어 그것을 잘라서 먹고, 그것의 영양분을 섭취할 수도 있지. 능력있는 스승이라면 그는 이 오렌지를 누구나 먹을 수 있는 진짜 오렌지를 물현시키기 위한 모태로서 사용할 수 있다네. 하지만 판타지 속에서는 이런 재주를 부릴 수가 없다네. 우리가 영혼의 치유를 가능케 하는 것은 판타지를 통해서가 아니라 오직 집중과 창조적 사고를 통해서일세."

다스칼로스는 판타지와 창조적 사고의 차이점을 계속 설명하면서, 많은 영매들이 판타지의 함정에 빠져서는 실제로 존재하지 않는 것들을 '보게' 된다고 설명했다. 예컨대 그 영매가 어떤 물체와 관련된 전쟁 장면을 본다면, 그는 자신이 보는 것에 주관을 개입시키지 않고 자세히 관찰해야만 한다. 사이코메트리에서는 자신의 인식에 판타지가 끼어들기 쉽다. 영매는 흔히 판타지의 함정에 빠져서 실제로 있는 것을 그대로 보는 것이 아니라 자기가 보고 싶은 것을 보게 된다. 그들이 보는 내용 자체는 진실하나 그것이 판타지인지 실제인지를 스스로 구별해 내지 못하는 것이다.

"자신의 환상이 일상적인 현상에 대한 인식조차도 얼마나 쉽게 왜곡시켜 놓을 수 있는지를 깨닫는다면 신비 능력이 얼마나 어려운 것인지를 인정할 수 있다네. 몇 사람이 텔레비전을 보고 있는데 그들에게 각자 자기가 본 것을 설명해 보라고 한다면 틀림없이 그들은 대부분 그 내용을 자신의 환상으로 채색해 놓을 것일세. 그렇다면 과거를 정확하게 본다는 것은 이보다 얼마나 더 어려운 일인지를 상상할 수 있겠나? 이 때문에 신비 능력을 기르는 데에 집중 훈련이 그토록 중요한 것이라네."

"판타지에 빠지는 것이 현재인격에 어떤 위험이 되나요?"

"정신병원 신세를 지는 대부분의 사람들이 판타지의 희생자들이지. 그러므로 스승은 제자들의 훈련, 즉 심령이지적 심상을 만들어 내는 작업이 판타지에 의한 것이 아니라 창조적 사고의 산물이 되도록 세심히 주의를 기울여야만 한다네. 그것이 판타지에 의한 것인 경우, 스승은 반드시 제자를 제지하여 그런 위험한 길에 더이상 빠져들지 않도록 해야만 한다네."

창조적 사고와 판타지의 차이에 대해 좀더 설명을 들은 후에 우리는 반 시간 정도 휴식을 가졌다. 다스칼로스는 이웃 어느 집인가에 놀러간 손자의 안부를 염려하고 있었다. 그는 길가로 나가서 마리오스를 몇 번 소리쳐 불렀다. 아이는 마침내 이웃집의 오렌지 나무 밑에서 뛰어나왔다. 손에는 다스칼로스의 제자가 선물로 준 메추라기를 들고 있었다. 그는 마리오스가 새를 새장에서 꺼내온 것을 부드럽게 나무랐다. 그리고는 아이의 금발 머리를 쓰다듬으면서 다시 우리의 이야기로 돌아왔다.

"판타지는 꿈과 어떤 관련이 있나요?" 자리를 잡고 앉은 후에 내가 물었다. "판타지는 현재인격의 불완전성이라네. 우리 모두는 어느 정도 이 병폐의 희생자이고, 그로부터 벗어나기 위해서는 많은 노력이 필요하다네. 우리는 판타지를 통해서도 집중과 창조적 사고를 통해서도 잠재의식에 심상을 각인시킬 수 있네. 우리의 관심과 생각이 정처없이 헤매고 있을 때는 판타지의 마법 속에 빠져 있는 것이고, 잠재의식에 무엇을 각인시킬 것인지를 의식적으로 결정하고 있을 때는 창조적 사고의 힘 안에 있는 것일세. 일상생활 속에서 예를 들어 보겠네. 우리가 여행을 하고 있다고 가정해 보세. 나는 마음속에 시골의 경치를 즐기려는 생각을 의식적으로 만들어 내지. 여행하는 내내 나는 아름다운 경치와 건축물들에 주의를 기울인다네. 하지만 내 옆의 다른 사람은 이 모든 것에 주의를 한 번도 보내지 않을 수도 있다네. 대신 그는 불쾌하고 추한 광경들에만 마음을 뺏기고 있을 수도 있지. 우리는 차를 타고 몇 시간을 보내지. 그 사람에게 여행하는 동안에 본 것을 이야기해 보라면 그는 아마 이야기하지 못할 걸세. 사람은 머릿속에 이미 들어 있는 것만을 의식의 표면에 떠올릴 수 있는 거야."

"진리의 탐구자들에게 꿈은 논리적으로 일관되고 제대로 순서가 잡혀 있다네. 환상 속에서 어지러운 사람에게 꿈은 괴상하고 제멋대로여서 혼란스럽다네. 어떤 사람이 며칠 전에 자신이 꾼 꿈을 이야기하더군. 그는 자신이 멋진 호두나무 궤짝이 놓여 있는 아주 쾌적한 방 안에 있는 것을 보았다고 했어. 그가 궤짝을 열자 거기서 강물이 쏟아져 나왔다는군. 그는 강물 속에서 초록색 벌레가 기어나오는 것을 보았다네. 무슨 뜻인지 알겠나? 그의 잠재의식 속에 초록색 벌레와 강물과 호두나무 궤짝의 경험이 담겨 있었던 것이라네. 그는 심령계에서 강물이 흐르는 것만을 보았을 수도 있지. 어쩌면 그는 실제로 보지는 못했지만 그것을 강물의 이미지와 연결시켰는지도 몰라."

"그가 본 것이 뭔가 다른 것에 대한 상징이었을 가능성도 있나요?"

"아닐세. 상징적인 것은 그처럼 괴이하지가 않다네. 상징은 혼란 속에서가 아니라 상징 속에서 보인다네. 판타지는 현재인격의 수동적 상태로서 제멋대로 나타나는 인식들을 경험하게 하고, 자신의 것이든 남의 것이든 말도 안 되는 내용의 것들을 보여 준다네. 현실은 넌센스가 아닐세. 꿈을 꿀 때 사람은 그 모든 내용을 제대로 된 순서로 본다네. 문제는 꿈속에서 경험한 것을 두뇌에 명료하게 전달할 수 있는 능력이 없을 때 일어나는 것일세. 그것은 마치 어린아이가 카메라로 아름다운 경치를 필름을 감지 않고 계속 찍어대는 것과 마찬가지라네. 현상을 해보면 모든 것이 뒤섞여서 혼란스럽게 나타나지. 이것이 현실 자체가 그렇게 혼란스럽다는 뜻은 아니라네. 두뇌 속에 각인된 방식을 보여 주는 것일 뿐이지. 그것이 물질계이든, 심령계이든, 이지계이든, 혹은 그 너머의 세계이든 간에 자연계에서는 모든 것이 제

자리에 놓여 있다네. 우리가 그 정보를 한 차원계에서 다른 차원계로 옮기려고 할 때 그것이 어려운 것이지."

"혼동 없이 꿈을 기억해 내려면 어떻게 해야 하나요?" 에밀리가 물었다.

"두뇌가 인상들을 제대로 받아들일 수 있도록 명상을 통해 끊임없이 실험을 해보는 것이지요."

"우리가 보는 꿈이 판타지가 아니라 심령계에 사는 존재를 실제로 만난 것인지를 어떻게 구별할 수 있나요?" 내가 물었다.

"판타지와 실제를 구별하는 방법은 오직 경험만이 가르쳐 줄 수 있다네. 스승들은 그것을 구별할 수 있지. 보통 사람들은 대개 자신의 잠재의식에 이미 저장되어 있는 것만을 불러 낸다네. 스승은 탐사하고자 하는 세계에서 자신이 알고자 하는 어떤 것이든 살펴볼 수가 있다네. 일상적 상태의 마음으로는 알 수 없는 어떤 것을 새롭게 알게 되었을 때는 뭔가 실제로 존재하는 것을 접했다는 증거일 수가 있다네. 심령계에서 누군가를 만날 때 경험 속에서 그의 이미지가 변하지 않고 그대로 유지된다면 그것이 상상이 아니라 실제라는 증거가 될 수도 있네. 어쩌면 그들은 자네의 주의를 끌어 자네와 대화하고 싶어하는 존재일 걸세. 대화하고 싶어하는 쪽은 대개의 경우 그들 쪽이라네. 자신의 경험이 실제인지는 스스로 판단해야만 하네. '그것이 심령계에서 경험한 것일까, 아니면 내가 스스로 그런 것을 지어 낼 수 있었을까?' 하고 자네는 의문을 품을 수도 있겠지. 마음을 집중하면 자신의 경험이 진짜인지, 아니면 환상의 산물인지를 정확히 알아 낼 수 있다네."

"현재인격이 영구인격에 흡수되고 나서도 계속 꿈을 꿀까요?" 내가 물었다.

"물론이라네. 나는 꿈의 중요성을 깎아 내리고 싶지 않네. 인식될 수 있는 것은 무엇이나 꿈의 한 형태라네."

"우리가 자아를 의식하는 영혼과 합일한 후에도 꿈을 꿀 수가 있나요?"

"그렇다네. 하지만 과거와 현재와 미래라는 시간적 개념의 꿈은 꾸지 않을 걸세. 대신 영원한 지금 속에서 꾸지. 그런 단계에 이르게 되면 더 이상 한번에 한 곳에서만 경험을 해야 하는 제약을 받지 않을 걸세. 꿈을 꾸기 위해서 잠을 잘 필요도 없다네. 꿈이란 어떤 차원에서든 잠재의식에 인상을 각인시키는 것을 의미하게 되지."

"꿈의 목적은 뭔가요?" 에밀리가 느닷없이 이렇게 물었다.

"당신이 왜 태어났는지를 설명해 준다면 나도 꿈을 왜 꾸는지를 설명해주지요." 다스칼로스가 웃음을 지으며 이렇게 대답했다. "목적이 있지만 인간사의 차원에서는 설명하기가 힘듭니다."

"그렇다면 우리의 꿈에 내면의 자아가 개입을 하나요?" 에밀리가 더 캐물었다.

"내면의 자아는 현재인격이 필요한 경험을 얻기 위해 원한다면 비이성적인 쪽으로도 얼마든지 갈 수 있도록 자유를 줍니다. 그렇지만 내면의 자아는 아이를 돌보는 엄마처럼 현재인격을 끊임없이 지켜보고 있습니다. 내면의 자아는 현재인격을 악몽으로부터 구해서 고통을 줄여주기 위해서만 간섭을 합니다. 예컨대 당신은 높은 데서 떨어지는 꿈을 자주 꾸나요? 땅에 떨어진 적이 있나요?"

"곧 깨어나 버리지요."

"누가 깨워 주는가요? 만일 꿈속에서 정말 땅에 떨어진다면 깨어

나서 몸에 상처가 난 것을 발견하리라는 사실을 아나요? 그처럼 불쾌한 경험을 하지 않도록 잠을 깨워 보호해 주는 것이 내면의 자아랍니다. 진리의 탐구자들이 원소에 대한 입문과 관련된 온갖 경험들을 할 수 있도록 돕는 것이 무엇이라고 생각하나요?"

"저는 그것이 내면의 스승이라고 생각합니다." 내가 대꾸했다.

"맞네. 하지만 언제나 내면의 자아와 협력을 통해서지. 원소들에 관한 입문을 거칠 수 있도록 도와 주는 것은 내면의 자아라네. 예컨대 자네는 자신이 좁다란 구멍 속에 있는 것을 발견한다네. 자네는 겁에 질리지. 어떻게 빠져나올 수 있겠나? 하지만 자네는 이미 빠져나와 있다네. 자네가 그렇게 하도록 도와 주는 것은 내면의 자아라네. 물이나 다른 원소들의 입문에서도 마찬가질세. 간단히 말해서 내면의 자아는 현재인격의 꿈속 경험을 늘 굽어살피고 있지만 내면의 자아에게 먼저 접근해야 하는 것은 언제나 현재인격 쪽이라네."

에밀리가 잠시 생각에 잠겨 있다가 이렇게 말했다. "다스칼레, 제가 잘 이해하고 있다면, 우리의 잠재의식에 각인된 것은 뭐든지 현실인 것처럼 경험된다는 말씀이시지요?"

"그것은 현실입니다." 다스칼로스가 힘주어서 말했다. "그것은 존재를 가지고 있기 때문에 현실이고, 뭐든 현실인 것은 존재적 성격을 가지고 있어요. 그렇지 않다면 잠재의식이라는 거대한 창고에 무엇을 더 집어넣을 수 있는 가능성은 없을 거예요. 그것을 어떻게 증명할 수 있느냐고 묻겠지요? 예를 들어주지요. 어떤 사람이 건축가라고 가정합시다. 그는 여러 도시들을 다니면서 다양한 건축양식을 조사하고 자기가 본 것을 잠재의식 속에 심어놓습니다. 그리고 몇 년 후에 그는 책상 앞에 앉아 자신이 보았던 것을 기억해 냅니다. 그는 자신이 건축가로서 연구하고 관찰했던 것을 잠재의식에서 불러 내는 거지요. 그리고 자신의 경험에 의거하여 종이 위에다 뭔가 새롭고 구체적인 것을 만들어 냅니다. 그가 만들어 낸 것은 그의 내부에서 나온 것입니다. 그것은 실제적인 무엇이지요. 거친 물질계에서는 몇 분 만에 건물이 태풍에 쓰러지거나 지진에 무너질 수도 있어요. 영원히 사라져 버리지요. 그래도 그것을 실제적인 것이라고 할 수 있습니다. 왜냐하면 그것은 만질 수 있는 것이기 때문이지요. 그가 물질계에 지어 낸 것은 순식간에 파괴될 수 있어요. 하지만 건축가의 마음속에 있는, 그가 종이 위에다 표현해 낸 원래의 생각을 어느 누가 파괴할 수 있겠어요? 물질계의 건물이 무너지면 그는 같은 것을 여러 개 만들어낼 수도 있습니다. 물론 적절한 조건과 수단이 갖추어진다면 말이지요. 당신은 건축가가 죽는다면 어떻게 되느냐고 묻겠지요. 그는 거친 육신으로는 존재하기를 그치겠지만 심령계에서는 하나의 완전한 인격으로서 존재할 것입니다. 당신도 그와 만날 수가 있지요. 그가 내면에 가지고 있는 모든 것이 거기에 있습니다. 물질계에 살고 있는 한 건축가가 이 죽은 건축가를 텔레파시로 접촉하여 정보를 교환하고, 죽은 건축가가 보고 있는 것을 그가 보게 될 수도 있지요. 그는 어떤 종류의 빛으로 그것을 볼 수 있을까요? 죽은 자의 잠재의식의 빛 속에서, 그리고 수신자인 살아 있는 건축가의 잠재의식의 빛 속에서 보는 것입니다. 한 건축가는 방송국의 역할을 하고 다른 건축가는 라디오의 역할을 하는 것입니다. 죽은 건축가가 환생을 하면 그는 건축가였던 자신의 모든 경험의 내용을 가지고 옵니다. 잠재의식에 일단 각인된 것은 결코 없어지지 않는답니다."

" '잠재의식'이란 말을 이데아의 세계와 동일한 것으로 생각해도 되나요?" 에밀리가 물었다.

"아니에요. 이데아의 세계는 그와는 다른 것입니다. 전에도 여러 번 말했지만 이데아의 세계는 다른 모든 것이 지어지는 토대인 원형과 법칙이 있는, 우리가 고차원 이지계라고 부르는 곳입니다. 내가 잠재의식이라고 할 때는 잠든 상태로 남아 있는 우리의 지식과 경험의 총합을 의미하는 것으로서, 그것은 언제든지 의식의 표면으로 떠오를 수 있습니다."

"생각으로서요, 아니면 현실로서요?" 에밀리가 끈질기게 따졌다.

"그게 무슨 차이가 있나요? 당신이 현실이라고 부르는 것은 단지 일시적인 존재일 뿐이랍니다. 엄밀하게 따지자면 그것은 현실이 아닙니다. 생각은 파괴되지 않아요. 예수께서 부서지거나 도둑맞을 수 있는 지상의 보물에 의지하지 말라고 가르쳤을 때 그 속뜻은 바로 이것입니다. '너희의 보물은 천국에 있느니라.' 그는 이렇게 말씀하셨지요. 그리고 그 말씀은 우리의 잠재의식과 초의식을 가리킨 것입니다. 거기가 우리의 보물이 저장된 곳이고 현실이 있는 곳이지요. 이 물질계에 존재하는 인격인 우리의 삶은 언제든지 끝날 수 있습니다. 하지만 우리는 그래도 계속 존재합니다. 우리는 분명 있습니다."

"우리가 꿈을 꿀 때 사실 우리는 에테르계와 심령계의 현상을 보고 있는 것입니다." 커피를 마시느라 잠시 멈춘 후 그가 다시 말을 이었다.

"이 꿈들은 현실일까요? 그것은 경험되는 것이기 때문에 현실입니다. 어떤 것이 실제이기 위해서 꼭 3차원계에서 만질 수 있는 것이 되어야만 하는 것은 아니에요. 우리가 만질 수 있는 대상이라고 생각하는 것은 사실은 인식의 오류랍니다. 우리의 손은 우리가 만지는 물체의 주파수와 동일하게 진동합니다. 그리고 그 때문에 물체는 우리에게 단단하게 느껴지는 것이랍니다. 우리가 만들어 내는 에테르의 손으로는 고체를 통과할 수 있습니다. 고체를 고체로서 볼 수는 있지만 에테르 손은 마치 엑스레이처럼 그것을 지나갈 수가 있답니다. 그렇다면 사람들이 만질 수 있고 단단하다고 말하는 그 현실이란 과연 어디에 있는 걸까요?" 다스칼로스는 천천히 말을 이었다.

"물질계에서 우리는 오직 빛이 그 위에 반사된 후에만 물체를 볼 수 있지요. 그리고 그 물체의 표면만을 볼 수 있습니다. 에테르계와 심령이지계에서는 사뭇 다릅니다. 우리는 평소에 보는 방식으로 파동을 받아들이는 것이 아니라, 그 물체 속에 존재하거나 그것이 되는 방식으로써 파동을 받아들입니다. 우리는 어떤 것을 동시에 모든 면에서 관찰할 수 있습니다."

"그것은 거친 물질계에서 의자를 보면 특정한 방향에서밖에 볼 수가 없으므로 그 뒤에는 무엇이 있는지를 알 수가 없는 반면에, 심령계에서는 내가 의자 속에 있을 수도 있고, 모든 각도에서 그것을 경험할 수 있다는 뜻인가요?" 내가 끼어들어 덧붙였다.

"바로 그거야. 그러면 심령계에서는 어떤 빛을 통해 파동을 받아들일까? 4차원의 세계에서는 물질의 모든 원자와 분자들은 그 자체의 빛을 지니고 있다네. 표면에 와서 부딪힐 빛의 광원은 필요하지 않지. 하지만 우리는 자신의 판타지로써 태양이든 무엇이든 마음대로 만들 수가 있다네. 사실 심령계에서는 무엇을 보기 위해서 태양이 필요하지는 않지만 말일세. 중세의 신비가들이 심령계를 '아스트랄계' (astral plane, 별의 세계) 라고 부른 것도 이 때문이지."

"물질계에 존재하는 모든 것은 에테르와 심령, 이지 차원의 상응체를 지니고 있다는 사실을 명심하게. 그러지 않으면 존재할 수가 없다네. 물질계에는 존재하지 않고 심령계에만 존재하는 것들도 있네. 또 물질계나 심령계에는 존재하지 않고 이지계에만 존재하는 것들도 있다네. 하지만 에테르계, 심령계, 이지계의 상응체를 가지지 않는 물체는 없다네. 내가 4차원계에 있을 때는 나는 어떤 대상에 자신을 동조시켜 그것의 총체를 인식할 수 있지. 그러면 나는 그 물체와 관련된 즐거움, 고통 등등의 느낌을 경험한다네. 그 물체를 나의 심령체를 가지고 이해할 수도 있을까? 그렇게 하려면 나는 그것의 이지적 성질을 보고 그것을 나의 이지체, 즉 나의 정신력으로써 이해해야만 한다네. 그러니까 반복하자면 물질계와 심령계와 이지계가 있다네. 나중의 두 차원계를 우리는 심령이지계라고 부르는데, 그것은 심령계가 혼자서는 존재할 수가 없기 때문이라네. 내가 이해하는 바로는, 심령계에 존재하는 모든 것은 그 안에 이지적인 면을 가져야만 하는데, 왜냐하면 우리가 심령질이라고 부르는 그것은 이지계로부터 형상이나 색깔을 얻지 않으면 안 되기 때문이라네. 심령계는 그 형상을 만들어줄 상응 이지계와 연결되지 않으면 어떤 모양을 띨 수가 없는 마치 거울과도 같은 세계라네."

"심령계는 빈 종이와도 같은 것이로군요." 에밀리가 덧붙였다.

"그렇지요. 하지만 그 위에는 물질계와 이지계에 있는 모든 것이 비추어지지요. 그러므로 엄밀히 말해서, 심령계의 원소는 다른 수단을 통해 형태가 지어져야만 하는 겁니다."

"그것은 무한히 부드러운 질료이군요." 내가 말했다.

"맞았어. 사람들이 말하는 지옥과 천국과 연옥은 모두 존재한다네. 하지만 그것은 심령계에 존재하지. 왜냐하면 그것들을 만들어낸 사람은 이미 물질계와 이지계에서 살았기 때문이라네. 세 가지 세계 중에서 가장 실제적인 세계는 이지계라네. 그것은 다른 두 세계에 대해 우위권을 가지고 있네. 물질계와 심령계가 모두 이지계, 즉 자네가 아까 '이데아의 세계'라고 부른 곳에 있는 것을 비춰 주고 있는 거울이지."

"그리고 심령이지계에는 물질계보다 더 생생하고 세련된 색깔이 있다네. 색깔은 모든 것이 그렇듯이 단지 어떤 주파수의 진동이라네. 그림을 좋아하는 나는 심령이지계에서 보는 색깔의 느낌에 언제나 매혹된다네. 거기선 색깔이 살아 있지. 우리는 그것을 보기만 하는 것이 아니라 또한 그것을 경험하기도 한다네. 내 말을 믿어 주게. 자네가 '꿈'이라고 부르는 그 세계는 흙과 먼지로 된 이 세계보다 훨씬 더 현실적이라네."

"경험을 하지 않고 어떻게 알 수가 있겠어요?" 에밀리가 물었다.

"훈련만 마치면 언젠가는 당신들도 경험을 하게 될 거예요. 육신의 죽음을 경험한다고 가정해 봅시다. 자신에게 일어나는 일을 저절로 다 알게 된다고는 생각하지 마세요. 신은 존재하지 않는다고 완강하게 믿고 있는 무신론자들을 만난 일이 있습니다. 그들은 거기서도 물질계에서 살던 것과 똑같은 식으로 살아가고 있었지요. 자신에게 일어나고 있는 일을 또렷이 이해하게 되기까지는 오랜 훈련을 쌓아야만 한답니다. 심령계에서는 명료한 사고가 저절로 되는 것이 아니에요."

"그렇다면 꿈속에서 생각을 한다는 것은 무엇을 의미하는 건가요?" 나 자신의 경험을 떠올리면서 내가 이렇게 물어보았다.

"그것은 자신이 그 차원계에서 의식적으로 살고 있다는 것을 의미한다네. 하지만 그것을 왜 '다른 차원의 현실과 접촉하는 것'이라고 하지 않고 '꿈'이라고 불러야 할까? 다른 현실 속에서 온전히 의식적으로 살 수 있게 되는 것은 서서히 이루어지는 일이라네. 스승들은 물질계와 심령계와 이지계에서 지속적으로, 의식적으로 살고 있다네. 그들은 자신이 물질계나 심령계나 이지계 중 어디에 있는지를 알고, 그것을 혼동하지 않지. 자네들도 언젠가 심령계에 대해서 의식하게 된다면 이런 세계들과 물질계의 심령적 상응계의 차이를 구분할 수 있을 걸세."

"그 차이가 뭔가요?" 에밀리가 물었다.

"앞에서 말했지만 모든 물체는 심령적, 이지적 상응체를 지니고 있습니다. 그러지 않으면 존재할 수가 없지요."

"다스칼레, 당신은 자신이 순수한 심령계에서 무엇을 관찰하고 있는지, 아니면 물질계의 심령적 상응계에서 관찰하고 있는지를 어떻게 구분할 수 있나요?" 내가 끼어들어서 물었다.

"내가 유체이탈한 상태로 이 방에 들어온다고 가정해 보자구. 내가 물질계의 심령적 상응계가 아니라 순수한 심령계에 있는지를 알아내려면 나는 물건들을 이리저리 움직여 본다네. 그것을 움직이거나 들기가 너무 무겁다고 느껴지면 그것은 내가 물질계의 심령적 상응계에 있다는 표시라네. 의자의 심령적 상응체는 의자를 움직이지 않고는 움직일 수가 없다네. 만일 내가 그것을 움직일 수 있다면 그것은 내 손이 물질계의 심령적 상응계에 있는 것이 아니라 심령계에 있다는 것을 의미하지. 그렇다면 의자를 움직이기 위해서는 어떻게 해야 할까? 내 심령체 손의 진동수를 낮추어서 손을 물질화한 다음 의자를 그 심령적 상응체와 함께 옮겨야 한다네. 스승들은 이런 일을 밥먹듯이 하지. 그들은 보이지 않는 구원자로서 육체를 빠져나가서 전쟁이나 지진이나 기타 재앙이 일어나고 있는 먼 곳으로 여행한다네. 그들이 원하는 곳에 당도하면 그들은 자신이 물질계의 심령적 상응계에 와 있는 것을 안다네. 나는 경험을 통해서 여기서는 사람들이나 물체나 동물, 나무 등 모든 것이 보이는 것을 알고 있지. 부상을 당한 누군가를 돕고자 할 때, 그의 셔츠를 벗기고 상처를 싸매어 주려면 내 손을 물질화시키지 않고는 할 수가 없다네. 믿어 보게. 이건 가능한 일이니까. 하지만 자신을 심령계로부터 낮은 차원계로 물현시키는 방법을 모르면 그건 할 수가 없네."

"하지만 몸을 빠져나와서 멀리 여행할 수 있다면 그것은 그가 또한 자신을 거기에다 물현시킬 수 있는 훈련을 받고 능력을 갖추었다는 것을 의미하지 않나요?" 내가 물었다.

"꼭 그렇진 않네. 가끔 사람들은 누군가를 도와 주고자 하는 큰 사랑을 품고 있다가 자신도 모르게 몸을 벗어나와 먼 곳에 와 있는 자신을 발견할 수도 있다네. 하지만 물현 훈련을 받지 않으면 그는 거기서 아무 일도 할 수가 없지. 깨어나서는 자신이 생생한 꿈을 꿨다고 생각한다네. 이것이 일반 심령가들의 투시라네."

다스칼로스가 말을 마치자 마자 전화 벨이 울렸다. 내가 전화를 받았다. 그것은 아테네로부터 온 전화였다. 그리스의 한 유력지의 워싱턴 특파원이 키프로스로 와서 다스칼로스를 만나고는 그날 미국으로 돌아가야 하는데 만날 수 있느냐는 것이었다.

"당신은 단지 나를 만나려고 그 먼 길을 오겠다는 건가요?" 우리는 다스칼로스가 이렇게 대답하는 소리를 들었다. "좋아요. 공항에 도착하면 곧 전화하세요."

"누가 알겠나?" 다스칼로스가 전화기를 내려 놓고 머리를 흔들면서 말했다. "어떤 신비한 경로로 드디어 이 가르침이 일반인들에게도 다가갈 때가 왔는지 말일세."

"우리가 어디까지 말했더라?" 그가 자리에 앉아 손을 포개며 말했다.

"다스칼레, 에밀리가 프로이드에 대해, 특히 무의식에 관한 그의 이론에 대해 물어보고 싶어합니다." 내가 이렇게 말했지만 에밀리가 채 입을 열기도 전에 다스칼로스는 이 정신분석의 아버지에 대한 자신의 소견을 털어놓기 시작했다.

"프로이드는 그가 산 시대에 자신이 알 수 있었던 것을 표현했을 뿐일세. 그의 인간에 대한 이해는 아직까지도 태아기에 머물러 있는 심리학이 가지고 있던 지식의 총합이었다네. 심리학자들은 바다 밑을 탐사하는 것이 아니라 표면을 탐사하고 있지. 그 점에서 심리학이든 초심리학이든 인격이 어떻게 형성되는가에 대해서는 제대로 할 말이 없다네."

"하지만 다스칼레, 20세기에는 인격 발달에 관한 중요한 이론적 개념들이 도입되었는데요." 에밀리가 덧붙였다.

"그렇긴 해도 그것은 여전히 거리가 멀어요. 프로이드나 현대의 대부분의 심리학자들이나, 그들은 환자에 대한 연구를 근거로 이론적 결론에 도달했지요. 그들이 자기분석을 통한 직접적인 경험을 근거로 어떤 이론에 도달한 적은 없단 말이에요."

"그래도 프로이드는 주관성의 중요성을 언급하고 있고, 개인의 경험을 고려하는 것이 얼마나 중요한 것인지를 주장했습니다. 내가 알기에 이것은 어떤 다른 과학자들도 말한 적이 없는 일이지요." 에밀리는 물러서지 않았다.

"그건 좋아요. 하지만 그는 그래도 지식의 초보 단계에 있었어요. 아마 그는 인간의 본질에 더 깊게 탐사해 들어갈 시간이 없었는지도 모르지요. 그리고 프로이드는 정서적으로나 다른 면에서 썩 건강하지는 못했다는 점을 잊지 마세요. 현실의 이해에 그의 개인적 문제가 개입되었단 말입니다. 그는 당대의 가장 뛰어난 과학자였지만, 그의 가장 큰 실수는 형이상학과 신비주의를 경시한 것이고, 따라서 그의 인격에 대한 이해는 보잘것없었습니다."

"우리가 잠재의식이니, 무의식이니, 초의식이니 할 때는 우리 자신의 경험을 근거로 말하는 것입니다. 우리에게 잠재의식은 현재인격의 근본적 정수이지요. 그것은 우리가 의식이라고 부르는 것의 토대입니다. 사실은 이 둘 간에는 아무런 차이가 없어요."

"프로이드는 무의식이 있다는 것을 보여준 최초의 인물이에요." 에밀리가 말했다.

"좋아요, 그는 현대과학을 위해 그 일을 했지만 신비가들은 그것을 까마득한 옛날부터 알고 있었답니다."

"어쩌면 프로이드는 무의식이 정확하게 무엇인지 정의를 내리는 데에 실패했지요." 내가 다스칼로스와 에밀리의 논쟁을 흥미롭게 지켜보다가 덧붙였다.

"그러면 당신은 무의식이 무엇인지 정의할 수 있나요?" 에밀리가 대꾸했다.

"물론 정의할 수 있지요." 다스칼로스가 예의 자신 있는 어조로 날카롭게 대답했다. "프로이드는 무엇을 했나요? 그는 배를 타고 있었고 처음으로 아래를 내려다보았습니다. 그리고 물속에 손을 담가 바다에 깊이가 있다는 것을 발견한 것입니다. 하지만 그는 잠수부가 아니었지요. 만약 그가 잠수를 할 줄 알았다면 그는 바다 밑에 무엇이 있는지를 알아냈을 테지요. 그는 그저 이론적으로 수면 아래에 대한 이야기를 했습니다. 그는 잠수부처럼 물밑에 무엇이 있는지를 알기 위해 직접 들어가 보질 못했습니다. 그러나 진리의 탐구자인 우리는 자신의 잠재의식 속으로 들어가는 훌륭한 잠수부가 되는 것을 목표로 삼습니다."

프로이드에 대한 다스칼로스의 비유는 『시바의 눈』이라는 책에서 저자 아모리(Amaury de Riencourt)가 동양과 서양의 사고방식의 차이에 대해 이야기하며 들었던 한 우화를 상기시켜주었다. 갈림길에 두 개의 표지판이 있었다. 오른쪽을 가리키는 표지판에는 '천국'이라고 적혀 있었다. 왼쪽을 가리키는 표지판에는 '천국에 관한 강의'라고 적혀 있었다. 나란히 걸어가던 동양인과 서양인 두 사람의 여행자가 표지판을 보았다. 서양인은 왼쪽으로 돌아 '천국에 관한 강의'를 들으러 갔고 동양인은 '천국'으로 곧바로 이어진 길을 따라갔다.

"다스칼레, 당신이 잠재의식이라고 할 때, 그것은 무의식도 동시에 암시하는가요?" 내가 잠시 후에 이렇게 물었다.

"아닐세. 내가 말했듯이 잠재의식은 우리의 존재를 지탱시키는 크나큰 힘일세. 그것은 우리의 온 존재가 지어져 나오게 하는 재료일세. 그것은 우리의 현재인격을 형성하고 있는 염체들의 총합이라네. 무의식이란 의식을 아무런 인상도 받아들이지 않는 상태로 만드는 것을 뜻한다네. 모르핀을 주사하면 그런 상태를 만들 수 있지. 무의식은 사실 우리에게는 별로 관심의 대상이 아니라네. 나에게는 잠재의식이 의식이 된다네. 왜냐하면 나는 거기에다가 인상들을 의식적으로 각인시키거든. 그러니까 그것은 이름을 붙이는 한 가지 방법이라네. 나에게는 의식적인 것이 자네에게는 잠재의식이지. 자신에게 말을 할 때 자네는 어떤 것을 의식의 표면에 가져오게 된다네. 그것이 자네가 지금 잠재의식적으로 하고 있는 일이지. 사실은 오직 하나의 상태만이 존재한다네. 원한다면 그것을 자아의식이라고 부를 수도 있네. 이 자아의식 속에는 무수한 방들이 있어. 자네는 그 안을 잘 탐사해서 그것을 통달해야만 한다네."

"우리의 현재인격의 의식적인 부분을 당신은 어떻게 생각하나요?"

"의식적인 부분이란 없다네. 우리가 의식적으로 인식하는 것은 모두 잠재의식 속에 기록되지. 사실 의식적인 부분 같은 것은 없다네. 그것은 고정된 지점을 갖고 있지 않기 때문일세."

"예컨대 우리의 자아가 우리가 알아야만 할 한 세계라고 한다면, 지금 이 순간에는 우리는 이 세계의 작은 일부분만을 겨우 알고 있지요. 이 부분을 의식적인 부분이라고 부를 수 있지 않을까요?"

"하지만 아는 그는 누구인가? 자네는 자신의 현재인격을 자신의 근거로 삼고 있네. 그 현재인격을 내면의 자아에 흡수시켜 버리면 안 될까? 그렇게 하면 자네는 그것과 하나가 되고, 그러면 자네는 모든 것을 알게 된다네. 자네는 왜 '의식'과 자신을 동일시함으로써 '알기'를 그토록 중요시하는가? 마치 그것이 잠재의식보다 우월한 어떤 것이기나 하다는 듯이 말일세. 잠재의식이 바로 자네라네."

"내가 이야기하는 것을 자네가 언제 이해하게 될지를 아는가?" 다스칼로스는 등받이에 몸을 기대면서 이렇게 물었다. "자네가 현재인격을 그토록 심각하게 받아들이기를 그만둘 때라네."

"하지만 결국 알아야 할 주체는 현재인격이잖아요."

"단지 알아야 한다는 이유만으로 현재인격이 주도권을 잡고 제 맘대로 길을 이끌어가도록 놔둬서는 안 된다네. 왜 잠재의식을 그것이 꾸는 하나의 백일몽인 소위 '의식적인 부분'보다 더 차원 낮은 무엇으로 치부하는가? 그렇게 함으로써 우리는 우선권과 비중을 현재인격에 기울이게 되고, 우리의 영적 성장은 더뎌지는 거지. 그러나 그렇지 않다네. 자아의 의식적인 부분은 잠재의식의 시공간적 표현물이라네. 왜 우리는 지금 알고 있는 작은 것을 그토록 중시하고 현재의 순간을 가장 심각한 순간으로 생각하는가? 매 순간마다 잠재의식은 의식으로 변하고 의식은 잠재의식으로 변한다네. 자네가 의식이라고 부르는 그것을 나는 백일몽이라고 부르지. 반면에 잠재의식은 육신이 허물어지고 난 다음에도 남아 있다네."

"백 개의 작품이 전시된 아름다운 미술관이 있다고 가정하세. 내가 자네에게, 이것이 자네의 보물인 잠재의식이라고 말해 주었네. 그래서 자네는 그곳에 가서 자신의 보물을 구경하기로 했네. 미술관의 어디서부터 살펴보기 시작할지는 자네에게 달린 문제이지. 자네는 손에 들고 있는 손전등을 비추지 않고는 그림을 볼 수가 없는 상태라네. 이 손전등이 바로 자네가 자신의 의식적 일부라고 부르는 그것이라네. 나는 차라리 그것을 생각의 초점이라고 부르겠네. 지금은 자네가 손전등 불빛에 의지해서 전시관의 일부밖에는 볼 수가 없지만 언젠가는 자네도 온 전시관을 한꺼번에 비추는 빛이 될 것일세. 이것이 우리가 초의식적 자아의식이라고 부르는 것으로서, 말로는 표현할 수 없지만 경험을 통해서 알고 있는 어떤 상태라네."

"자신의 미술관을 의식하게 되고 나면, 모든 인간들에게 동일한, 우주의 미술관에도 들어갈 수 있겠네요." 융의 '집단 무의식'을 떠올리면서 내가 말했다.

"예수가 이렇게 말씀하셨네. '네 손에 놓아 준 몇 닢의 동전을', 곧 시공간적 척도의 한계 속에서 사고하는 능력을 '너는 훨씬 더 나은 것으로 바꿔 놓았구나.' 어느 날 우리의 미술관, 즉 우리의 잠재의식이 온 지구를 지배하는 힘이 되지 못하리라고 누가 말할 수 있겠는가? 기독교인들은 이 비유를 수백 년 동안 들었네. 하지만 그 중 몇 명이 실제로 그 깊은 의미를 통찰했을까?"

나는 키프로스를 떠나기 전에 다스칼로스와 코스타스를 몇 번 더 만났다. 야코보스는 유학을 계속하기 위해 떠났고 코스타스는 비밀 조직의 한 모임에서 다스칼로스와 함께 국제적 서클을 책임지고 요하난의 가르침을 지키는 '지상의 스승'으로 임명받았다. 나는 그 특별한 모임에 참석하지 못했다. 내가 그런 지시를 내린 것이 다스칼로스가 아니라 정말 요하난이었는지를 코스타스에게 다그치자 그는 머리를 저으며 웃었다. 그는 자신 있는 목소리로 이렇게 말했다. "키리아코, 저는 단지 다스칼로스가 말하고 있을 때와 요하난이 말씀하고 있을 때를 구분할 수 있습니다." 그리고 그는 요하난의 임재를 인식하는 순간에는 온몸의 털이 곤두서는 것을 느낀다고 말했다. 코스타스는 '그 초지성'이 자신에게 맡긴 일은 지기 힘든 십자가라고 말했다. 이것은 그가 의무와 책임을 말하려고 할 때 즐겨 쓰는 표현이었다.

다스칼로스도 나중에 나에게 말하기를, 그날 자신도 무슨 일이 일어날지 전혀 몰랐는데 코스타스를 서클의 책임자와 가르침의 수호자로 임명하는 말이 자신의 입을 통해 쏟아져 나오자 매우 놀랐다는 것이다. 그리고 그는 코스타스가 그런 직책을 스스로 자임한 것이라고 말했다. 그는 자신의 영적 진화의 도정에서 다스칼로스처럼 한 사람의 신비가로서 요하난의 권위 있는 채널로 봉사할 수 있는 상태에 도달한 것이다. 그리하여 매개체가 필요 없이 직접, '바로 그 근원으로부터' 지식과 지혜를 흡수할 수 있는 상태가 된 것이다.

듣기로는 다스칼로스가 그것을 발표했을 때 내부 서클의 모든 회원들은 고양된 느낌 속에서 코스타스를 포옹하고 입을 맞추어 주면서 그의 앞에 놓인 임무를 돕고 헌신하기로 맹세했다고 한다. 다스칼로스는 일이 이렇게 진행된 것에 대해 매우 만족스럽다고 나에게 말했다. 서클은 이제 그의 사후에도 젊은 제자의 능력을 통해 유지될 수 있게 된 것이다. 실제로 코스타스의 명성은 키프로스 내에서 날로 높아져가고 있었다. 그는 새로운 모임을 이끌고 '기적적인' 신유의 능력을 행하는 등 늙어가고 있는 그의 스승 다스칼로스의 일을 많이 떠맡고 있었다.

나는 키프로스를 떠나기 전날 에밀리와 두 아이와 함께 우리가 좋아하는 곳인 아카마스에서 하루를 보냈다. 메인 주로 돌아가는 먼 비행기 여행 전에 이 한적한 곳에 와서 수영과 산책을 즐기며 그 장엄한 원시의 아름다움을 감상하는 것이 이제 우리에게는 하나의 의식처럼 되었다. 자연애호가들과 생태를 보호하려는 생각을 가진 사람들이 이 지역을 국립공원 자연보호구역으로 지정하여 개발자와 시멘트와 오일달러로부터 보호하는 운동을 시작하게 되자 우리도 거기에 가담했던 것이다.

나는 해변가의 작은 자갈밭 위에 책상다리를 하고 앉아 바위에 등을 기댔다. 내 뒤로는 아카마스의 야생의 자연이 펼쳐져 있고, 눈앞에는 키프로스의 북부 해안이 펼쳐져 있었다. 나는 몇 분 동안 고요한 바다 속으로 사라지려는 낙조를 감상했다. 다스칼로스는 일출과 일몰시의 태양 빛은 특히 이롭다고 말했다. 이 때문에 시대에 걸쳐서 주술사와 신비가들은 해가 뜨거나 지는 시간에 특별히 태양을 예배해 왔다는 것이다.

나는 혼자 남아 있었다. 에밀리는 아이들과 산 위의 '아프로디테의 목욕탕'으로 올라갔다. 전설에 의하면 이 여신은 까마득한 옛날부터 늘 이 유칼립투스 나무가 우거진 샘에서 목욕을 하곤 했다는 것이다. 나는 눈을 감고 다스칼로스가 몸을 벗어나는 방법으로서 가르쳐 준 특별한 명상법을 해보려고 준비했다. 내가 이것을 실험해 보려고 감히 시도하는 것은 이번이 처음이었다. 그것이 나를 어디로 데려갈지 모르기 때문에 나는 약간 불안했다. 처음에는 다스칼로스가 시킨 대로 일정한 리듬을 타고 심호흡을 했다. 그는 이 호흡이 금방 사람을 피곤하게 할 수가 있으므로 깨어서 하품과 싸워가면서 연습에 집중해야 한다고 경고했다.

약 10분 동안 과호흡을 한 다음에 나는 명상으로 들어갔다. 그러자 곧 나는 이전에는 경험해본 적이 없는 어떤 감각을 체험했다. 나는 내가 어디에 있는지, 무엇을 하고 있는지를 또렷이 인식하고 있었다. 나는 시간이 멈춘 듯이 느꼈고 30미터 앞 해변의 자갈에 부서지는 낱낱의 파도가 마치 거대한 파도처럼 엄청난 에너지를 내 온몸에 퍼부어서 나를 신비한 생명의 에너지로 가득 채워주는 것을 느꼈다. 나는 내 의식의 일부가 물속에 있는 듯한 느낌, 그리고 어떤 미묘한 차원에서 바다가 나에게 매우 편하고 사랑스러운 방법으로 말을 걸어오는 듯한 기이한 느낌을 느꼈다. 나는 활력을 느끼면서도 약간 겁이 났다. 일곱 살 난 딸 바샤가 내 뒤의 산 위에서 '파파키'하며 나를 소리쳐 부르지만 않았어도 나는 그 상태 속에서 훨씬 더 오래 있을 수 있었을 것이다.

나는 눈을 뜨고 일어나서 기지개를 켰다. 시계를 보았다. 그 자세에서 반 시간 이상을 있었던 모양이다. 태양은 몇 분 전에 져서 마지막 빛을 한 덩어리의 먼 구름에 비추고 있었다.

나는 에밀리와 아이들이 기다리고 있는 산 위로 걸어오르면서, 키프로스를 떠나기 전에 '아프로디테의 목욕탕' 근처에서 가진 이 비범한 느낌의 경험에 대해 다스칼로스에게 물어 봐야겠다고 혼자 다짐했다.

옮긴이의 말

저자는 전편과 동일한 방식으로 신비가 다스칼로스의 세계를 독자에게 소개하고 있습니다. 전편이 기인을 만난 첫 경험담이라면 이 책은 그와 더욱 가까워져서 그의 세계 속으로 한 걸음 더 밀착해 들어가서 전해온 보고서라고 할 수 있겠지요.

다스칼로스는 매우 비범한 인물입니다. 물질계와 비물질계를 마음대로 오가면서 죽은 영혼과 외계인들을 만나고, 신비한 방법으로 곤경에 처한 사람들을 돕고, 현대의학이 포기한 환자를 예사롭게 치유합니다. 게다가 그는 그 어떤 물질적 대가도 취하지 않습니다. 중세 마법 시대에나 있었을 법한 이런 인물이 대낮 같은 현대에 버젓이 존재하면서 세상에 그 가르침을 널리 펴고 있다는 것은 놀라운 사실입니다.

하지만 이보다 더 놀라운 사실은, 이 비범한 존재에게서는 아무런 거리감 없이 너무나 쉽게 다가갈 수 있는 깊고 푸근한 심성이 느껴진다는 것입니다. 그것은 마치 빛바랜 옛날 사진 속에서 풍겨 나오는 것 같은 어떤 친숙한 느낌입니다. 그것은 그가 늘 강조하고 있는 '분별없는 사랑'에서 방사되어 나오는 느낌일 것입니다.

그는 누구나, 언제든지 찾아가서 도움을 청할 수 있는 만만한 이웃이며, 심지어 그에게 해를 끼친 사람조차도 마지막으로 찾아가 기댈 수 있는, 최후의 안식처와도 같은 존재입니다. 그는 이웃의 고민과 아픔을 본인보다도 더 깊숙이 이해하고, 그것에 어떻게 대처하는 것이 그에게 궁극적으로 행복을 가져다 줄지를 알며, 또 그렇게 되도록 도와 줍니다.

  이 신비할 것 없는 자비심이야말로 그로 하여금 그토록 신비한 능력을 발휘할 수 있게 해주는 역설적인 힘이리라는 생각이 듭니다.

  바쁜 일상에 쫓겨 이웃과의 담을 날마다 더 높게, 견고하게 쌓아가고 있는 현대인들이 까맣게 잊고 있는, 가장 단순하고 기본적인 인간애 ― 분별없는 사랑, 혹은 자비심 ― 의 깊고 그윽한 품, 바로 그 공간 속에 다스칼로스의 신비로운 세계가 펼쳐져 있으리라는 느낌 말입니다.